헤이트

헤이트(Hate) 왜 혐오의 역사는 반복될까

초판 발행일 2021년 9월 10일
8쇄 발행일 2024년 8월 10일

지은이 최인철, 홍성수, 김민정, 이은주, 최호근, 이희수, 한건수, 박승찬, 전진성

기획 티앤씨재단
기획총괄 김희영
주소 (04400) 서울특별시 용산구 이태원로 244
전화 02-6013-8050
이메일 tnc@tncfoundation.org
홈페이지 https://tncfoundation.org

발행인 이상만
발행처 마로니에북스
등록 2003년 4월 14일 제 2003-71호
주소 (03086) 서울특별시 종로구 동숭길 113
도서 주문 02-741-9191

ISBN 978-89-6053-611-1 (03040)

헤이트

Hate 왜 혐오의 역사는 반복될까

T&C재단 | 마로니에북스

최인철, 홍성수, 김민정, 이은주, 최호근, 이희수, 한건수, 박승찬, 전진성 지음 두려움의 뒷면에 희망이 있다.
희망은 혐오를 멈추는 데서 시작한다.

마사 누스바움

혐오는 자신의 피를 빨아먹으며 자란다

김용학(연세대학교 18대 총장)

악으로 향한 길은 선으로 포장되어 있고, 포장을 걷어낸다고 악이 바로 드러나는 것은 아니다. 혐오로 향한 길이 바로 그런 길이다. 『헤이트(Hate): 왜 혐오의 역사는 반복될까』라는 책은 선으로 포장된 혐오의 정체를 파헤친다. 역사를 통해 우리는 평범하고 착한 사람들이 그토록 잔인한 혐오의 범죄에 직접 가담하거나 방관자가 되었다는 사실에 놀라게 된다. 이 책은 평범한 사람도 특정한 상황에 놓이면 사탄이 된다는 '루시퍼 효과'를 혐오의 역사를 통해 보여준다.

내가 아는 한 혐오라는 주제로 이렇게 다양한 전공의 학자들이(심리학, 법학, 언론학, 역사학, 철학, 인류학, 사회교육학) 발표·토론한 내용을 엮은 융합적 시도는 이 책이 유일하다. 3부로 구성된 이 책의 1부에서는 혐오가 생겨나는 이유와 과정을 소개한 후, 인류 문명에서 처음으로 등장한 인터넷 공간이 '혐오의 놀이터'이자 혐오 배양기가 될 위험성을 진단한다. 2부에서는 인류 역사에서 실제로 벌어졌던 피비린내 나는 유대인 대학살, 십자군 전쟁에서의 이슬람 혐오, 마녀사냥, 르완다 인종 대학살 등 평범한 사람들이 집단 혐오에 가담한 현장을 분석한다. 마지막 3부에서는 발제자들이 1-2부에서 발표한 내용과 청중들의 질문을 중심으로 상호 토론하면서 혐오를 넘어서기 위한 해결책을 모색한다.

이 책은 발표한 내용을 옮긴 구어체로 쓰여졌기에 읽기가 무척 쉽다. 우리 주변의 혐오나 실재했던 끔찍한 혐오에 대한 이야기들이기 때문에 읽는 동안 지루할 겨를조차 없다. 또 혐오를 '우리 안에 숨은 괴물'로 다루기에, 바로 나의 이야기이기에 더욱 흥미진진하다. 황수경 아나운서가 사회를 맡은 3부는 각자 자기 주장만 하다 끝나기 쉬운 토론을 장군 멍군을 주고받는 교훈적인 대화로 이끌어낸다.

이 책의 수많은 가르침 가운데 나는 두 가지에 주목하고 싶다. 첫 번째로 '혐오란 삐뚤어진 공감의 산물, 즉 다른 집단을 증오하는 내집단에 공감한 결과 생겨난다'라는 주장이다. 이는 공감의 범위를 혐오받는 집단에까지 확대하여, 그들은 얼마나 무서울까, 슬플까 등을 공감하도록 교육해야 한다는 함의를 갖는다. 둘째는 '혐오의 대상이 종종 혐오의 주체가 된다'라는 교훈이다. 로마의 박해를 받던 그리스도인들은 이슬람을 혐오하고, 이슬람은 유대인을 혐오하며, 유대인은 팔레스타인을 혐오하게 된다. 혐오의 순환성 또는 상호성으로 인해 혐오하는 자도 궁극적으로는 파멸로 치닫기 일쑤이다. 결국 혐오는 혐오하는 자신의 피를 빨아먹고 자란다.

우리가 이 시대에 이 책을 꼭 읽어야 하는 이유가 있다. 우리 사회는 점차 다문화 사회로 진입하고 있고 BTS의 사례에서 보듯, 세계적인 문화 콘텐츠 생산국이 되어간다. 인터넷에서는 양극화된 집단이 대립하면서 혐오표현(hate speech)이 급증하고 있다. 교실에서는 소위 왕따가 극심한 괴롭힘을 당한다. 다른 집단에 대해 갖는 편견과 차별이 얼마나 위험한 감정인지를 일깨워주기에 나는 혐오사회를 극복하는 시민 교육의 교재로 이 책을 강력히 추천한다. 이 책의 출판을 계기로 우리나라에도 혐오학(hate studies) 학회가 결성되기를 기대해본다.

혐오의 끝은 어디인가?

김혜숙(이화여자대학교 16대 총장)

짧지 않은 시간을 살아왔지만, 내 기억으로 '혐오'라는 표현이 요즘처럼 많이 사용되었던 적이 없었던 듯하다. 표현이 넘쳐나는 만큼 그런 감정 또한 만연되어가고 있다. 만인의 만인에 대한 투쟁이 아니라 만인의 만인에 대한 혐오의 시대라고 해도 이상하지 않을 상황처럼 느껴진다. 요즘 드라마나 정치 상황으로부터 눈을 돌리게 되는 것도 거기에 동원되는 저열한 감정의 복잡함, 강도 때문만이 아니라 긍정적 삶의 의욕마저 꺾어놓는 혐오적 표현의 극단성과 적나라함 때문이다. 인간의 감정은 전염성이 강하기에 이러한 혐오감정이 무한한 인터넷 공간을 채우게 될까 봐 걱정이 된다. 빛의 속도로 여과 없이 말을 주고받으며, 극렬한 감정 상태에 빠지는 우리 스스로의 모습이 참으로 초라하다. 이렇게 빛나는 문명의 성취를 이루어놓고 그것을 이용해 우리는 도대체 무슨 일을 하고 있는 것인가?

생각이 사라진 자리를 즉물적 감정들이 메꾸고 있다. 누구나 이모티콘과 약어, 은어를 사용하여 빠르고 거침없이 자신의 감정을 증폭시키고 과감하게 문자든 이미지든 말을 통해 표현할 수 있게 된 시대에 이를 이용하여 이득을 취하고자 하는 이들 또한 빠르게 늘어나고 있다. 너나 없이 유튜버가 되는 시대에 비판적 지식인이나 소위 정론을 추구하는 언론인의 역할이 매우 왜소해지고 말았다. 가히 '혐오의 시대'를 우리가 살고 있다고 해도 과언이 아니다. 서로를 향해 쌍심지 돋우며 비웃고 헐뜯고 혐오를 조장하는 이런 시대에 어떻게 아이들에게 사랑과 배려와 공감을 가르칠 것인가? 이 물음에 답을 구하기 위해서 우리는 먼저 혐오의 원천과 성격에 대해 알아야 한다.

『헤이트(Hate): 왜 혐오의 역사는 반복될까』는 혐오의 심리와 역사, 사회 문화적 맥락을 분야의 최고 전문가들께서 알기 쉽게 보여주고 있다. 나아가 뒷부분에서는 발표자와 토론자들이 함께 발표와 주제를 둘러싼 다양한 논의를 하고 있어서 독자들의 이해를 한층 구체적으로 도와주고 있다. 매우 시의적절한 책이라고 생각한다. 공감이 혐오의 해독제라 쉽게 생각했던 우리의 속견은 이 책을 통해 다층적 이해로 전환된다. 성, 인종, 종교, 나이 등을 매개로 하는 차별과 혐오의 문제는 어쩌면 인간 사회의 영원한 문제일 것이다. 인간은 자신이 어떤 집단에 속해 있는지를 끊임없이 확인하는 습성이 있고 집단적 정체성 확보는 반드시 타집단에 대한 배타와 혐오를 자양분 삼아 강화된다. 이 책은 오늘날 인터넷이 일상화된 상황 안에서 차별과 혐오의 문제를 커뮤니케이션 전공의 전문가들이 이론적으로 잘 이해할 수 있도록 도와주고 있다. 뿐만 아니라 인간 역사 안에서 있었던 대표적 혐오의 역사를 알려주고 있어 독자들은 매우 유용한 정보를 얻을 것이라 생각된다. 단편적으로 알고 있던 종교 전쟁, 홀로코스트, 르완다 종족 학살 등을 통괄할 수 있게 함으로써 우리가 과거를 통해 무엇을 배워야 하는지를 알 수 있도록 돕고 있다.

책을 읽고 주목하게 되는 것은 혐오의 감정 자체보다도 혐오를 자기 목적을 위해 정치적으로 선동하고 이용하는 인간 사회의 한 면모이다. 인간에게는 사랑이라는 감정이 중요한 만큼 그 반대의 감정도 삶을 추동하는 중요한 힘이다. 증오, 분노, 혐오라는 부정적 감정을 통해 인간은 많은 것을 파괴하지만, 또 한편으로 이를 통해 한층 더 성숙해질 수도 있고 성찰을 바탕으로 도덕적으로 더 높은 단계로 나아갈 수도 있다. 그러나 우리가 오늘날 기술과 정치 공학의 발달에 따라 목도하고 있는 현실은 어떠한가? 차이를 만들어내고 차이를 기초로 차별을 만들어내며 차별을 통해 특정 집단의 정치적 힘을 강화하는 일이 과거 그 어느 때보다도 더 용이하고 더 눈에 뜨이지 않는 방식으로 이루어지게 된 상황에서 혐오의 역사는 아직도 현재진행형인 듯하다. 이에 대항할 수 있는 자기 성찰과 열린 공감의 문화와 역사를 만들어가기 위한 노력이 절실하게 필요한 때이다. 이 책은 그런 노력을 돕는 일단이 될 것이라 믿는다.

공감, 인류를 위한 새로운 구심점

이상묵(서울대학교 지구환경과학부 교수)

버트런드 러셀(Bertrand Russell)은 일찍이 인간이 무엇에 대해서 알고 있다는 것은 크게 두 가지로 구분된다 하였다. 하나는 관측과 경험을 바탕으로 한 과학적인 것이고, 또 하나는 이와는 무관하게 가지고 있는 신념(faith)이다. 우리 지구상 78억의 인구는 모두 다른 신념과 가치를 지닐 수 있다. 하지만 쥐고 있던 동전을 놓았을 때 그것이 지구 중심을 향해 $9.8m/s^2$의 가속도로 떨어진다는 사실에 대해서는 모두 동의할 것이다. 그래서 과학은 인류 공통의 언어이다. 하지만 이렇게 강력한 힘을 가진 과학도 진짜 우리가 알고 싶은 문제들에 대해 전혀 답을 주지 못한다. 예를 들어 '우리의 삶은 정해져 있는가?', '세상에는 선과 악이 있는가?', '우리가 죽으면 정말 끝인가?' 등등 말이다. 그래서 우리는 이런 질문들에 대한 답을 찾기 위해 교회의 문을 두드린다. 성직자의 말이 큰 무게를 가지고 대중을 설득했던 시대가 있었다. 그런 일을 하면 나중에 죽어 지옥 간다는 말이 나 같은 과학자에게도 통했었다는 게 지금은 신기할 따름이다. 그런데 천 년 넘게 지속되던 교회의 권위는 비교적 짧은 계몽기를 거치면서 그 힘을 잃었다. 과학을 필두로 한 합리적 사고가 그 권위를 크게 떨어뜨린 것이다.

과학 기술은 인류의 삶과 사회 제도를 크게 바꿨지만 집단의 구심점을 없애버리는 결과를 초래하기도 하였다. 우리 모두가 자유를 얻었지만 이 책에서 언급한 것과 같은 잘못된 일, 즉 국가나 사회가 혐오스러운 행위를 저지를 경우에 제동을 걸 수단을 잃은 셈이다. 홀로 섬에서

산다면 모를까 함께 살아야 하는 사회에서 완전한 자유라는 것은 있을 수 없을 것이다. 서로 협력하고 신뢰해야 하는데 그렇다고 다시 종교로 돌아갈 수도 없는 노릇이다.

나는 오늘날 우리 인류에게 새로운 구심점이 무엇일까 오랫동안 생각하였다. 아마 그것은 우리가 가지고 있는 공감(empathy) 능력일지 모른다. 내가 좋아하는 생물학자이자 하버드대 교수인 에드워드 오 윌슨(Edward O. Wilson)은 『소셜 컨퀘스트 오브 디 어스(The Social Conquest of the Earth)』(국내 번역서 제목은 『지구의 정복자』)에서 20만 년 전 동아프리카에서 출몰한 호모 사피엔스는 그 수가 처음에는 너무 적어 작은 환경 변화나 재앙에 의해 쉽게 전멸할 수 있었을 것이라고 한다. 흔히 진화 과정을 적자생존이라고 말하는데 그는 그것만이 아니었을 것이라고 보았다. 인간에게는 집단 선택(group selection)이라는 메커니즘도 작동했다는 것이다. 사회적인 동물인 인간은 집단을 이루고 서로 경쟁도 했지만 한편으로는 우리 집단이 다른 집단보다 우수하다는 믿음으로 인해 나 자신을 희생하여서라도 집단을 보호하려고 하는 의식을 갖게 되었다. 그래서 다른 집단으로부터 공격받을 때 자기 집단을 보호하고자 죽음을 무릅쓰고 싸웠고, 나아가 집단 내의 약자를 보호하기도 했다고 한다. 개인의 희생을 통해서라도 보호해야 할 더 큰 가치를 생각했던 것이다. 물론 거기에는 종교가 한몫했을 것이다. 이러한 자기희생과 이타주의가 있었기에 인간이 오늘날 지구의 최강자가 된 것이다.

우리는 늘 '그들과 맞서는 우리(us against them)'라는 관점에서 타집단을 바라봐왔다. 처음 십자군 전쟁도 그렇게 출발했다. 우리와 다른, 그래서 절대로 함께할 수 없는 이슬람교도들을 하느님의 이름으로 몰아내기 위해서 말이다. 그런데 이제는 세상이 글로벌화되어버렸다. 예전처럼 편을 가르는 것이 무의미해졌다. 핵전쟁의 위협, 지구 환경 문제와 같이 홀로 해결할 수 없는 사안 앞에서 이제는 모두가 협력해야 할 시대가 도래한 것이다. 이번 코로나 바이러스를 통해 다시 한번 절감했다. 신을 몰아낸 이 시대에 인류가 다시 결속할 수 있는 방법은 없을까? 나는 그 답 중에 하나가 공감이고 공감 교육이라고 본다.

마지막으로 어떠한 문제를 제대로 이해하고 나름대로 해결책을 찾기 위해서는 문제점을 여러 각도에서 바라볼 필요가 있다. 알고 있다고 생각되는 사실들도 다양한 관점에서 살펴볼 때 비로소 제대로 이해하고 해결의 실마리를 찾을 수 있는 것이다. 이런 점에서 이 책은 중요한 출발점이다. 혐오라는 단일 주제를 여러 분야의 교수님들이 다양한 각도에서 이야기하셨기 때문이다. 개인적으로도 너무 유익했고 우리 자신과 사회를 다시 돌아볼 기회가 되었다. 막연히 생각하고 있는 것을 모두가 이해하고 공감할 수 있는 글로 표현한다는 것은 쉬운 일이 아니다. 그럼에도 이 책은 그 어려운 일을 참 의미 있게 잘 해낸 것 같다. 티앤씨재단의 비전이기도 한 '공감'이라는 단어가 새삼 더 크고 무겁게 느껴진다.

공감이 칼이 될 때

장대익(서울대학교 자유전공학부 교수, 『울트라 소셜』 저자)

　　혐오와 차별의 시대, 공감이 해법이라고들 한다. 특히 팬데믹의 장기화로 타자에 대한 혐오와 배제가 심화되면서 공감력을 함양하여 갈등을 완화하자는 식의 상식적 담론이 회자되고 있다. 틀린 말은 아니다. 하지만 주의가 필요하다. 왜냐하면 혐오와 공감이 동일한 방향으로 달릴 때도 많기 때문이다. 역사적으로나 심리적으로도 이 둘의 관계는 그리 단순하지 않다. 실제로 공감은 인류의 역사 속에서 갈등의 치료제였을 뿐만 아니라 증폭제이기도 했다.

　　2004년 4월 28일, 이라크 아부그라이브 교도소에서 촬영된 몇 장의 사진 속에는 벌거벗겨진 채 차곡차곡 쌓여 있는 이라크 포로들 옆에서 환하게 웃는 미군들이 있었다. 심지어 포로의 목에 가죽끈을 묶어 질질 끌고 다니는 모습도 담겨 있었다. 이런 변태적 사진이 전 세계 언론에 뿌려지자 미군 가해자들이 군법 회의에 회부되었고 결국 실형을 선고받았다.

　　그 후 가해자들에 대한 심리 조사의 결과는 또 한 번 충격이었다. 그들은 괴물이 아니라 그저 평범한 시민이었기 때문이다. 즉, 그들은 타자에 대한 공감 제로인 사이코패스라기보다는 자기 집단에 대해 과잉공감을 보인 보통 사람들이었다. 그들은 자기 동료들을 해한 이라크 군인들을 비인간화함으로써 자기 집단의 분노에 극도로 공감했던 것이다.

　　공감은 마일리지 같은 것이어서 누군가에게 쓰면 다른 이들에게는 줄 수 없다. 내집단(in-group)에 강하게 공감했다면 그만큼 외집단(out-group)에 공감할 여유가 소멸된다. 심지어 내집단에 대한 공감이 외집단에 대한 처벌로 이어진다는 심리 연구도 있다. 피험자들에게 미국에서 벌어진 아동 학대 사건과 중동에서 벌어진 저널리스트 납치 사건에 대해 읽게 했다. 그런 다음 어떻게 대응하는 것이 가장 좋을지를 물었다. 가령, 납치 사건의 경우에 무대응 원칙부터 공개적 비판 성명 공개, 무력 보복까지 여러 정치적 선택지를 제시했다. 그런 후 공감 척도를 활용해 피험자들의 공감 능력을 검사했다.

실험 결과는 공감 능력이 높은 사람일수록 가해자에 대해 더 가혹한 처벌을 원한다는 것이었다. 이른바 공감 호르몬이라고 불리는 옥시토신에 대한 연구도 비슷한 결과를 내놓고 있다. 옥시토신 수치가 높을수록 우리 편에 대한 충성심은 높아지지만 상대편에 대한 공감은 오히려 낮아진다.

이렇게 공감의 깊이와 반경은 상충한다. 미국 남부 흑인들이 경험했던 혐오, 차별, 폭력이나 유럽의 홀로코스트 잔학 행위들은 단순히 가해자의 공감 결핍으로만 이해될 수 없다. 그 가해자들은 흑인 남성에게 강간당한 백인 여성이나 유대인 소아성애자에게 착취당한 독일 아이들의 고통에 관한 이야기에 극도로 공감한 이들이었다. 신의 이름으로 소위 거룩한 학살을 자행했던 십자군이나 최근 이슬람 테러 조직의 문제는 공감 결핍이 아니라 자기 집단에 대한 공감 과잉이라고 할 수 있다. 마찬가지로 일제 강점, 제주 4.3사건 등의 한국 근현대사도 내집단에 대한 과잉 공감이 만들어낸 질곡의 역사로 이해될 수 있다.

티앤씨재단의 기획으로 큰 울림을 주었던 《너와 내가 만든 세상》 전

시회는 이 과잉 공감의 비극을 '선택적 공감'이라는 키워드로 예리하게 포착했다. 그리고 '역사 속 수많은 학살과 혐오범죄 뒤에 예외없이 주리를 틀고 있는, 자신의 분노를 합리화하는 목소리가 어떻게 군중의 불안을 먹이 삼아 자라났는지'를 먹먹하게 보여주었다.

이 전시에 앞서 편협한 공감에 대한 초학제적 강연과 대담이 펼쳐졌다. 심리학자, 법학자, 미디어학자, 역사학자, 철학자, 인류학자 등이 다양한 시각에서 혐오와 공감의 이 괴기한 이중주를 우리에게 들려준다. 이 책은 과거에 관한 이야기만이 아니다. 지금 우리 사회의 모든 갈등과 혼란에 선택적 과잉 공감이 똬리를 틀고 있음을 명징하게 드러내고 있기 때문이다.

초갈등 시대, 우리는 또다시 공감에게 SOS를 친다. 하지만 우리는 잊지 말아야 한다. 한쪽에 과잉 공감하는 순간, 다른 쪽에는 폭력이 될 수 있다는 역사의 교훈을 말이다. 나는 여태껏 이 책만큼 입체적인 방식으로 이 당혹스런 메시지에 다가간 책을 읽어보지 못했다. 혐오의 시대를 무사히 건너기 위한 필독서다.

인간 혐오회로의 뇌 속을 해부하다

정재승(뇌과학자, 『과학콘서트』, 『열두 발자국』 저자)

이 책은 우리들의 일그러진 뇌 속 풍경을 참혹하게 고찰한다. 역사적으로 반복되어 온 혐오의 역사를 현미경처럼 관찰하고, 망원경처럼 객관화하며, 핀셋으로 헤집어 섬세하게 살펴준다.

그 안엔 우리의 뇌가 고스란히 담겨 있다. 차별과 혐오, 폭력과 공격으로 가득 찬 시상하부와 편도체. 이곳에선 우리와 그들을 구별 짓고, 내집단과 외집단을 편 가르기 하며, 내집단에게는 더없이 너그럽지만 외집단에게는 가혹할 정도로 공격을 퍼붓는 우리의 본성이 시계처럼 어김없이 작동한다. 지난 수백 년, 아니 그 이전부터 혐오회로가 뇌 속에서 어떻게 작동해왔는지 페이지마다 낱낱이 기록해 피 울음을 쏟게 한다.

혐오의 치유는 공감만이 가능하다고 하지만, 상대방을 이해하고 타인의 입장이 되어 보며 애착과 공감을 만들어내는 사회성 뇌 영역은 거울의 양면처럼 혐오회로에 맞닿아 있다. 우리에 대한 공감과 애착은 내집단에 대한 지나친 동일시, 애국이라는 이름의 집단적 광기를 만들며 우리를 때론 잔인하게 만든다.

사랑이 없다면 미움도 없고, 공감이 없다면 혐오도 없다. 공감과 혐오는 거울 이미지이며, 인간은 그 속에서 개인으로선 더없이 도덕적일지라도 함께 모인 사회를 끔찍한 지옥으로 만들 수도 있는 것이다.

날것의 강연과 토론은 우리의 민낯을 고통스럽게 들여다보게 만든다. 타인의 얼굴이라고 애써 믿고 싶고, 우리 뇌는 끊임없이 변명과 평계를 찾으며 자기 합리화의 덫과 자기 객관화의 구원 사이에서 갈팡질 팡하겠지만, 그 혼돈이 이 책의 미덕이다.

역사학자 아놀드 토인비(Arnold J. Toynbee)의 말처럼, 역사에서 아무런 교훈을 얻지 못하는 것보다 더 큰 비극과 어리석음이 있을까? 우리의 뇌 속을 환히 비추는, 이 거울처럼 맑은 책을 통해 혐오의 역사를 종식시킬 자기 객관화의 성찰을 얻어보시길 추천드린다. 지금도 날마다 벌어지고 있는 혐오의 역사를 멈추기 위해서 말이다.

혐오에 저항하는 반 발자국의 전진

정혜신, 이명수(정신과 전문의/심리기획자)

　　심리치유 영역에서 혜신명수로 통칭되기도 하는 우리 둘은 지난 15년간 주로 피해자, 소수자 편에 있었다. 사회적 트라우마 현장이거나 국가공권력에 의해 삶이 뒤틀려 버렸거나 소수자라는 이유로 나락에 떨어졌거나 개인적으로 갑자기 지옥 같은 고통에 빠진 이들. 그들과 함께 때론 전사처럼 싸웠고 때론 엄마처럼 다독였고 때론 수호천사처럼 버텼다. 그들은 벼락 같은 고통 속에 내던져진 피해자, 소수자임에도 온갖 비난과 혐오에 시달렸다. 희한하게도 이 땅에선 많은 경우 그랬다. 억울하게 자식 잃은 부모들에게 순수 유가족인지 의심된다며 사회분열자라는 딱지를 붙이고 복직을 요구하는 억울한 해고노동자들에겐 빨갱이라 손가락질하고 정권 유지를 위해 조작 간첩 피해자가 돼 온 가족의 삶이 시궁창에 처박혀 버린 이들에게도 국가가 아무 이유 없이 그랬을 리 없다며 죄가 없다면 네가 스스로 증명해 보라고 윽박질렀다. 검찰 같은 조직이 그들의 권력 유지를 위해 국가형벌권을 남용해 한 개인의 삶을 만신창이로 만들어도 그걸 해명하고 회복할 책임과 의무는 온전히 당사자 개인의 몫이었다. 많은 사회 구성원들은 의혹의 눈초리와 혐오를 피해자들에게 퍼붓는 일에 열을 올렸다. 그 속에서 피해자가 목숨을 부지한다는 건 기적에 가까운 일이었다. 실제로 우리는 오랜 세월 그런 현장에서 수많은 죽음을 목도했다. 억울한 피해자(소수자)들이 혐오의 대상이 되어 죽음의 언저리를 맴도는 참혹한 상황들이 이어졌다. 먼 나라, 오랜 역사 속 이야기가 아니라 우리가 발 딛고 있는 이 땅에서 근자에 벌어진 일들이다. 그 안에서 피해자(소수자)들과 함께 있으며 우리 둘은 생사관도 바뀌고 인간에 대한 여러 정의들도 다시 돌아보곤 했다. 돌아보면 내내 그런 시간들이었다. 토할 듯 고민하고 조심스럽게 토론하고 생생하게 경험하며 숨통이 트일 접점이 있을까 자주 멈췄다. 그때의 고민과 화두를 『헤이트(Hate): 왜 혐오의 역사는 반복될까』에서 그대로 다시 만났다. 입체적이고 다양하고 끈질기고 실용적인 시선들이다. APoV(Another Point of View) 말 그대로 다른 생각에 대한 포용과 새로운 생각에 대한 열린 가능성을 탐하는 지성의 힘이 적나라하다. 이 책의 근간이 된 2020 티앤씨 온라인 컨퍼런스의 제목은 'Bias, by us'(바이어스, 바이 어스: 우리에 의한 편견)였다. 비뚤어진(편향된) 공감이 만들어 낸 혐오가 주제다. 그 제목은 대담했다. 뼈 때린다고 할 만큼 강렬한 고민의 결정체를 내포한 주제처럼 느껴졌다. 우리 또한 오랜 경험칙으로 혐오와 비난에서 동아줄이 돼 줄 유일무이한 무기가 '공감'이라는 결론에 도달한 후라 더 그랬다. 우리가 말하는 공감은 아무리 힘든 일도 결국 지나가리라, 다 괜찮고 네가 옳다 식의 당의정 같은 공감만 의미하지 않는다. 의도하지 않았으나 누군가를 치명적으로 저격하는 빗나간 독화살 같은 공감까지를 상정해야 제대로 된 공감이라고 생각한다.

사회적 측면에서 우리 둘이 주로 피해자(소수자) 편에서 함께 투쟁하고 부축한 일을 했다는 평가는 일견 맞다. 하지만 성찰적 시선으로 보면 그게 다가 아닐 수도 있다. 살다보면 누군가를 혐오하던 사람이 혐오 피해 당사자가 되는 경우를 자주 접한다. 어떤 이의 존재를 부정하고 모욕하면 당한 이는 자신의 온 삶을 걸고라도 분노하고 저항하고 공격하기 마련이다. 무작정 참고는 살아갈 도리가 없는 트라우마급 상처이기 때문이다. 그래서 혐오 가해자가 혐오 피해자가 되는 것은 정해진 수순이다. 동시에 혐오 피해를 겪으며 명명백백한 피해자로 살아가는 사람도 자신이 피해자일 수밖에 없다는 그 명명백백함 때문에 자기도 모르게 혐오 발화자가 되는 경우도 부지기수다. 부지불식간에 일어나는 일이라 인식조차 못한다. 혐오의 발화는, 나는 언제나 어떤 경우에도 피해자라는 그 일방성 때문에 시작된다. 혐오는 내용에 따라 결정되는 것이 아니라 태도에 의해 결정된다. 명명백백한 태도 자체, 그 획일적 단순함, 진실의 입체성에 대한 무지가 혐오의 본질일 수 있다.

치유받지 못한 상처는 당사자의 감정뿐 아니라 인지 기능도 블랙홀처럼 빨아들인다. 자기 상처 안에 매몰된 감정과 인식은 그를 피해자에서 가해자로 만든다. 그런 가해자들은 피해자일 때보다 공감받기 어려워지고 그러다 더 고립되고 외로워지면서 결정적인 피해자가 된다. 혐오하던 이도 결국은 혐오 피해자가 되고 혐오 피해자는 자신을 혐오하는 사람과 자신을 덜 공감하는 주위 사람들을 혐오하며 어느새 가해자가 된다. 그런 상태의 가해자는 이내 피해자로 회귀할 수밖에 없다. 가해자나 피해자 모두가 피해자로만 수렴되는 것이 혐오의 운명이다.

대개의 사람들은 '(그와의 관계에서) 사실상 나는 피해자'라는 생각을 한다. 이 구도 위에서 수많은 사연과 일상의 경험들이 고명처럼 얹혀져 뒷담화를 통해 번지고 스며 간다. 우리의 거의 모든 관계가 가해자는 없이 모두가 피해자로 남는 것은 이런 이유 때문이다. 연민과 공감이 가득한 언어로 대화를 한다 해도 옳고 그름에 대한 획일적, 일방적,

고정적인 태도 안에서 오가는 언어라면 그건 공감이 아니라 혐오의 시작이다. 공감이 따로 있고 혐오가 따로 있는 것이 아니라서다. 그래서 트라우마급 혐오의 말이나 상처가 아닌 것 같아도 혐오 피해는 일상에서 얼마든 일어날 수 있는 일이다.

이 책의 여러 '다른 생각(Another Point of View)'들은 혐오의 운명과 공감의 본질이 동전의 양면과 같다는 것을 차곡차곡 반 발자국씩 보여준다. 우리가 외면했거나 끝까지 생각하지 못했던 일이라 금방 다 받아들이기 어려울 수도 있다. 실천은 더 요원하다. 인간의 본능을 거스르는 일과 비슷해서 죽을힘을 다해야 겨우 본전치기밖에 못할 수도 있다. 그럼에도 혐오에 저항하고 고삐를 조이는 반 발자국의 전진을 멈출 수는 없다. 오늘 밤 우리가 패배할 줄 알면서도 영원히 패배하지 않기 위해 끝까지 싸울 수밖에 없다는 어느 전사들의 결의처럼. 우리가 살기 위해서다. 비뚤어진 공감이 만들어내는 혐오의 해악성과 진정한 공존에 관한 여러 '다른 생각'이 담긴 의미 있는 책이고 시도다. 혐오의 고통 속에 있는 많은 누군가에게 동아줄이 될 책이다. 곁에 두고 천천히. 오래. 소화시킬 수 있게 되기를. 힘겨운 여정일 줄 알면서도 마음 포개며 이 책을 읽는 다정한 전사들을 응원한다. 탁월한 예술가들의 섬세하고 통찰력 있는 시선으로 책의 내용을 시공감적으로 보여주는 아포브(APoV) 전시 《너와 내가 만든 세상》을 함께 경험하면 문득 눈이 열린다. 적극 권한다. 책도. 전시도.

오랫동안 머릿속을 맴도는 화두가 하나 있다.

'비뚤어진 공감'

예전엔 공감을 사람 사이의 갈등과 분열을 해소하는 만병통치약처럼 생각했었다. 재단 활동을 통해 공감이 가진 힘과 치유력을 여러 차례 목격할 수 있었는데 공감 능력은 학습과 훈련 등 후천적인 노력으로 키워질 수 있고, 그 과정에서 아이들의 일상에 놀라운 변화가 나타난다는 사실도 확인했다. 다른 사람의 마음에 공감하는 능력과, 타인의 공감을 얻어낼 수 있는 능력이 있다면 살면서 만나는 문제들 중 많은 부분이 저절로 해결될 수 있고, 그런 공감인재들은 결국 사회 문제를 해결하러 나서게 될 것이다. 또한 타인에게 참담한 모멸감을 주는 악플이 놀이처럼 번지는 현상이나, 인터넷상의 폭력과 성희롱 등은 다 공감의 부재 때문에 생기는 일들로 여겨졌다. 그런데 정말 공감이 그렇게 좋은 쪽으로만 작용할까 하는 의문을 갖게 되었다. 과연 모든 사람들이 공감 능력을 키우고 나면 이 세상의 혐오는 사라질까? 이런 질문을 하게 된 데에는 지극히 개인적이고 특별한 계기가 있다.

연예인들이나 청소년들을 극단적인 선택으로 내모는 악성 댓글의 폐해에 대해 많은 사람들이 분노하고 안타까워한다. 그러나 도덕적 지탄을 받는 사람에게 가해지는 악플에 대해선 그렇지 않다. 공개적인 모욕을 주는 악성 댓글에는 사회의 부도덕을 응징하고 제어하는 기능이 있다고 여겨지기 때문일 것이다. 나는 몇 년간 심한 악플의 대상이 되었다. 나를 모르는 사람들이 나를 비난하는 것을 이해할 수 있었고, 당연히 감내해야 할 일로 받아들였다. 그런데 어떤 사람들이 나와 내 가족에 대해 있지 않은 사실을 만들어 퍼뜨리기 시작했는데 시간이 지날수록 그 수위는 더 심해져갔다. 댓글러들이 퍼뜨린 악성 소문을 인터넷 매체에서 기사로 받아쓰고, 그 기사는 다시 SNS와 댓글창으로 퍼날라지는 순환 구조였다. 1인 미디어 같은 인터넷 매체나 유튜버들이 가짜 뉴스를 올린 후에 삭제해주는 조건으로 금전을 요구하는 일들도 비일비재했다. 처음에는 시간이 지나면 진실이 밝혀질 거란 바람으로 대응하지 않았으나 침묵은 별 도움이 되는 것 같지 않았다. 어느 인터넷 카페에는 내가 자살할 때까지 악플을 멈추지 말고 계속하라는 독려의 글이 올라왔다고 했다. 누가 왜 이렇게까지 하는 건지 이해가 되지 않았다.

인터넷상의 혐오와 악플은 그 역사가 짧지 않다. 지금도 여전히 사회적으로 여러 문제를 일으키는 대표적인 혐오 커뮤니티가 처음 만들어진 이후 온오프라인 공간에서 여성, 노인, 성소수자, 이주민, 장애인,

특정 지역 출신 등 타집단을 겨냥한 혐오와 차별이 줄곧 이어져왔지만 그 심각성은 폄하되었고 일부 극단적인 사람들에 의한 간헐적인 사회 문제로만 다루어져 왔다. 그렇게 별것 아닌 것으로 치부되어 오던 혐오가 코로나를 계기로 더 이상 간과할 수 없는 문제로 떠오르기 시작했다. 인간의 본성 깊숙한 곳에 내재되어 있던 혐오가 코로나와 함께 창궐하기 시작한 것이다. 그것도 범세계적으로. 그런데도 여전히 혐오를 필요악쯤으로 여기는 사례를 많이 볼 수 있다.

해외 뉴스에서 접하는 동양인에 대한 차별과 혐오범죄는 결코 용납될 수 없는 만행임이 분명한데, 어떤 사람들에게 그것은 정당한 분노로 여겨진다. 국내 상황도 별반 다르지 않아 코로나 확진자를 신상털이하고 낙인찍고 마녀사냥하는 것이 마치 지역 사회를 감염으로부터 지켜내기 위한 정당방위로 생각하는 분위기가 꽤 오래 지속되었다. 평소 정의롭고 도덕적인 시민들이 SNS발 가짜 뉴스에 선동되고, 자기가 속한 집단의 피해에 과잉 공감한 나머지 혐오의 가해자가 되는 현상을 어렵지 않게 보게 된다.

다시 내 이야기로 돌아가보면, 몇 년 동안 집요하게 악성 루머를 퍼뜨리는 아이디를 추려 법적 조치를 취했을 때 막상 확인하게 된 그들의 모습은 뜻밖이었다. 댓글들의 느낌과는 전혀 딴판인 평범한 가정주부들이었다. 인터넷 카페를 열어 가짜 뉴스를 만들고 댓글러들을 선동한 인물은 사회적으로 매우 안정된 부와 지위를 가진 사람이었다. 나는 사과의 뜻을 표한 모든 이들에 대해 법적 조치를 중단했다. 어쩌면 그분들 역시 자세한 내막을 알지 못하고 선동당한 피해자로서, 타인의 이야기에 진심으로 공감하고 있을 뿐이라는 생각이 들었다. 그분들 입장에서 나는 질서를 위협하는 존재였고, 본인들은 정의를 위해서 싸우는 중이었을 것이다.

혐오의 역사를 살펴보면 불안과 공포가 군중 심리를 점령했던 시대마다 어김없이 원망의 대상이 존재했다. 재앙의 원인으로 지목된 대상은 폭력과 학살의 희생자가 되곤 했다. 두려움, 불안, 질시, 정의감 등 군중을 움직인 원인은 다르지만 그 근원적 감정은 내집단이 입은, 혹은 입을 수 있는 피해에 대한 방어적 공감이다. 역사는 가해자와 피해자에 대해 자세히 기록하지만, 그러한 가해를 가능하게 만든 수많은 군중의 공감대에 대해서는 상대적으로 덜 주목하고 있다. 나는 가짜 뉴스와 편협한 공감이 만들어내는 혐오의 역사를 돌아보는 것이 공감 교육에 꼭 필요한 과정이라고 생각했다. 그래서 코로나로 취소된 장학생들의 여름방학 유럽 탐방을 대신할 온라인 컨퍼런스를 기획하기로 마음먹었다.

이 책은 그 온라인 컨퍼런스를 그대로 옮긴 것이다. 2020년 가을, 코로나로 추석 귀경길이 막힌 연휴 동안, 국내 최고의 석학 아홉 분의 강연과 토론이 매일 서너 시간씩 밀도 높게 이어졌다. 사전 신청한 사람들만 링크를 통해 볼 수 있는 방식이었다. 예약을 받지 않고 오픈했더라면 더 많은 사람들이 보았겠지만 '혐오'라는 다소 무거운 주제가 명절 연휴에 환영받을 수 있을까 걱정되기도 했고, 무엇보다도 불특정 다수가 아닌 비슷한 문제의식을 가진 분들과 모종의 연대의식이 형성되기를 바랐다.

최고의 역사학자와 사회과학 전문가를 찾는 여정은 그렇게 시작되었다. 아홉 분의 교수님을 선정한 과정을 잠깐 소개하고 싶다. 타집단에 대한 맹목적인 혐오와 일반화를 생각하자 제일 먼저 떠오르는 분이 계셨다. 이슬람 연구의 최고 권위자이신 성공회대학교 이희수 교수님이다. 뿌리 깊은 이슬람포비아는 아마도 우리 사회에 가장 대중적인 형태로 퍼져 있는 혐오현상 중 하나일 것이다. 그만큼 견고하고, 흔들기 어려운 이야기이기도 하다. 아무런 기획안도 없이 다짜고짜 이희수 교수님의 연구실부터 찾아갔다. 교수님은 두서없는 나의 이야기를 귀기울여 들어주셨고, 지지와 조언을 아끼지 않으셨다. 교수님은 컨퍼런스에 함께해주시겠다는 약속과 함께 아프리카 문화인류학자인 강원대학교 한건수 교수님을 소개해주셨다.

이어진 한건수 교수님과의 회의는, 회의 자체가 한 학기 분량은 너끈히 될 듯한 명강의였다. 교수님은 르완다의 후투족과 투치족 이야기를 빌려 '우리'와 '그들'을 나누는 집단 정체성에 대해 이야기를 해주셨다. 비극적인 학살을 딛고 공동체를 재건한 남아프리카 공화국과 르완다의 사례를 통해 희망을 말씀하실 때 부드러운 음성 속에 담긴 메시지가 너무도 명쾌했다. 그리고 가톨릭대학교 철학과 박승찬 교수님을 찾아가보라고 소개해주셨다. 나는 그날부터 매일 밤 유튜브로 박승찬 교수님의 강연을 찾아서 들었는데 중세 유럽의 흑사병과 마녀사냥, 십자군 전쟁 등에 대해 강연하시는 교수님의 클로즈업된 화면에서 깊은 영성이 느껴졌다. 한국에 이런 학자가 계셨구나 놀라웠다. 나는 삼고초려가 아니라 백고초려를 해서라도 박 교수님을 모셔와야겠다고 결심했다.

그다음으론 몇 해 전 인상 깊게 읽었던 책『상상의 아테네, 베를린 · 도쿄 · 서울』의 저자이신 부산교육대학교 사회교육과 전진성 교수님의 연락처를 수소문해 전화를 드렸다. 늦은 오후 광화문의 한 찻집에서 뵌 전진성 교수님은 독일 지성사의 맥을 쭉 짚어주시며 홀로코스트와 같은 참극이 일어나기까지 대상을 바꿔 간 혐오에 대해 이야기해주셨다. 회의 내용을 그대로 녹화해서 강연으로 내보내고 싶을 정도로 막힘이 없었다. 그리고 교수님은 국내에서 제노사이드 연구로 가장 저명하신 고려대학교 사학과 최호근 교수님을 소개해주셨다.

최호근 교수님과는 첫 전화 통화 이후 교수님의 바쁘신 일정 탓에 회의를 잡을 수가 없어서『기념의 미래』라는 교수님의 저서를 읽으며 기다렸다. 아픈 역사와 기억의 전승에 대한 교수님의 책에서 인간에 대한 맑고 깊은 사랑이 절절히 느껴졌다.(그리고 그 책은 이후 아포브전시 《너와 내가 만든 세상》을 기획하는 과정에 큰 영감이 되었다.) 의인의 심리학을 연구하시는 최호근 교수님의 메시지는 비극의 역사 안에서도 분명한 희망을 가리키고 있었다. 이렇게 해서 역사 쪽 라인업이 끝났고 각 교수님들과 회의를 이어가는 동안 컨퍼런스의 윤곽이 조금씩 갖춰지기 시작했다.

처음에는 관동대지진을 비롯한 동아시아 역사와 한국 근현대사도 폭넓게 다루고 싶었지만 혹여 정치적으로 민감할까 우려되어 누구나 보편적으로 공감할 수 있는 이야기들에 집중하기로 했다. 그러려면 각각의 세계사 사건들을 따로 살피는 걸로 끝나서는 안 될 일이었다. 이 모든 혐오사건들을 관통하는 반복적인 패턴을 발견해야만 우리가 살고 있는 오늘날의 혐오현상도 이해하고 변화를 모색할 수 있을 것이기 때문이었다. 현대 사회 속 혐오의 원인과 해법을 파헤치기 위해 미디어 리터러시와 온라인상의 혐오현상을 연구하시는 서울대학교 언론정보학과 이은주 교수님과 한국외국어대학교 미디어커뮤니케이션학부 김민정 교수님을 찾아뵈었고, 인터넷에 혐오 연구를 치면 제일 먼저 검색될 정도로 이 분야의 일인자이신 숙명여자대학교 법학부 홍성수 교수님을 찾아뵈었다. 교수님들은 컨퍼런스의 취지에 공감하시며 함께 브레인스토밍을 하고 방향을 잡아주셨다. 그리고 마지막으로 사회심리학 분야에서 행복 연구로 유명하신 서울대학교 최인철 교수님께 연락을 드렸는데 교수님은 '편협한 공감이 만들어내는 혐오'가 연구 중이신 주제와 맞아떨어진다며 흔쾌히 참여해주셨다. 그야말로 어벤져스의 탄생이었다.

물론 모든 일이 이렇게 일사천리로 진행된 것만은 아니다. 일정이 맞지 않아 고사하신 교수님들도 계셨지만 이 과정에서 만나 뵌 모든 교수님들이 역사를 통해 혐오를 조명하려는 접근에 대해 응원을 아끼지 않으셨기에 처음 해보는 도전에 용기를 낼 수 있었다.

컨퍼런스의 제목을 'Bias, by us' (바이어스, 바이 어스: 우리에 의한 편견)라고 지었다. 연휴 사흘간 진행된 컨퍼런스에 대한 반응은 기대를 훌쩍 뛰어넘었다. 사전 신청과 설문 조사라는 장벽이 있었음에도 사흘 동안 유튜브 조회수 1만 회가 넘었고 인터넷 댓글창에는 진지한 성찰과 토론이 매일 이어졌다. 재단 이메일로 시기적절한 주제라며 응원해주시는 편지들이 계속 도착해 얼떨떨할 정도였다. 이토록 많은 사람들이 혐오의 해악성을 경계하고 있다는 사실에 가슴이 뛰었다. 컨퍼런스 종료 한 달 후 유튜브에 강연 영상들을 전체 공개하였고, 시청 소감과 의견을 적극적으로 반영해 교사용 워크숍 자료를 제작하고 또 한 번의 토크 콘서트 방송도 만들게 되었다. 이 책의 출간 역시 많은 시청자분들의 요청으로 이루어진 결실이다.

　이 지면을 빌려 한번도 가보지 않은 길을 함께 가느라 고생해준 재단 구성원들에게 고마운 마음을 전하고 싶다. 재단의 인지도나 기획력 등 모든 것이 부족한 상태였음에도 망설임 없이 함께해주신 교수님들 한 분 한 분께 깊은 감사를 드린다. 토론 진행을 맡아준 황수경 아나운서는 교수님들의 강연과 저서들을 미리 다 공부하고 오는 프로 정신으로 모두를 놀라게 했다. 지금 이 글을 읽고 계신 독자 여러분도 아홉 분 교수님들의 안내로 시간 여행을 하면서 진정한 공감의 의미와, 편협하게 잘못 사용된 공감의 어두운 그림자를 확인하실 것이다. 그리고 '우리'와 '그들'을 구분 짓던 관념을 버리고 새롭게 확장된 공감의 세계를 만날 수 있을 것이라 확신한다.

티앤씨재단 대표 김희영

| 차례 |

I   우리 안에 숨은 혐오라는 괴물

I 우리 안에 숨은
혐오라는 괴물

〈죽음과 삶〉 구스타프 클림트, 1908-1915

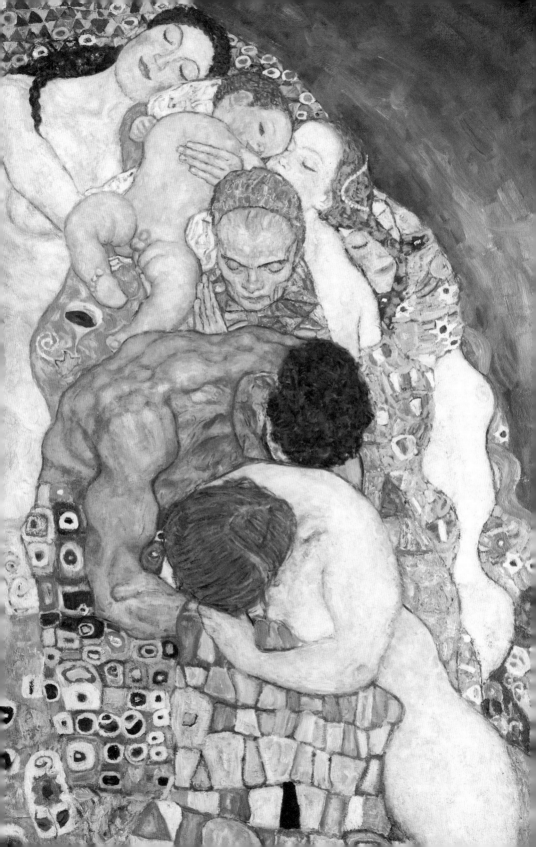

01

강연 영상 보러가기

혐오의 기원:
생존과 공감의 파편

최인철

서울대학교 심리학과 교수

- 서울대학교 심리학과 학사
- 미국 미시간대학교(University of Michigan at Ann Arbor) 석사 및 박사
- 전) Personality and Social Psychology Bulletin 부편집위원장
- 현) 서울대학교 행복연구센터장

저서: 『프레임: 나를 바꾸는 심리학의 지혜』,
　　　『굿 라이프: 내 삶을 바꾸는 심리학의 지혜』

혐오의 기원에 대해 강연하게 되었습니다. 제가 특별히 이 주제에 대해서 매우 흥미 있게 느끼는 이유가 몇 가지 있습니다.

보통 우리는 '혐오'를 인간의 본성의 관점으로 설명하려는 노력을 많이들 합니다. 인간성이 아주 안 좋은 일부의 사람들이 하는 행위 정도로 이해를 하는 거죠. 이런 본성에 근거한 접근도 일정 부분 설명력이 있지만, 저는 우리의 생존이나 행복을 위해서 꼭 필요하다고 여겨진 부분들이 잘못 작동이 되어 생긴 파편이 혐오일 수 있다는 주장을 펴려고 합니다. 이런 관점으로 혐오를 접근해보면 혐오에 대해 새롭게 이해할 수 있다고 생각합니다.

또한, 이 강연의 부제를 '생존과 공감의 파편'이라고 했는데요, 혐오를 공감과 연결시켜 생각해보려고도 합니다. 우리는 공감의 부재, 혹은 결핍의 결과물로 혐오가 나타난다고 생각하기가 쉽습니다. 하지만 다른 각도에서 생각해보면 공감이 과잉되거나 혹은 공감이 특정한 집단에게만 편향되게 되면 그 결과물로 혐오가 나타날 수도 있습니다.

따라서 저는 우리가 선하다고 여기는 '공감'의 부작용으로 혐오가 나타날 수 있다는 시각도 전달하고자 합니다.

혐오는 왜 사라지지 않는가

혐오의 기원에 대한 이야기를 하기 전에, 우리가 그토록 혐오하는 대상이 '혐오' 자체인데, 왜 이 혐오가 사라지지 않는지에 대한 이야기를 먼저 해보려고 합니다.

코로나 시대에 대해 많은 사람들이 지금의 상황은 모든 분야의 교과서 같다는 이야기를 합니다. 예를 들면 통계적인 모형을 연구하는 사람들은 코로나 확진의 속도 등을 잘 예측하는 모형을 만들어볼 수 있는 기회로 봅니다. 통계 교과서에서나 볼 수 있는, 그런 실습을 해 볼 수 있는 기회라고 얘기하는 것이죠. 또 철학자들은 우리가 당면한 윤리적인 딜레마 같은 것에 주목합니다. 백신이 개발되면 누가 먼저 맞아야 되는가와 같은 윤리학 교과서에 나올 법한 그런 사례들을 우리가 현실에서 고민하게 되는 상황이라는 것이죠. 인간에 대해서 연구하는 심리학자에게도 많은 사람들의 행동을 연구해볼 수 있는 그런 기회입니다.

그런 맥락에서 세계 곳곳에서 관찰되는 혐오의 사례들을 통해 도대체 혐오는 왜 생겨나는 것일까 고민해 볼 수 있는 기회가 될 것이라 봅니다. 우리는 그 누구도 내가 누군가를 혐오하는 존재가 되는 것을 원치 않습니다. 혐오가 혐오되는 시대이죠. 특별한 이유 없이 다른 사람을 혐오하는 존재라는 정체성을 갖고 싶어 하는 개인이나 그런 문화는 없음에도 불구하고, 왜 혐오는 사라지지 않고 있을까요? 그리고 특별히 이런 코로나와 같은 상황에서 왜 혐오가 다시 등장하고 있을까요? 매우 흥미로운 질문입니다.

크게 세 부분으로 살펴볼 것입니다. 우선 혐오에 대해 아주 간단히 정의 내려볼 것입니다. 두 번째로 이 혐오가 생겨나는 기원에 대한 이야기들을 해보겠습니다. 마지막으로 그래서 우리가 실천할 수 있는 방법이 뭐가 있는지 해결책에 대해 생각해보겠습니다.

혐오는 글자 그대로 싫어하고(嫌) 미워하는(惡) 것입니다. 사전에는 '어떤 것들을 증오하고 불결함 등의 이유로 싫어하거나 기피하는 감정'이라고 되어 있습니다. 종교적인 뉘앙스를 감안하면 '역겹고 구역질이 날 정도로 미워하다'라는 뜻도 있습니다. 이처럼 혐오는 단순하게 미워하는 정도를 넘어서서 비도덕적인 존재 혹은 비위생적인 존재에 대하여 느끼는 역겨움의 감정을 포함합니다. 단순한 미움이 아닌 매우 높은 강도의 강한 감정입니다. 혐오의 대상이 되는 사람들을 회피하고 싶은 행동적인 요인들까지 들어가 있는 굉장히 복합적인 감정입니다.

혐오에 도덕적인 뉘앙스가 들어가 있다고 하는 점, 즉 혐오의 대상이 되는 사람들을 나의 도덕적인 기준에서 벗어나 있는 사람들이라고 보는 생각, 따라서 같은 인간으로 보기 어렵다는 생각들이 깊게 스며 있다는 점을 염두에 두고 이야기를 진행하려 합니다.

혐오는 개인과 개인 사이의 감정이라고 볼 수도 있지만 이 논의에서는 집단과 집단 사이의 감정으로 국한시켜서 얘기해보겠습니다. 즉, 사이가 좋지 않아서 한 개인을 혐오하는 개인적 감정이 아니라, 다른 집단에 속한 사람들에 대한 강력한 미움과 역겨움이라 할 수 있는 그런 도덕적인 감정들이라고 정의하고 이야기해보려고 합니다.

지나친 자존감이 만드는 혐오

　　　　그렇다면 혐오는 왜 생겨났을까요? 누구도 자기 자신을 혐오하는 존재로 보고 싶어 하지 않는데 혐오라는 것이 왜 생겨난 것일까요? 여러 이론들이 있을 수 있지만 두 가지를 얘기해보려고 합니다. 첫 번째는 우리의 생존을 위해서 꼭 필요한 것 중 하나가 집단생활인데 집단의 어떤 역풍으로 혐오가 생겨날 수도 있다는 것입니다.

　여기 하나의 그래프가 있습니다. 코로나 기간 동안 대한민국 사람들의 행복이 어떻게 변해왔는지를 보여주는 것입니다.

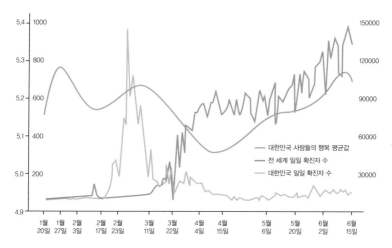

2020년도 코로나 기간 행복 지수 변화
출처: 서울대학교 행복연구센터

중간에 녹색 실선 부분이 행복의 평균값인데 코로나가 처음 확산됐을 때 행복감이 떨어졌다가 3월 중순 이후, 즉 사회적 거리두기가 본격화되는 시점에 다시 떨어지는 패턴을 보입니다. 코로나와 같은 이런 집단 감염병은 생존을 위협할 뿐만 아니라 행복에도 굉장히 위협이 되는 거죠.

우리 연구팀은 이런 상황에서 우리나라 사람들이 얼마만큼 집단주의적인 태도를 가지고 있는지를 계속해서 트래킹하고 있는데 굉장히 재미있게 나타나는 패턴이 코로나 기간 동안에 사람들의 집단주의적인 태도가 강하게 증가하는 모습을 보인다는 겁니다.

그런데 이것은 우연이 아닙니다. 이미 심리학이나 사회학에서 밝혀진 내용인데요. 전쟁이나 감염병처럼 생존이 극단적으로 위협받는 상황이 발생하면 모든 게 불확실해지고 불안해지죠. 이런 불확실성과 불안을 해결하기 위해서 인간이 의지하게 되는 도구 중에 하나가 집단입

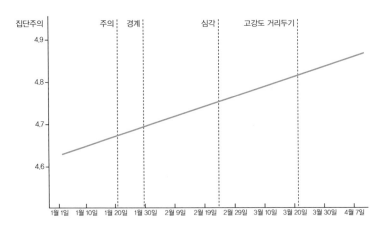

2020년도 사회적 거리두기에 따른 집단주의 변화
출처: 서울대학교 행복연구센터

니다. 평소보다도 훨씬 더 집단 중심적인 태도와 행동을 갖게 됩니다. 강력한 리더를 추구하게 되고 강력한 행동의 규범들을 만들고 사생활을 일부 포기하면서까지 집단의 규범을 따르려고 하는 욕구들이 생깁니다. 물론 이런 경향성들이 가지고 있는 장점이 있죠. 그러나 그것이 잘못된 방향으로 파편이 튀어서 자기 집단의 규범을 강력하게 지키려고 하는 행위가 자기 집단이 아닌 다른 집단에 대한 혐오로 나타나는 부작용이 생겨날 수 있습니다.

특별히 코로나와 같은 상황에서 우리의 생존을 위협하는 사건이 다른 집단으로부터 발생되었을 수도 있다는 의심이 작동하게 되면 자기 집단에 대해 순종하고 집단의 규범에 따르려고 하는 욕구와 함께, 우리를 위협하는 다른 집단에 대한 미움과 배제와 배척으로 나타나게 되는 거죠.

다시 말해, 생존에 위협이 되는 상황에서 우리는 집단에 의존하게 되고 그 집단 의존성이 강하게 되면 부작용으로 다른 집단에 대한 혐오가 나타날 가능성이 높아집니다. 안타깝게도 현재의 코로나 상황이 딱 그런 경우에 해당이 되기에 우리나라뿐만 아니라 전 세계적으로 전에 없던 집단 간 차별이나 편견이 나타나고 있는 현상을 보게 됩니다. 집단 정체성이 강화되게 되죠. 집단이 중요해지게 되니까요.

우리 모두는 자기 자신을 긍정적으로 보고 싶어 하죠. 스스로 형편 없는 존재, 쓸모 없는 존재라고 여기고 싶어 하는 사람은 아마 거의 없을 겁니다. 이게 우리 인간이 가지고 있는 본능적인 욕구인데 이런 자존의 욕구를 해결해줄 수 있는 하나의 통로가 자기 집단, 자기가 속해 있는 집단을 긍정적인 집단으로 보는 것입니다.

예컨대 우리나라가 월드컵 경기 4강에 들었을 때, 대한민국 사람이라는 집단 정체성을 통해 우리 자신을 긍정적으로 보려는 욕구가 강해졌던 사례가 여기에 해당합니다. 집단이 중요하게 되면 내 안에 있는 집단 정체성에 초점이 맞춰집니다. 한 개인으로서 나를 보는 것도 있지만 내가 속해 있는 집단의 구성원으로서 나를 보는 정체성이지요. 이 집단 정체성으로 인해 나 자신의 자존감을 높이기 위해서 우리는 어떻게 하느냐, 우리 집단을 우월한 존재로 보고 싶어 할 뿐만 아니라 내가 속해 있지 않은 다른 집단을 폄하함으로 말미암아 우리가 더 낫다고 하는 시각을 갖게 됩니다. 그래서 혐오는 다른 집단을 미워하는 것이지만 동시에 나 자신을 사랑하는 것이기도 합니다. 즉, 나 자신에 대한 사랑, 내집단에 대한 애착이 오작동해서 안 좋은 방향으로 나타나는 것이 혐오일 수 있다는 것이 저의 첫 번째 이야기입니다.

내가 속한 집단에만 한정하는 공감이 부르는 혐오

두 번째는 공감에 관한 얘기인데요. 사실 공감과 혐오는 서로 반대 개념으로 이해하기 쉽습니다. 흔히 공감을 이타적이고 도덕적인 행위의 필수 조건으로 여깁니다. 우리의 도덕성을 고취시키기 위해 공감 능력을 키워야 한다고 얘기할 정도로 공감에 대해서 매우 긍정적으로 생각합니다.

그런데 이 공감이 문제를 일으킬 소지가 있습니다. 공감의 정의를 찾아보면, 다른 사람의 의견이나 감정을 그 사람의 관점에서 이해하고 느껴보려고 하는 것이라고 되어 있습니다. 그런데 문제가 되는 건 이때 이 남이 누구냐라는 겁니다. 타인의 관점에서 그 사람의 감정이나 의견을 느끼고 이해해보는 것을 공감이라고 부르는데 이때 타인은 누구일까요.

가장 쉽게는 나와 가까운 사람들이 됩니다. 내가 이해할 수 있는 사람들이 되겠죠. 나와 역사적 경험과 사회적 맥락을 공유할 수 있는 사람, 그래야만 타인의 관점에서 쉽게 그 사람의 감정이나 어떤 태도를 이해할 수 있기 때문이에요. 그래서 공감한다고 하는 것을 가만 내버려 두게 되면 우리는 나와 같은 집단에 있는 사람들에 대해서는 충분히 공감할 여지가 크지만, 나와 역사적, 문화적, 시대적 맥락을 공유하지 않은 사람들에게서는 공감을 경험하기가 어렵습니다. 따라서 공감이라고 하는 것 자체가 매우 좋은 것임에도 불구하고 그 타인이 자기가 속한 집단에 국한되게 되면 오히려 그것의 부작용으로 인해 내집단이 아닌 사람들을 혐오하고 차별하고 그리고 무관심해지는 그런 부작용이 나타날 수 있다고 봅니다.

이것은 저만의 이야기는 아니고 미국 예일대학교의 아주 유명한 심리학자 폴 블룸(Paul Bloom) 교수의 연구이고 그분의 책에 나와 있는 주장이기도 합니다. 책 제목이 『어게인스트 엠퍼시(Against Empathy)』, 즉 '공감에 반대한다'입니다(국내 번역서 제목은 『공감의 배신』). 그 내용을 들여다보면 공감이 나쁜 것이라서 그런 게 아니라, 다른 집단 사람들에 대한 어떠한 이타적인 행위의 수단으로서 유일하게 공감만을 우리가 강조하게 된다면, 즉 공감을 느껴야만 타인을 도울 수 있다고 강조하게 된다면 공감을 유발하지 않는 다른 집단 사람들, 한 번도 만나본 적이 없고 문화적 배경이 다른 사람들에게 공감을 느낀다는 건 굉장히 어려워진다는 거죠. 그래서 공감이 우리 집단 사람들에게는 자연스럽게 작동할 수 있지만 다른 집단 사람들에게는 작동하기 어렵기 때문에 오히려 공감만을 강조하게 되면 타집단 사람들에 대한 이타적인 행위가 나타날 가능성을 오히려 떨어뜨리게 됩니다.

굉장히 역설적인 주장인데, 이 내용에 저도 굉장히 공감하는 편이고 관련된 연구를 해온 적도 있습니다. 여기에 또 하나 추가하고 싶은 이야기가 있습니다. 어떤 좋은 일을 해보자고 하는 경우에 난 그동안 이런 일을 충분히 했어, 그러니까 나는 그만할 테니까 너희들이나 해 이런 얘기를 할 때가 있습니다. 자기 집단에 대해서는 충분히 공감해서 그 공감에 기초한 이타적인 행위를 해온 사람들이 다른 집단에 대해서는 나는 그동안 충분히 했으니 안 해도 돼 하는 반응을 보일 수 있다는 것입니다.

일종의 '모럴 라이선싱(moral licensing)'(어떤 행동을 하지 않아도 된다는 허가증을 받은 것처럼 행동하는 것)이 발생하게 된다는 것입니다. 즉, 나는 그동안 충분히 다른 사람을 도왔기 때문에 내가 모르는 사람들을 위해서까지 시간과 돈을 들이는 건 안 해도 된다는 심리입니다.

정리하자면, 우리에게 혐오가 생기는 이유를 '우리의 본성이 악하기 때문이다' 이렇게 쉽게 설명할 수도 있지만 앞서 이야기했듯이 조금 역설적으로 볼 필요가 있습니다. 우리에게 매우 중요한 집단, 이 집단을 통해서 우리는 우리의 생존 가능성을 높이고 또 우리의 행복을 위해서도 집단이 굉장히 중요합니다만 이 집단이 과도하게 작동하게 되면 그것의 파편으로서 혐오가 나타날 수도 있다는 사실을 기억해야 하겠고요. 우리 모두는 타인들과 좋은 관계를 맺으려고 하고 또 그걸 위해서 공감을 강조하고 있지만 이 공감이 자기 집단에게만 편향되게 되면 그것의 부작용으로 혐오가 나타날 수도 있다는, 조금은 역설적인 가능성을 생각해보는 것이 필요하지 않을까라는 생각을 합니다.

마지막으로 이렇게 집단의 파편 혹은 공감의 파편으로 혐오가 생겼다 하더라도 지금처럼 의식이 함양되어 있는 이런 문명사회에서 도대체 혐오는 왜 없어지지 않을까? 우리 자신도 우리 스스로를 혐오하는 존재로 보고 싶어 하지 않는데 왜 우리는 우리도 모르게 이렇게 혐오하는 태도나 감정을 느끼게 될까? 그 이야기를 잠깐 해보려고 합니다.

혐오의 진화는 왜 일어나나

제가 제기하는 가능성은 어쩌면 우리가 지금 혐오라고 부르고 있는 것들이 우리 안에서 진화가 돼서 어느 틈엔가 혐오라고 느끼지 못하는 형태로 나타난 게 아닐까, 마치 바이러스처럼 자세히 들여다보지 않으면 보이지 않는 형태로 혐오가 진화된 건 아닐까라는 것입니다.

크게 두 가지 관점에서 얘기해볼 수 있는데요. 첫 번째는 과거에는 다른 집단에 대한 미움 혹은 혐오를 이야기할 때 일방적인 미움을 이야기했습니다. 그러니까 다른 집단에 대해서 항상 나쁜 감정이나 나쁜 생각을 가지고 있는 것 그것을 우리가 차별, 편견, 혐오 등으로 불렀는데 그게 더 이상 통용되지 않으니까 위장이 됩니다. 어떤 형태의 위장인가 하면 다른 집단에 대한 좋은 생각을 일부 집어넣는 식입니다.

예를 들면 여성에 대해 과거에는 일방적으로 조금 부족한 존재라는 생각을 가졌다면 지금은 '여성에게는 남성에게 없는 도덕적인 순결함이 있다', '여성에겐 여성 특유의 리더십이 있다'라는 식으로 치켜세움으로 인해, 남성이 차지하고 있는 영역으로 들어오는 걸 차단하는 것이죠. 이런 양가적인 형태로 좋은 점과 나쁜 점을 동시에 인정하는 형식으로 혐오가 진화했기 때문에, 성차별을 하는 사람들을 향해 비난을 하면 '아니, 내가 평소에 얼마나 여성을 긍정적으로 생각하는지 아느냐'라며 변명하는 모습을 보이게 됩니다. 혐오라고 하는 감정이 더 세련되게 위장이 돼서 내가 누군가를 혹은 뭔가를 혐오하는 사람이라고 느끼지 못하는 형태가 되지 않았을까 생각해봅니다.

두 번째, 보통 우리는 집단 간의 차이에 근거해서 혐오를 경험하게 됩니다. 우리 집단과 다른 집단이 무언가 차이를 보이고 있는데 과거에는 그런 차이가 어떤 이유에서 생겨났는지를 잘 몰랐습니다. 그런데 최근 들어 유전적인 분야에 대한 연구들이 아주 활발하게 이루어지면서 인간의 많은 특성들을 생물학적인 기초로 설명하려는 노력들이 이루어지고 있습니다. 그래서 우리가 가지고 있는 신체적인 특징들뿐만 아니라 심리적인 특징들까지도 내가 가진 유전적인 특징들의 조합에 의해 생겨난 것들이라는 생각들을 강하게 하게 된 거죠. 소위 유전적 결정론, 이런 생각이 굉장히 유행하게 되었습니다. 유전적 결정론이 지나치게 맹신되면 여러 가지 문제가 발생할 수 있고, 혐오도 그런 문제 중 하나일 수 있다고 생각합니다.

다른 집단이 우리 집단보다 열등한 특성을 가지고 있다고 우리가 생각할 때, 그리고 그 차이에 과학적으로 근거가 있다고 믿을 때, 혐오를 정당화하는 수단을 제공하게 됩니다. 내가 타집단에 대해서 일방적으로 혐오하는 게 아니라 과학적인 근거가 있다고 정당화해버리는 거죠. 즉, 나는 과학적인 사실에 기초해서 이런 생각을 한다고 스스로를 정당화할 수 있는 심리적인 장치들이 생겨났기 때문에 혐오하면서도 자기가 혐오하고 있다라고 느끼지 못하는 일들이 벌어진다는 생각을 해봅니다.

혐오의 은밀한 속성 성찰하기

이제 결론을 내려보려고 합니다. 그래서 우리의 숙제는 뭐가 있을까요? 도대체 무엇을 해야 될까요?

우선은 혐오가 가지고 있는 은밀한 속성들에 눈떠야 할 것입니다. 즉, 혐오는 우리가 생존을 위해 꼭 필요하다고 여기는 집단이나, 이타적인 행위를 위해 소중하게 생각하는 공감이라고 하는 것들의 양면과 뒷면일 수도 있다는 점을 염두에 두어야 합니다. 그래서 이 혐오라고 하는 것이 가지고 있는 이런 속성들을 우리가 인식하는 것 자체도 굉장히 중요하겠다는 생각을 하고요. 그런 관점에서 우리 개인의 정체성을 지나치게 지금 속해 있는 국지적인 집단에 한정하지 않는 것이 바람직하겠습니다. 한국 사람이다, 서울 사람이다, 혹은 어느 지역 사람이다라는 아주 좁은 의미의 집단 정체성에 우리 자신을 가두는 것을 이제는 좀 지양할 필요가 있고, 보편적 인류애를 가질 필요가 있겠습니다. 종교를 가진 사람들도 우리 모두는 똑같은 피조물이라는 인식,

특정한 집단에 매이지 않는 정체성들을 가질 필요가 있습니다.

그리고 공감이 가지고 있는 위험성에 대해 말씀드렸죠. 공감을 특별히 잘 느끼는 사람들이 있을 수 있습니다. 공감을 통해 우리는 타인이나 다른 집단 사람들을 도우려고 하는데 이게 잘 되지 않으니까 공감을 갖기 위해서 굉장히 노력을 많이 합니다. 교육을 시키기도 하고요. 그런데 모든 사람들에게 공감을 느낀다는 건 여전히 도전적인 일이죠.

따라서 공감이 내 안에서 생겨날 때까지 나의 이타적인 행동을 지연시키는 것은 그렇게 효과적인 방법이 아닐 수도 있습니다. 앞에서도 말씀드렸지만 공감만이 우리의 이타적인 행위의 유일한 수단이라고 생각하게 되면 오히려 그것이 우리가 원하지 않는 혐오를 가져올 수도 있습니다. 따라서 필요한 것은, 공감과 같은 우리의 착한 마음도 중요하지만 공감이 기초가 돼 있는 시스템을 갖추는 게 굉장히 중요합니다. 내가 공감하는 마음을 갖지 않더라도 다른 사람을 돕고, 배려하고 이해하는 행동이 나올 수 있는 시스템과 제도를 갖춰놓는 것이 훨씬 더 효과적인 방법일 수도 있습니다.

마지막으로 시스템을 갖추는 일도 중요하지만 우리 자신의 내부를 진지하게 들여다보는 끊임없는 자기 성찰이 중요하다는 것도 말하고 싶습니다. 다른 집단에 대해 갖고 있는 우호적인 생각이 어쩌면 그 집단에 대한 부정적인 생각을 정당화하기 위한 위장된 혐오는 아닌지, 또 우리 집단에 대한 충성이나 애착이 다른 집단에 대한 협동, 이타적인 행위를 하지 못하게 막는 장애물은 되고 있지 않은지 계속해서 성찰하는 것입니다.

강연 요약

혐오는 소수 개인의 문제로 시작될 수 있으나 개인의 차원을 넘어 집단의 문제로 확산될 수 있습니다. 혐오는 단순히 부정적이고 싫은 감정으로 인해 만들어지기도 하지만, 집단의 행복을 추구하기 위한 행위가 잘못된 방향으로 파생되어 다른 누군가를 혐오하는 방향으로 발생될 수 있습니다. 어떠한 것을 증오하고 불결함 등의 이유로 싫어하거나 회피하는 감정인 혐오는 나보다 열등하다고 생각하는 것에 대하여 발생하며 심지어 역겹고 구역질 날 정도로 미워하는 모습을 보입니다.

이런 혐오는 집단의 안전을 위협하는 대상을 도덕적으로 폄하하고 배척하는 과정에서 발생합니다. 이 과정에서 혐오는 더 확산되고 정당화되며 심지어 세련된 형태로 진화합니다. 과학적 원리나 사실 등을 교묘하게 반영하고 정당화하여 우리가 깨닫지 못하는 형태로 우리에게 영향을 미치고 있습니다.

개인의 공감이 혐오를 줄이고 없앨 수도 있습니다. 그러나 잘못된 공감의 방향과 우리 집단만을 위한 공감의 과잉은 혐오를 정당화하고 더 큰 혐오를 만들 수도 있음을 알아야 할 것입니다. 물론 개인의 자성적 노력과 공감의 확장은 반드시 필요합니다. 하지만 단순히 개인의 노력만으로는 혐오를 없앨 수 없습니다. 제도적인 장치 마련을 위한 노력을 병행해야 하며 무엇보다 인류애적 관점으로 혐오를 없애는 노력을 함께해야 합니다.

02

강연 영상 보러가기

혐오현상의
이해와 과제

홍성수　숙명여자대학교 법학부 교수

- 고려대학교 법과대학 법학과 학사 및 석사
- 영국 런던정치경제대학(LSE)대학원 박사
- 전) 국가인권위원회 혐오차별대응특별위원회 위원
- 현) 법무부 양성평등정책위원회 위원

저서: 『법의 이유: 영화로 이해하는 시민의 교양』
　　　『말이 칼이 될 때: 혐오표현은 무엇이고 왜 문제인가?』
　　　『인권제도와 기구: 국제 사회 · 국가 · 지역 사회』(공저)

혐오라는 말이 어느 순간 우리 사회에 중요한 화두로 떠오르게 됐는데요. 오늘날 혐오현상이 어떻게 발생하고 확산되는지에 대해 살펴보는 시간을 갖겠습니다.

혐오라는 말은 오래전부터 써 왔던 말입니다. 헤이트(hate)라는 영어 표현도 일상적으로 사용되고 있죠. 누군가를 많이 싫어하고 미워한다는 뜻입니다. 이 강연에서 다루려는 혐오는 특정한 소수자나 집단에 대해 갖는 부정적인 관념이나 감정, 또는 그 집단을 차별하거나 배제하려고 하는 태도를 뜻합니다. 일상적인 의미하고는 조금 다른 것 같지만, 싫다는 것과 차별 또는 배제는 서로 밀접하게 연결되어 있습니다.

'너는 나보다 열등하니 차별당해도 마땅하다', '당신과 같은 위치에 있고 싶지 않다'와 같은 말을 들으면 어떨까요? 나를 많이 싫어한다 또는 혐오한다는 느낌이 들지 않을까요? 그래서 차별하거나 배제하는 감정이나 태도를 혐오라고 표현하기 시작한 것입니다. 또한 혐오는 차별과 밀접하게 연결되어 있는데요. 어떤 집단에 대한 혐오가 있다면, 그 집단에 대해서 실제로 불이익을 주는 경우도 많습니다. 특히 고용이나 교육, 또 재화나 용역을 이용/공급할 때 특정한 소수자 집단을 배제하거나 불이익을 주는 구체적인 행위가 있을 때 차별이라고 합니다.

혐오 피라미드

'혐오의 피라미드' 그림을 보면서 조금 더 보충 설명을 드려보겠습니다. 편견과 혐오는 차별하려는 감정이나 태도를 뜻합니다. 그것을 말로 표출하거나 또 글로 쓰게 되면 혐오표현이 되는 것이고요. 그리고 그 연장선상에서 고용이나 교육 영역에서 부당한 대우를 하면 차별이 됩니다. 혐오와 차별이 어떤 집단에 대한 물리적 공격으로 나타나는 경우도 있는데, 이를 증오범죄라고 합니다. 더 극단적인 경우로 그 집단을 말살해버리는 집단학살로 이어지기도 합니다. 혐오의 피라미드라고 이름 붙이긴 했지만, 혐오표현, 차별, 증오범죄가 반드시 단계적으로 진화한다는 뜻은 아니고, 이런 식으로 서로 연결되어 있다는 것을 이해하면 좋겠습니다.

혐오표현에 대해서 조금 더 구체적으로 살펴보겠습니다. 2019년 유엔에서는 혐오표현을 '발언, 글, 행동을 통한 모든 종류의 커뮤니케이션으로서, 그들의 정체성, 즉 그들의 종교, 민족, 국적, 인종, 피부색, 혈통, 젠더 또는 기타 다른 정체성에 근거하여, 어떤 개인이나 집단과 관하여, 경멸적 또는 차별적 언어를 사용하거나 공격하는 것'이라고 정

혐오의 피라미드
출처 www.adl.org/sites/default/files/documents/pyramid-of-hate.pdf를 재구성

의했습니다. 2020년 국가인권위원회가 낸 리포트에서는 '성별, 장애, 종교, 나이, 출신 지역, 인종, 성적 지향 등을 이유로 어떤 개인이나 집단에게 모욕, 비하, 멸시, 위협, 또는 차별·폭력의 선전과 선동을 함으로써 차별을 정당화하거나 조장·강화하는 효과를 갖는 표현'이라고 정의했고요. 그러니까 혐오표현이란 차별이 야기될 수 있는 정체성을 이유로 해서 그에 대한 혐오를 말이나 글로 드러내는 것이라고 간단히 정의할 수 있습니다.

혐오와 차별의 해악

혐오와 차별이 갖는 사회적인 해악은 생각보다 굉장히 큽니다. 먼저 혐오와 차별은 인간의 어떤 도덕적 가치를 침해하거나 또 인격적인 모멸감을 줍니다. 욕설이나 좋지 않은 이야기를 들었을 때 누구든 기분이 좋지는 않습니다. 하지만 인종, 성별, 종교, 연령, 성적 지향 등 사람의 정체성과 관련하여 비난을 받거나 모욕을 당하면, 훨씬 더 큰 모멸감을 느낍니다. 같은 이유에서 차별을 받았을 때도 마찬가지입니다. 인간으로서 존중받지 못한다는 생각을 하게 되는 것이죠. 즉, 단순히 기분 나쁘거나 모멸감을 느끼는 걸 넘어서 사회 구성원으로서의 평등한 지위를 인정받지 못한다는 것입니다. 정상적인 사회 활동이 어려워지고 교육에서나 직장 생활에서 불이익을 당하게 됩니다. 한 사회의 구성원으로서 정당하고 평등한 대우를 받고 있다고 하기 어려워지는 것입니다.

또한 혐오와 차별은 확산성이 굉장히 큽니다. 차별이 차별을 낳는다는 표현이 있는데요. 단순히 욕을 했을 때는 개인 대 개인의 문제인 경우가 많지만, 혐오나 차별은 다른 사람에게 쉽게 전염이 됩니다. 한편으로 혐오나 차별을 당하는 집단의 구성원들은 집단적으로 피해를 입게 됩니다. 다른 한편, 혐오와 차별이 방치되면 그것을 당연하게 여기는 사람들이 많아지고, 더 많은 사람들이 동참하게 됩니다.

혐오의 역사

혐오와 차별이 폭력을 낳기도 합니다. 누군가를 무시하고 경멸하고, 어떤 집단에 대한 부정적으로 생각하는 태도들이 결국 물리적인 공격으로 이어지는 것입니다. 역사적으로 봐도 그렇습니다. 가장 대표적인 사건이 홀로코스트라고 할 수 있습니다. 유대인뿐 아니라 여러 소수자 집단이 집단적인 혐오와 차별을 당하고 심지어 학살까지 당했던 인류 역사상 가장 큰 비극이었지요. 홀로코스트 정도는 아니어도 혐오와 차별이 낳은 크고 작은 폭력은 계속 있었고 지금도 이어지고 있습니다.

유엔이나 유럽연합 같은 국제조직이 2차 세계대전과 홀로코스트에 대한 반성에서 출발했다는 것은 다들 아실 텐데요. 사실 혐오와 차별에 대한 반성의 결과라고 해도 무방할 겁니다. 하지만 지금 유럽에서는 다시 반(反)이민 정서가 확대되거나 극우파들이 약진하기도 합니다. 영국은 반이민자 또는 반무슬림 정서에 기반해 유럽연합을 탈퇴하게 되었죠. 2016년 미국에서는 이주자 혐오를 이용하여 트럼프 대통령이 당선되기도 했습니다. 1950년대 이후 전 세계는 혐오와 차별에 맞서 열심히 싸워왔지만, 그 노력이 물거품이 되는 것 같아 너무나도 안타깝습니다.

한국도 예외는 아닙니다. 해방 이후에 좌익 척결이나 반공주의, 반공 이데올로기도 혐오사례로 언급하기도 하고, 지역차별 역시 혐오의 한 현상으로 이해되기도 합니다. 또 과거 권위주의 통치 시절에 장애인, 부랑인, 빈민들을 격리하고 배제했던 것도 일종의 혐오로 간주됩니다.

그런데 오늘날 혐오현상은 조금 다른 양상을 띠고 있습니다. 예전에는 국가나 지배권력에 의한 혐오와 차별이 문제였다면, 최근에는 일반 대중들이 혐오에 동참하는 양상을 보입니다.

이런 현상은 대개 2010년 이후부터 본격화되기 시작했는데요. 2010년 이후 이주자나 이주 노동자에 대한 혐오를 조장하거나 반다문화주의를 표방하는 인터넷 커뮤니티들이 갑자기 늘어나게 됩니다.

특히, 2012년에는 일간베스트라는 인터넷 커뮤니티가 등장해서 소수자 혐오를 놀이화하기 시작합니다. 여성, 민주화운동 세력, 5.18민주화운동 유공자, 호남, 세월호 유족 등 사회적 약자들에 대한 혐오를 조장하면서 이를 놀이처럼 즐기는 문화가 형성됩니다. 최근에는 특정 커뮤니티에서만 볼 수 있는 현상이 아니라, 사회 전반에서 비슷한 현상들이 나타나고 있습니다. 일부 보수 개신교에서는 동성애자, 이주자, 난민에 대한 혐오를 조장하기도 했습니다. 2018년에는 제주도에 들어온 500여 명 예멘 난민에 대해 이들을 쫓아내거나 가짜 난민을 추방해야 된다는 식의 분위기가 형성되고 심지어 난민 반대 시위도 있었죠. 어느덧 우리 사회에서도 혐오가 일상화된 게 아닌가라는 생각을 하게 됩니다.

혐오가 싹트는 배경

그렇다면 특정 집단을 차별하고 배제하는 분위기가 이렇게 만연하게 된 이유는 무엇일까요?

가장 큰 배경은 사회 경제적 요인입니다. 1997년에 경제 위기로 한국 사회에는 저성장 시대가 도래해 청년 실업이 늘고 개인의 지위가 취약해집니다. 이렇게 사회 경제적으로 어려울 때 사람들은 허탈감, 시기심, 불만, 분노, 우울감, 불안 등과 같은 감정 상태에 빠지기 쉽다고 합니다. 그리고 이런 불안한 상태에서 특정 집단을 희생양으로 삼아 문제의 책임을 전가하는 경향이 생깁니다. 경제적 어려움뿐만 아니라, 재난, 전쟁, 감염병 등 공동체가 어려움에 빠졌을 때 혐오가 확산되는 이유입니다.

두 번째는 미디어 환경입니다. 과거에는 히틀러 같은 선동가가 수많은 사람들을 모아놓고 연설했어야 됐지만, 지금은 인터넷을 통해 가짜 뉴스나 음모론이 빠른 속도로 퍼지고 있습니다. 혐오를 조장하는 입장에서는 아주 편리한 매체가 생긴 셈이죠.

세 번째는 정치 지형입니다. 아무리 혐오가 확산되어도 혐오에 맞서는 건강한 민주 정치 세력이 있다면 혐오의 확산을 저지할 수 있습니다. 하지만 정치가 취약하면, 포퓰리즘으로 무장한 극우파가 득세하여 혐오를 정치적으로 이용하게 되죠. 실제로 민주주의가 취약한 나라에서 혐오가 더 쉽게 확산되는 경향이 있습니다.

네 번째는 사회 문화적 배경인데요, 집단주의 문화나 민족 중심주의적인 문화를 가진 사회에서 혐오가 확산되기 쉽다는 겁니다. 혐오는 내집단과 외집단을 구분하고, 우리가 살기 위해 저들을 희생양으로 삼아야 한다는 담론이거든요. 아무래도 집단주의 문화가 강한 곳에서 이런 논리들이 쉽게 확산될 수 있습니다.

이러한 배경하에서 혐오가 확산될 수 있는데요. 설명해보자면 다음과 같습니다. 사회 경제적 위기가 도래하면서 사람들은 불안이나 공포심을 갖게 되고 사람들이 자기 이익이나 안전에 대해서 극단적으로 집착하는 경향이 나타나게 됩니다. '내가 속한 소집단', 또는 '우리'의 이익을 지키기 위해서는 이질적인 다른 집단을 내버려둬서는 안 된다는 논리로 연결됩니다. 이질적인 집단이나 편견을 가지고 있던 집단에 대한 거부감, 적대심을 이용하여 그들을 차별하고 배제하는 현상이 확산됩니다. 동료 시민이 혐오의 대상이 되는 겁니다.

사실 어떤 집단에 대한 혐오를 조장하거나 희생양으로 삼으면서 마음이 편할 리는 없겠죠. 이런 불편함을 해소시켜주는 게 바로 가짜 뉴스입니다. 가짜 뉴스는 혐오에 동참하는 사람들한테 '당신들이 하는 건 혐오가 아니라 사실에 근거한 것이다', '과학적인 근거가 있다'라는 식으로 정당화를 시켜줍니다. 많은 이들이 혐오에 쉽게 동참할 수 있는 계기를 마련해주는 것이죠. 사람들은 점점 어떤 문제의 책임을 집단에게 전가하거나 희생양으로 만드는 것에 익숙해지게 됩니다. 여기 마지막 불을 붙이는 게 혐오를 이용하는 포퓰리즘 정치의 등장입니다. 정치인들까지 나서서 이를 조장하기 시작하면 한 사회는 걷잡을 수 없이 혐오가 확산되는 현상으로 치닫게 됩니다.

혐오를 키우는 재난

최근에는 혐오가 더욱 진화하는 양상을 보입니다. 예전에는 혐오를 인터넷 놀이 정도로 생각하는 경우가 많았지만, 최근에는 거리에 나가 집회를 한다거나 정치인들에게 압박을 가해서 자신들의 주장을 관철시킨다든가 하는 구체적인 행동으로 이어지는 경우들이 늘어나고 있습니다.

안전에 대한 부당한 집착이 혐오로 이어지는 경우도 많이 있습니다. 안전을 확보한다는 명목으로 난민 혐오나 트랜스젠더 혐오를 정당화하는 거죠. 신분이 불확실한 이주자들을 추방하자는 주장도 같은 맥락입니다. 그런데 이들 소수자들이 실제로 안전을 위협하는 것은 아닙니다. 이들을 배제하고 차별한다고 해서 안전이 확보되는 것도 아니고요. 진짜 원인과 해법은 따로 있는데 엉뚱한 희생양만 찾는 겁니다. 이주 노동자 때문에 취업난이 가중된 것도, 5.18유공자에게 주어지는 가

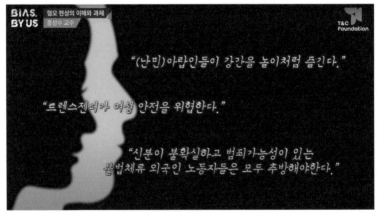

안전에 대한 집착이 거짓된 혐오를 낳는 사례

산점 때문에 공무원 시험에서 탈락하는 것도, 세월호 유족들에게 과도한 보상을 해서 재정난이 생긴 게 결코 아닙니다. 여성할당제 등 여성에 대한 지원 정책 때문에 청년 남성들의 취업이 안 되는 것도 아니고요. 물론 사람들이 호소하는 어려움은 절박하고, 권리 투쟁 자체는 정당합니다. 하지만 진짜 원인을 찾아서 그것을 해결하려고 해야지, 자기보다 더 약한 사람들을 희생양으로 삼아 혐오하고 차별하면 안 될 겁니다. 그 자체로도 부당하지만 문제를 해결해주지도 못합니다.

이러한 혐오현상이 최근에 코로나19라는 감염병의 확산과 맞물리면서 더 폭발하고 있다는 사실에도 주목해볼 필요가 있습니다. 편견과 혐오는 일상적인 시기에도 존재합니다. 하지만 아까 말씀드렸던 것처럼 사회 경제적 위기가 있을 때 혐오가 더 폭발하는 경향이 있습니다. 예를 들어 유럽의 홀로코스트는 1차 세계대전에서 패망한 독일의 사회 경제적 위기를 배경에 두고 있죠. 유럽 복지국가의 위기가 이주자 혐오, 무슬림 혐오로 연결되고 있고, 미국 백인 남성들의 불만이 혐오 정치인을 불러냈습니다. 2010년 이후 한국 내 혐오의 확산은 1997년 경제 위기 이후 한국 사회의 사회 경제적 위기를 그 배경에 두고 있습니다.

역사적으로 보면 재난의 시기에 혐오가 확산됐던 경우들이 많습니다. 1923년에 관동대지진이 있었는데 이때 조선인에게 책임을 물리면서 혐오를 확산시켰던 역사적인 사례가 있고, 비교적 최근인 2011년의 동일본 대지진 후에도 혐한 시위가 증가하고 책임을 재일 조선인들에게 떠넘기려고 하는 분위기가 있었다고 합니다. 또 1918년 스페인 독감이 최근 코로나19와 비교되면서 많이 재조명되고 있는 것 같은데

1923년 관동대지진

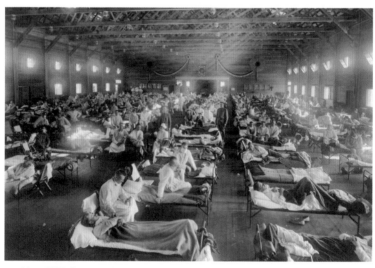

1918년 스페인독감

요. 당시에 발발했던 스페인독감의 영향이 외국인, 이주자들에게 책임을 물리는 혐오현상으로 이어지게 됐고, 이것이 포퓰리즘 정치, 나치 정권을 등장하게 만든 중요한 계기가 됐다는 분석을 본 적이 있습니다. 지금도 굉장히 비슷하죠. 코로나가 확산되면서 유럽이나 미국에서는 아시아인 특히 중국인 혐오가 확산되고 있고 민족주의가 부흥하고 있다는 얘기들도 들려옵니다. 실제로 아시아인에 대한 혐오와 혐오범죄 사례들이 계속 보고되고 있습니다.

우려스러운 현실 그리고 희망

국제기구와 한국 인권 단체들은 코로나 시대의 혐오의 확산을 강력하게 경고하고 있습니다. UN 코로나 보고서에서 평등, 차별 반대, 포용이 이번 위기 극복의 핵심이라고 진단합니다. UN 인권최고대표실에서도 코로나 피해 방지 정책에서 단 한 사람의 소외도 있어서는 안 되며, 특정 계층과 집단에게 피해가 집중 확산되는 것을 막아야 한다고 강조한 바 있습니다. 한국의 인권 단체들은 재난 상황에서 더 고통받는 취약 계층의 상황, 이 가운데 드러나는 인권의 사각지대에 대해 날카롭게 지적하고 있습니다. 실제로 코로나와 관련해서 그동안 차별받고 있었던 또는 소외되어 있었던 집단들이 더 많은 피해를 받는 경우들이 많이 늘어나고 있죠. 예를 들면 노인, 기저질환자, 장애인, 사회 경제적 지위가 낮은 이들, 소수인종, 소수민족, 소수종교, 이주민, 난민, 무국적자 등에 피해가 집중되고 있는 것이죠. UN 같은 국제기구가 지적하고 있는 상황이 세계 각국에서 현실화되고 있는 것입니다. 보건 전문가들은 어떤 집단에 대해 낙인찍고 혐오하는 것이 방역의 관점에서도 전혀 도움이 되지 않는다고 강조합니다. 어떤 감염병이 특정 집단의 잘못으로 확산되는 것일 리 없습니다. 그런데 감염병에 취약한 집단은 평소에도 혐오에 취약한 집단인 경우가 많습니다. 여기에서 집단 감염이 일어나게 되면, 잠재해 있던 혐오가 폭발하고 집중포화를 당하는 것이죠. 반면에 사회에서 힘이 있는 집단의 구성원들은 감염병에 걸려도 쉽게 혐오의 대상이 되지 않습니다. 비난을 받더라도 개인이 비난을 받을 뿐 집단에게 책임이 전가되진 않지요. 이렇게 코로나 시대의 혐오는 원래 취약했던 집단을 더욱 곤경에 빠뜨리고 있는 것입니다.

다행히 혐오에 반대하는 흐름들도 만만치 않습니다. 코로나 확산 초기에 중국인, 중국 유학생에 대한 혐오가 확산되던 때 교육부와 교육청이 나서서 혐오의 시선을 거두자는 메시지를 냈고요. 국가인권위원회 위원장은 '인류애와 연대로 문제를 풀어야 하며 혐오와 차별을 중지하는 것이 공동체의 안전을 지키는 길'이라는 점을 강조했습니다. 국무총리는 '특정 커뮤니티에 대한 비난은 적어도 방역의 관점에서는 도움이 되지 않는다'라고 했고, 여당 대표는 '집단 감염이 발생한 특정 집단, 지역, 세대에 대한 비난과 혐오로는 결코 이 전쟁에서 승리할 수 없다'라고 했습니다. 대구시장은 '코로나19라는 보이지 않는 바이러스보다 더 힘든 적은 혐오와 차별이라는 적'이라고 경고했고, 서울시장은 '배제와 혐오는 감염병과 싸우는 데 아무런 도움이 되지 않는다'라고 말했습니다. 한국 사회 곳곳에서 혐오에 저항하는 힘을 느낄 수 있었습니다.

하지만 여전히 불안한 장면들이 계속 눈에 띕니다. 여전히 특정 지역이나 특정 집단이 감염병에 노출되었을 때, 혐오로 연결되는 일이 종종 있습니다. 외국인 노동자 감염이 늘어나자 몇몇 지방자치단체에서는 외국인 노동자에 대한 진단 검사 명령을 내렸죠. 사실 외국인 노동자는 방역 대상으로서의 의미를 갖기 어렵거든요. 외국인 노동자들이 근무하는 일부 사업장이 방역에 취약한 것은 사실이지만, 그건 그 사업장의 문제이고 그 사업장 종사자에 대한 방역 조치를 하면 되는 것입니다. '외국인 노동자'가 특정될 이유가 전혀 없는 것이고, 불필요한 혐오만 낳게 될 우려가 컸습니다. 다행히도 시민 사회와 각 인권 기구들이 강력히 항의했고, 방역 당국에서는 지방자치단체에 강제 진단 검사 철회를 요청하기에 이르렀습니다. 조금만 방심하면 다시 혐오가 확산될 수 있는 그런 가능성을 배제할 수 없다는 것을 잘 보여주면서, 다른 한편으로는 한국 사회의 잠재력을 볼 수 있는 장면이었다고 생각합니다.

마지막으로 우리가 왜 혐오와 맞서 싸워야 되는지를 말씀드리겠습니다. 저는 혐오에 맞서는 이유를 보통 두 가지로 설명합니다. 첫 번째는 도덕적, 윤리적 이유입니다. 혐오와 차별은 그 자체로, 윤리적으로 옳지 않습니다. 우리 동료 시민들의 인권을 침해하고 책임을 전가하는 일은 그 자체로 나쁘기 때문이죠. 예컨대 코로나 확산에 대해 특정 집단에 책임을 전가하는 것은 당연히 정당하지 않습니다. 아주 현실적인 이유도 있습니다. 앞서 살펴봤듯이 혐오는 문제 해결에 도움이 되지 않습니다. 해결해야 할 원인에 맞서 싸우는 것이 아니라 어떤 핑곗거리나 희생양을 찾는 것일 뿐입니다. 방역 전문가들이 낙인과 혐오로는 코로나에 맞서 싸울 수 없다고 경고하는 것도 같은 취지입니다. 그 자체로 나쁘기도 하지만 혐오는 방역에도 전혀 도움이 되지 않고 오히려 방역 조치를 무력화시키거든요.

기억하실지 모르겠는데 2018년에 고양 저유소 사건이 있었죠? 이주 노동자가 날린 풍등이 저유소에 떨어져서 불이 난 사건이었는데 이때도 일부에서는 이주 노동자 책임이라는 얘기가 나왔습니다. 그런데 사실 이건 저유소 화재 관리의 문제였습니다. 기름을 저장하는 저유소가 풍등 하나 때문에 불이 났다는 것은 저유소 관리에 심각한 문제가 있었다는 것이고, 그것이 문제의 핵심 원인입니다. 그렇다면 그 원인을 해결하기 위해 문제를 분석하고 해법을 찾아야 되는데 엉뚱하게 이주 노동자 혐오로 이어진다면 어떻게 될까요? 진짜 문제를 해결할 기회를 놓치게 되는 것입니다. 다행히 그때 화재는 이주 노동자 문제가 아니라 저유소 관리의 문제라는 점을 정확하게 지적하는 움직임이 있었고, 결과적으로 다시는 그런 화재가 일어나지 않도록 조치할 수 있었습니다. 혐오를 거두어야 진짜 문제가 보이는 것입니다.

그런 의미에서 저는 우리 사회가 좀 더 안전해지고 또 각자가 좀 더 행복해지기 위해서, 각자의 인권과 권리를 지키기 위해서라도 우리 사회가 혐오로 나아가는 것을 막아야 된다고 생각합니다.

지금까지 나눈 이야기를 정리하겠습니다. 앞에서는 혐오의 개념에 대해 살펴봤고, 우리나라와 다른 나라에서 벌어졌던 여러 가지 혐오현상에 대해서도 간단히 말씀드렸습니다. 그리고 마지막으로는 우리가 혐오에 맞서야 되는 이유를 살펴봤습니다. 혐오와 차별은 그 자체로 윤리적, 도덕적으로 옳지 않은 일이기에 막아야 한다는 측면에서 생각해봤고, 나아가 우리 사회가 직면하고 있는 진짜 문제를 해결하기 위해서라도 또 사회가 더 안전해지고 더 행복해지기 위해서라도 혐오와 결별해야 된다는 점을 말씀드렸습니다.

강연 요약

마음의 표현 혹은 의견 표출로 보일 수 있는 개인이나 집단의 혐오표현이 부정적으로 확산되어 혐오 대상자들은 배제나 차별로 이어진 불이익을 경험하게 됩니다. 이러한 혐오의 증폭이 폭력과 증오범죄로 이어질 수 있게 되며, 극단적으로는 말살이나 집단학살이라는 최악의 결과를 만들었습니다.

이러한 혐오와 차별의 해악을 다섯 가지로 정리하면 첫째 인간의 도덕적 가치를 침해하거나 인격적 모멸감을 줍니다. 둘째 사회 구성원으로서 평등한 지위가 훼손됩니다. 셋째 개인이나 소수 집단을 넘어 빠르게 확산된다는 것입니다. 넷째 결국 소수자 개인이든 집단이든 그 모든 피해가 집단 전체로 향한다는 것이고 마지막 다섯째는 이러한 혐오가 물리적 공격, 즉 폭력으로 이어질 수 있다는 것입니다.

홀로코스트, 반이민 정서, 반무슬림 정서 등 유럽의 사례뿐 아니라 한국에서도 반공 정서, 좌익 척결, 지역차별 등의 혐오사례들이 있습니다. 이러한 사례들은 국가 권력에 의해 암묵적으로 알게 모르게 자행되는 경우가 많았습니다. 그러나 최근 일반 시민들의 혐오 동참으로 더 심각한 문제가 나타나고 있습니다. 일부 부정적 인터넷 커뮤니티에서 시작된 반감들이 놀이로 여겨지고 가짜 뉴스들과 결합하여 심각하게 확산되어 결국에는 각 사회 영역에서 영향을 끼치게 됩니다.

위기 상황을 극복하기 위한 생존에 대한 욕구가 집단주의와 만나고 가짜 뉴스가 더해져 집단의식을 만듭니다. 그리고 차별과 혐오의 합리화를 거치게 되고 희생양을 만들어 결국 차별과 폭력으로 이어지게 되는 것입니다.

우리가 문제를 제대로 바라보고 혐오의 확산을 막아야 합니다. 인간으로서 당연히 가져야 하는 도덕적이고 윤리적인 이유이기도 하지만, 혐오는 진짜 문제를 바라보지 못하게 하고 진짜 문제를 해결할 수 없게 하기 때문입니다. 사회의 진짜 문제를 해결하여 더 안전하고 행복한 삶을 살기 위해서는 혐오와 결별해야 합니다.

03

강연 영상 보러가기

혐오의 온상지가 된 인터넷

김민정   한국외국어대학교 미디어커뮤니케이션학부 교수

- 한국외국어대학교 영어과 학사 및 신문방송학과 석사
- 미국 노스캐롤라이나대학교(University of North Carolina)
  저널리즘&매스컴 석사 및 박사
- 전) 미국 하와이퍼시픽대학교 커뮤니케이션학과 조교수
- 전) 미국 콜로라도주립대학교 저널리즘학과 부교수
- 현) 한국언론법학회 연구이사
- 현) 한겨레신문 시민편집인 겸 열린편집위원장

문화체육관광부가 2018년 말에 발표한 '혐오표현 대응 관련 대국민 인식조사' 결과 보고서에 따르면, 온라인과 오프라인에서 혐오표현을 경험했다는 비율은 83.8%에 달했고, 온라인에서 혐오표현을 접했다는 응답이 오프라인에서 접했다는 응답보다 높았습니다. 또 다른 조사 결과도 비슷한 양상을 보여줍니다. 국가인권위원회가 2020년에 실시한 국민 인식조사에 따르면, 지난 1년 동안 혐오표현을 접한 적이 있다고 응답한 사람은 64.2%였는데, 연령이 낮을수록 경험률이 더 높게 나타나 20대의 경우 80.7%가 혐오표현을 접한 경험이 있다고 답했습니다. 혐오표현을 접한 청소년의 82.9%는 온라인(SNS, 커뮤니티, 유튜브, 게임 등)에서 혐오표현을 접했다고 했습니다. 한편, 코로나19가 확산되면서 세계 각지에서 중국인, 아시아인, 중국계 이주민에 대한 혐오, 차별, 폭력이 큰 문제로 부상했습니다. 이 강연에서는 인터넷과 혐오를 중심으로 현대의 혐오에 대해 이야기해보겠습니다.

혐오의 전염

전염병 발생으로 인종차별과 외국인 혐오 담론이 강화되고 인권 침해를 낳은 사례는 역사 속에서 반복되어 왔습니다. 외국인 혐오를 제노포비아(xenophobia)라고 하는데요. 제노포비아는 자신이 속한 내집단('우리')과 자신이 속하지 않은 외집단('그들')을 구별한 다음, '우리'가 '그들'보다 우월하다는 인종주의와 결합하여 나타납니다. 경제 불황, 범죄, 재난, 전염병 등이 발생하면 외국인들이 원인을 초래했다라고 비난하면서 이들에게 책임을 전가하고 인권 침해를 정당화하려는 시도들이 나타나는데 그 시작에는 늘 혐오표현이 있습니다.

사회심리학자 고든 올포트(Gordon Allport)는 『편견: 사회심리학으로 본 편견의 뿌리』라는 책에서, '편견'을 '다른 사람 혹은 사물에 대해서 실제 경험하기 전에 혹은 실제 경험에 근거를 두지 않은 채로 품게 되는 감정'이라고 정의했는데요. 편견은 대개 부정적인 경우가 많고요. 편견은 믿음과 태도로 구성됩니다. 올포트는 편견이 행동으로 옮겨질 경우에는 다섯 가지 형태로 나타난다고 했는데요. 1) 적대적인 말에서 시작해서 2) 회피, 3) 차별로 나아가고 4) 물리적 공격, 가장 극단적인 상황에서는 5) 절멸까지로 나아가게 됩니다.

편견의 확산을 감정 전염 현상으로 짚어보겠습니다. 연구자들에 따르면 감정 전염은 무의식적으로 일어납니다. 인간은 생존을 위해서 본능적으로 타인의 표정이나 발성, 동작, 표현 등을 모방하게 되는데요. 아기들이 엄마의 표정과 표현을 따라하는 것을 보면 잘 알 수 있죠. 감정의 구심성 이론에 따르면 신경세포의 자극이 전달되는 경로는 원심

01	02	03	04	05
적대적인 말	회피	차별	물리적 공격	절멸

행동으로 옮겨지는 편견

성(뇌 → 근육)이 아니라 구심성(근육 → 뇌)이라고 합니다. 즉, 우리는 행복해서 웃는 것이 아니고 웃는 얼굴을 보면 따라서 웃게 되고 웃게 되면 행복한 감정을 느끼게 된다는 것입니다.

감정 전염은 몇 가지 특징을 지니는데요. 우선 네트워크를 통해 확대되어 집단성을 띤다는 특징이 있습니다. 보통 친구, 친구의 친구, 친구의 친구의 친구 3단계를 통해서 감정이 확산됩니다. 두 번째는 부정적 감정이 긍정적 감정보다 전염력이 훨씬 강하다는 겁니다. 크리스태키스(Nicholas Christakis)와 파울러(James H. Fowler)의 연구에 따르면 행복감보다 고독감이 훨씬 강하게 전염된다고 합니다.

또한, 감정 전염은 대면 상황뿐만 아니라 비대면 상황에서도 발생합니다. 이 현상을 잘 보여주는 실험으로 페이스북 실험이 있습니다. 페이스북은 2012년도에 68만 명이 넘는 이용자를 대상으로 긍정적 게시물과 부정적 게시물을 노출하는 정도를 조작하는 실험을 몰래 진행했습니다. 실험 결과에 따르면 긍정적인 게시물에 노출되었던 사람들은 긍정적인 감정을 표현하는 게시물을 더 많이 올렸고 부정적인 게시물에 노출된 이용자들은 부정적인 게시물을 더 많이 올린 것으로 나타났습니다. 소셜 미디어를 통해 유통되는 메시지가 사람들의 감정과 행동을 변화시킬 수 있다는 이야기입니다.

원초적 혐오, 투사적 혐오

편견이 행동으로 옮겨지는 첫 단계가 '적대적인 말'이라고 했는데요, 편견을 드러내는 적대적인 말은 혐오표현의 일종입니다. 혐오표현은 헤이트 스피치(hate speech)의 번역어인데요. 국가인권위원회는 2019년도에 발간한 「혐오표현 리포트」에서 혐오표현은 '성별, 장애, 종교, 나이, 출신 지역, 인종, 성적 지향 등을 이유로 어떤 개인이나 집단에게 1) 모욕, 비하, 멸시, 위협 또는 2) 차별·폭력의 선전과 선동을 함으로써 차별을 정당화하거나 조장·강화하는 효과를 갖는 표현'이라고 정의했습니다.

혐오표현에서 주목하는 혐오는 일시적 혹은 개인적 차원에서 발현되는 감정으로서의 혐오가 아니라 인종주의, 자민족 중심주의, 반유대주의, 성차별주의 등 이데올로기에 기반한 사회적 의미의 혐오라는 것을 기억하는 것이 매우 중요합니다.

법철학자 마사 누스바움(Martha Nussbaum)은 그런 의미에서 원초적 혐오와 투사적 혐오를 구분했습니다. '원초적 혐오'란 배설물이나 혈액, 소변, 시체, 구더기 등을 보거나 만질 때 나오는 직관적 반응으로 영어로 디스거스트(disgust)라는 감정입니다. 이런 직관적 반응을 특정 집단에 투사하는, 가령 동성애자나 흑인, 여성, 유대인 같은 특정 집단이 이런 오염원의 속성을 갖고 있다고 덮어씌우는 것을 '투사적 혐오'라고 합니다. 예를 들어 19세기 유럽인들은 유대인들이 독특하고 불쾌한 냄새를 뿜어내고 그것이 생리 중인 여성의 냄새와 유사하다고 널리 믿었다고 합니다. 누스바움은 원초적 혐오와 투사적 혐오를 구분하는

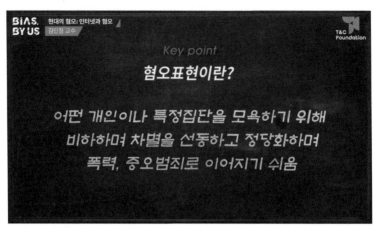

것이 중요하며, 원초적 혐오를 근절하는 것은 불가능하지만 사회적으로 작동하는 투사적 혐오는 공정한 사회에 위험을 초래할 수 있으므로 경계해야 한다고 했습니다.

　인류 역사 그리고 현재 각 나라에서 일어나고 있는 투사적 혐오의 양상을 살펴보면, 투사적 혐오는 언제나 소수자 집단을 향해 작동해왔고 작동하고 있습니다. 이런 점에서 혐오표현은 특정 집단을 열등한 존재이자 차별받아 마땅한 존재로 규정하는 이데올로기에 바탕을 두고 생산되는 것이며, 또한 그러한 이데올로기를 정당화하고 강화시키기 위해서 반복적이고 사회구조적으로 생산된다는 특징이 있습니다.

　혐오표현은 그 자체로도 해악을 끼치지만 차별 행위, 특정 집단에 대한 폭력, 증오범죄(hate crime)로 이어진다는 점에서 매우 위험하다고 하겠습니다.

유독 인터넷이 혐오의 온상이 된 이유

요즘 인터넷 공간은 마치 혐오의 온상이 되어버린 것처럼 보입니다. 인터넷 매체를 통해 극단적인 혐오의 말들이 빠르게 확산되는 이유는 뭘까요?

과거 인터넷이 없던 시기에는 소수의 훈련된 사람들만이 신문이나 잡지 같은 인쇄 매체, TV나 라디오와 같은 방송 매체를 통해 불특정 다수에게 정보를 전달할 수 있었습니다. 이제는 '1인 미디어', '유튜브 크리에이터' 같은 용어가 보여주듯이 누구나 쉽게 정보를 제작하고 유통할 수 있는 시대가 됐죠. 이러한 미디어 환경 변화는 다양한 뉴스와 정보의 공급이라는 긍정적인 결과를 가져왔습니다. 하지만 허위 정보와 혐오표현이 중간 매개자, 즉 게이트키퍼(gatekeeper)를 거쳐서 걸러지는 과정 없이 무차별적으로 어린이와 청소년을 포함해서 불특정 다수를 대상으로 전파된다는 문제도 발생했습니다.

어떤 사람들은 익명성이라는 보호막 아래에서 자신의 생각과 목소리를 충동적이고 즉흥적으로 드러내고 오프라인에서는 차마 표명하지 못하는 혐오의 말들을 온라인에 게시하기도 합니다. 또한 온라인 게시판에 올려진 혐오표현은 무수한 댓글들과 다른 사이버 공간으로 퍼 나르기를 통해서 무한 확산될 가능성이 있고 최초 게시자가 표현을 삭제한다고 해도 미러링(mirroring) 사이트나 스크린 캡처본을 통해 영구적으로 존재할 가능성도 있습니다. 인터넷 트롤(internet troll)은 일부러 혐오와 증오에 가득 찬 극단적인 메시지를 인터넷에 올려놓고 사람들이 어떻게 반응하는지를 보며 즐기기도 합니다. 때로는 한 명의 트롤이 여러 개의 계정들을 개설해서 자신이 올린 메시지에 지지하는 답글들을 달아가면서 마치 자신이 올린 혐오 메시지가 광범위한 지지를 받고 있는 것처럼 꾸미기도 합니다.

인터넷상 혐오표현이 더 널리 퍼지고 극단적인 양상을 띠는 이유는 '침묵의 나선 모델', '연쇄 하강 효과', '집단 극화 현상'을 통해서도 설명할 수 있습니다. 하나씩 짚어보겠습니다.

첫째, 침묵의 나선 모델은 독일 사회과학자 엘리자베스 노엘레-노이만(Elisabeth Noelle-Neumann)이 주장한 것인데요. 원래는 매스미디어가 지배적인 여론을 형성하고 전파시키는 데에 강력한 영향력을 행사한다는 것을 보여주기 위해 만들어진 모델입니다. 사람들은 자신의 생각이 사회적으로 우세하고 지배적인 여론과 일치한다고 생각하면 적극적으로 의견을 표현하지만, 그렇지 않으면 사회적 고립에 대한 공포로 인해 침묵을 지키는 성향이 있다는 겁니다.

그 결과 지배 여론은 점차 퍼지는 데 반해 소수 의견은 점차 침묵하는, 침묵의 나선(spiral of silence)이 발생한다는 것입니다. 그런데 침묵의 나선이 발생하기 전 초기 단계에 사람들이 지배적이라고 생각한 여론이 실제로는 지배적인 여론이 아닐 수 있습니다. 달리 말하면 개개인이 지각하는 사회적 환경은 실제와는 다를 수 있고 특정 의견이 다수의 의견으로 등극하게 되는 것은 자신의 의견이 소수 의견에 해당한다고 생각하는 사람들이 고립감을 두려워해서 다른 의견을 말하는 것을 꺼리기 때문이라는 겁니다. 미국의 여론조사 기관인 퓨 리서치 센터(Pew Research Center)는 2014년에 실시한 조사를 통해서 침묵의 나선 모델이 소셜 미디어에서도 나타난다는 것을 보여줬습니다.

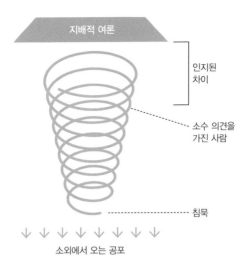

침묵의 나선 모델

출처: Elisabeth Noelle-Neumann, 『Spiral of Silence』(1993)을 바탕으로 한 도식(The Downward Spiral of Silence)

둘째, 정치학자이자 법학자인 캐스 선스타인(Cass Sunstein)은 연쇄 하강 효과 혹은 폭포 효과(cascade effect) 때문에 사람들이 거짓 소문들을 쉽게 받아들이며 특히 온라인상에서 극단적인 의견들이 잘못된 정보를 바탕으로 확산되고 강화될 가능성이 높다고 경고했습니다.

여기서 연쇄 하강 효과란 앞선 사람이 하는 말이나 행동을 보고 다른 사람들이 따라서 하는 것을 말합니다. 음악 다운로드 관련 실험에서 사람들은 인기가 없는 노래는 거의 내려받지 않고 많은 사람들이 다운로드한 노래들을 선택해서 내려받는 경향이 훨씬 컸습니다. 같은 노래가 단순히 처음에 다른 사람이 다운로드하거나 하지 않기로 결정했다는 점 때문에 히트곡이 되거나 실패곡이 될 수 있다는 거죠. 한마디로 우리는 판단을 내릴 때 타인의 생각과 행동에 의존하려는 경향을 보인다는 겁니다.

이러한 연쇄 하강 효과를 인터넷상의 소문에 적용해볼까요? 일단 소문이 퍼지기 시작하면 상대적으로 쉽게 믿어버리는 사람들을 통해서 먼저 전파되고 결국 다른 사람들까지도 '이렇게 많은 사람들이 틀린 정보를 믿을 리 없다'라고 생각하면서 그 소문을 수용하게 됩니다. 결국 어느 수준을 넘어서는 순간 거짓 소문이 사실로 둔갑하게 됩니다. 여기에는 다른 사람에게 좋은 이미지로 보이고 싶은 욕망인 '평판 압력'도 작용해서 소문을 바로잡으려는 노력을 회피하도록 만듭니다. 한편 소문은 강렬한 감정을 불러일으킬수록, 주로 역겨움이나 분노의 감정을 일으키는 소문일수록 더 잘 전파됩니다.

셋째, 집단 극화(group polarization) 현상은 같은 생각을 가진 사람들끼리 정보를 교류하다 보면 더 극단적인 견해를 갖게 된다는 것인데요. 비슷한 생각을 가진 사람들이 모여 정보를 교류하면서 자신들만의 네트워크에 둘러싸여 자신들만의 정보가 모든 것인 양 편향적으로 정보를 습득해 극단적인 생각과 행동을 하는 것을 말합니다. 또 집단 논의 과정에서 극단적인 주장을 펴는 사람들이 동의를 얻기 쉽기 때문에 토의 결과가 극단적으로 치닫게 되는데 그러다 보니 남아 있기 싫은 사람들은 떠나게 되고 결과적으로 더 극단적인 사람들만 남게 되

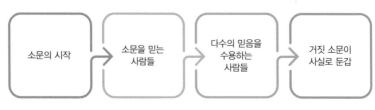

집단 극화 현상

어 집단 내부 동질성은 더욱 강화되고 다양성은 약화되어, 종국에는 혼자였을 때는 감히 하지 않을 일들도 집단에서 행동으로 옮길 수 있게 됩니다.

보고 싶은 것만 보게 하는 필터 버블

지금까지 이야기한 침묵의 나선, 연쇄 하강 효과, 집단 극화를 더욱 강화시키는 요인들이 있습니다. 인터넷상에서 소위 '필터 버블'에 갇힌 개인들은 편향된 정보를 습득하게 됩니다. 또한, 인간은 누구나 인지 부조화를 피하고 싶어 하기 때문에 확증편향에 빠질 위험이 있습니다.

필터 버블은 일라이 파리저(Eli Pariser)가 인터넷상에서 제공되는 개인화된 서비스(personalized service)가 갖는 위험성을 지적하고자 제시한 개념입니다.(《온라인 "필터 버블"을 주의하세요(Beware online "filter bubbles")》, TED2011)

온라인 미디어 환경에서 개인 맞춤형 기술의 발달로 인해 개인은 자신의 성향과 취향에 맞는 정보에만 노출이 되고 다양한 의견이나 주제를 접할 기회가 점점 줄어든다는 것을 나타내는 용어가 '필터 버블'입니다. 구글과 같은 검색 엔진이 이용자의 인터넷 검색 기록을 분석해 개인의 관심과 성향에 맞는 정보를 선별적으로 제공하고 넷플릭스가 이용자의 이전 시청 기록을 분석해서 개인의 관심과 성향에 맞는 영상을 선별적으로 제공하는 것이 대표적인 사례입니다. 필터 버블에 갇힌 개인은 기존에 가지고 있던 고정관념, 편견을 강화할 가능성이 높아집니다.

게다가 사람들은 인지 부조화를 피하기 위해서, 자신이 믿고 있고 알고 있던 것과 배치되는 사실을 최소화하려는 경향이 있습니다. 이로 인해 확증편향(confirmation bias)도 발생하게 되는데요, 확증편향은 자신이 기존에 믿는 바에 부합하는 정보만 받아들이고 자기 생각에 어긋나는 정보는 거부하는 것을 가리킵니다. 확증편향과 관련하여 스탠퍼드대 학생들을 상대로 한 유명한 실험이 있는데요. 사형 제도에 찬성하는 학생과 반대하는 학생으로 나눈 다음, 사형 제도의 효과에 대해 상반된 결과를 나타내는 두 가지 연구를 보여줬습니다. 두 연구는 전혀 흠결 없이 동일한 방식으로 조작된 것으로, 한 연구는 사형이 범죄 억제 효과가 있음을 보여주는 것이었고 다른 연구는 그런 효과가 없다는 것을 보여주었습니다. 사형 제도에 찬성하는 학생들의 경우에는 사형이 범죄 예방 효과가 높다는 연구가 훨씬 믿을 만하고 현실을 제대로 짚어냈다고 평가한 반면 범죄 예방 효과가 없다는 연구에 대해서는 형편없다는 혹평을 했습니다. 사형 제도를 반대하는 학생들은 정반대의 반응을 내놓았고요.

온라인에서의 편향된 정보 습득은 확증편향을 강화시키고 또 반대로 확증편향은 온라인에서의 편향된 정보 습득을 강화시킵니다. 앞선 논의와 연계하면, 인터넷 미디어 환경은 편향된 정보 습득을 강화시키는 경향이 있고 이러한 편향성은 침묵의 나선, 연쇄 하강, 집단 극화로 설명되는 사회심리학적 기제와 맞물리면서 혐오표현을 반복적이고 지속적으로 확대 재생산해 소수 의견에 불과했던 혐오 메시지를 지배적인 의견인 것처럼 받아들여지게 만들고 영향력을 넓혀갈 가능성이 있습니다.

더 나아가 혐오감정을 가진 개인은 온라인에서 비슷한 생각을 하는 사람들을 모아 집단을 쉽게 꾸리고 운영해나갈 수 있으며 그를 기반으로 오프라인에서의 행동을 도모할 수도 있습니다. 인터넷을 통해 혐오의 정서를 공유하고 증폭하면서 하나의 그룹 정체성을 형성, 확립하여 오프라인으로 그 활동 영역을 넓힐 수 있는 것이죠.

따라서 인터넷상 혐오표현에 대해 '개인의 혐오감정을 표출할 자유를 보호하는 것이 필요하다'라는 식으로 접근해서는 안 됩니다. 혐오표현은 혐오표현의 대상이 되는 개인과 집단의 존엄성과 인권을 보호하기 위해서 근절해 나가야 합니다. 또한 혐오표현이 공동체의 상생 문화나 시민 사회의 담론 형성에 미치는 악영향, 민주주의의 적절한 작동 및 구현에 미치는 부정적 영향, 마지막으로 미래 한국 사회를 이끌어갈 새로운 세대 양성에 미칠 영향까지 깊이 고민하여 대처할 필요가 있습니다.

온라인 혐오에 맞서는 방안, 대항표현

온라인 혐오표현에 대응하기 위한 방안들은 크게 국가, 인터넷 플랫폼 사업자, 범사회적 차원으로 나눠서 논의할 수 있는데요. 이 강연에서 각 대응 방안에 대해 자세히 논의하기는 어렵기 때문에 여기서는 대항표현(counter speech)에 대해서만 짚어보고자 합니다. 대항표현은 말 그대로 혐오에 대항하는 표현입니다.

혐오표현이 불평등, 차별을 지지하고 실행하는 혐오를 담고 있다면 대항표현은 평등, 차별 반대, 역량 강화(empowerment)와 관련 있는 표현입니다. 그럼 대항표현은 어떤 방식으로 가능할까요? 철학자 유민석은 『혐오의 시대, 철학의 응답』이라는 책에서 대항표현을 하는 네 가지 방식에 대해 설명했습니다. 이 중 세 가지는 정치학자 캐서린 겔버(Katharine Gelber)의 논의에 바탕을 둔 것이구요, 여기에 유민석은 한 가지를 더 추가했습니다.

우선 캐서린 겔버가 제시한 세 가지 방식을 살펴보겠습니다. 겔버는 하버마스의 의사소통 행위 이론을 활용해서 대항표현의 방식을 나눴습니다. 하버마스는 어떤 주장의 타당성을 논증하는 방식에는 크게 세 가지가 있는데 첫 번째는 객관 세계의 사실성에 대한 주장이고 두 번째는 상호 주관적인 규범 및 가치의 정당성에 관한 주장이며 세 번째는 말하는 사람의 주관성에 대한 진정성과 관련된 주장이라고 했습니다. 겔버는 이러한 세 가지 방식의 타당성을 논박하는 방식으로 대항표현도 가능하다고 했습니다.

먼저 거짓에 기초한 혐오표현인 경우, 예를 들어 5.18 북한군 개입설과 같은 혐오표현은 팩트체크를 통해서 논박할 수 있습니다. 두 번째로 여성 혐오적이고 성차별적인 힙합 랩에 대해서는 랩을 통해서 표현된 가치의 정당성을 거부하고 여성도 동등한 시민으로서 안전하고 행복한 삶을 누릴 권리가 있다는 평등의 가치를 내세우는 발언을 할 수 있겠죠. 세 번째로 진정성 관련 주장에 대한 논박은 혐오 발화자의 동기가 사실상은 혐오와 관련이 없는 경우가 많다는 점에 주목하는데요. 혐오 발화자가 꼭 혐오감정을 가지고 있는 것은 아니고 주변의 눈치 때문이나 무지로 인해서 무의식적으로 심지어는 타인의 관심을 받으려고 혐오표현을 할 수도 있다는 거죠. 그런 경우라면 말하는 사람(발화자)의 진정성에 호소하는 대항표현을 통해서나 혐오표현 피해자의 목소리를 들려주는 것을 통해서, 그 사람의 감정과 태도를 바꿀 수도 있다는 겁니다. 또한 발화자의 내면에 호소하는 대항표현은 혐오표현을 하는 사람들을 변화시키거나 설득하지 못한다고 하더라도 최소한 적어도 공론장에서는 혐오표현을 할 수 없도록 강제하는 효과가 있습니다.

지금까지 이야기한 겔버의 세 가지 방식에 추가할 수 있는 대항표현의 네 번째 방식은 전복, 탈환, 패러디라고 이름 붙인 형태입니다. 예를 들면 코미디언 김숙 씨의 '남자 목소리가 담장을 넘으면 패가망신한다는 이야기가 있다. 집안에 남자를 잘 들여야 한다'와 같은 발언은 성차별적 혐오표현의 부당함을 드러내고 되돌려주는, 맞받아치는 방식의 대항표현이라고 할 수 있겠지요.

그런데 대항표현에 대한 논의에서 기억해야 할 중요한 점이 하나 있습니다. 바로 개인적 차원에서의 대항표현을 강조하는 것은 피해자 개개인에게 맞대응하라는 심리적 부담을 지우는 것이기 때문에 불공정하다는 것입니다. 대신 집단적인 연대와 조직에 기반한 대항표현, 공적인 대항표현, 권위를 가진 국가나 공직자처럼 영향력이 큰 기관이나 인물이 대항표현의 발화자로 나서는 것이 중요합니다. 아울러 대항표현을 장려하기 위해 인권 단체와 같은 민간 단체의 활동을 지원하는 것, 대항표현의 기반을 마련하기 위해서 홀로코스트와 같은 역사적 사건과 인권의 가치를 교육하는 것도 매우 중요합니다.

주류성과 소수성을 동시에 지닌 우리

지금까지 인터넷과 혐오를 주제로 해서 현대의 혐오에 대해서 짚어봤습니다. 이 강연을 마무리하면서 제가 여러분에게 전하고 싶은 마지막 메시지는 우리 모두는 주류성과 비주류성을 동시에 가지고 있다는 것입니다. 가령 저는 여성이라는 점에서는 비주류에 속하지만 이성애자라는 점에서는 주류성을 가집니다. 또한 한국인이라는 저의 정체성은 한국에서는 주류성을 지니지만 미국에 가면 소수성을 지니게 됩니다. 이렇게 나를 포함한 모든 사람이 여러 개의 정체성을 동시에 지니고 있고 그러한 속성이 때로는 주류에 속하고 때로는 비주류에 속한다는 점을 인지한다면, 내가 알지 못하고 만나본 적이 없는 사람이 특정 집단에 속한다는 이유만으로 그 사람에 대해서 편견을 갖고 그 편견에 기반해 혐오표현을 하는 것이 얼마나 잘못되고 위험한 일인지 기억하는 것이 좀 더 쉽지 않을까요?

이 강연이 끝난 후에 각자 종이를 한 장씩 꺼내신 다음, 내가 가진 정체성 중에서 주류에 속하는 것과 비주류에 속하는 것을 한번 적어보세요. 또 그 정체성으로 인해서 지금까지 내가 누려왔던 혜택과 그리고 내가 느꼈던 불이익에 대해서도 한번 생각해보세요. 그리고 앞으로 인터넷 댓글이나 게시판에서 혐오표현을 만나게 되면 여러분만의 방식으로 대항표현을 시도해보세요. 여러분의 대항표현이 전하는 평등의 가치, 차별 반대의 목소리, 긍정적인 감정이 널리 널리 전파될 수 있도록 말이죠.

강연 요약

　다양한 대상에 대한 혐오가 인터넷을 통해 확산되고 있습니다. 특히 전염병 발생 시기에는 제노포비아가 강화됩니다. 제노포비아(외국인 혐오)는 자신이 속한 내집단(우리)이 자신이 속하지 않은 외집단(그들)보다 우월하다는 인종주의와 결합하여 나타납니다. 편견은 다른 사람이나 사물에 대해 실제 경험하기 전에, 혹은 실제 경험에 근거를 두지 않은 채로 품게 되는 감정입니다. 편견은 적대적인 말에서 시작해서, 회피, 차별로 나아가고 물리적 공격과 가장 극단적으로는 절멸까지도 낳게 됩니다.

　이런 혐오의 메시지는 무의식적으로 확산되는 감정 전염으로 인해 사람들에게 영향을 미칩니다. 페이스북 실험을 통해 알려졌듯 온라인상에서도 혐오를 만들 수 있는 부정적 게시물들이 인간의 감정과 행동을 변화시킬 수 있습니다.

　혐오에는 원초적 혐오와 투사적 혐오가 있는데 실제 감염 위험이 있을 때 나오는 직관적 반응으로서의 원초적 혐오는 우리가 조절하기 어려울 수 있습니다. 다만, 이런 직관적 반응을 특정 집단에 투사할 때 만들어지는 투사적 혐오는 공정한 사회에 위험을 초래하게 됩니다. 이러한 투사적 혐오는 온라인 상황에서 훨씬 빠르게 확산될 위험이 있습니다.

　인터넷은 다양한 매체를 통해 여러 사람의 목소리를 전달하는 긍정적인 효과를 가져왔지만, 익명성이라는 보호막 아래 즉흥적이고 극단적인 발언들, 잘못된 정보가 널리 빠르게 전파되기도 합니다. 오프라인에서는 차마 표명하지 못하는 혐오의 말들이 온라인에 퍼지기도 합니다. 또 이런 말들이 비판적 사고를 충분히 거치지 못하고 다른 사이버 공간으로 빠르게 확산되어 심각한 문제를 초래합니다.

극단적으로 이러한 부정적인 혐오표현들을 일부러 올리고 사람들의 반응을 보고 즐기는 트롤까지 등장했습니다. 침묵의 나선 모델, 집단 극화 현상, 연쇄 하강 효과로 인해 이런 혐오의 표현들이 다수의 목소리로 여겨지고 이것이 마치 믿을 수밖에 혹은 따를 수밖에 없는 이야기처럼 사람들에게 전달됩니다.

온라인 미디어 환경에서 개인 맞춤형 기술의 발달은 '필터 버블'을 통해 편향된 정보 습득을 낳고 이는 확증편향을 강화시키는 결과로 이어집니다. 인터넷을 통해 혐오의 정서를 공유하고 증폭하면서 오프라인에서의 행동을 도모하는 사람들도 있습니다. 따라서 혐오표현의 위험성을 인지하고 혐오표현 근절을 위해 적극적인 노력을 기울여야 합니다.

온라인 혐오표현에 맞서는 방안 중의 하나로 대항표현이 있습니다. 대항표현은 1) 혐오표현에 담긴 객관적 사실을 반박하는 방식, 2) 혐오표현에 담긴 가치의 정당성을 반박하는 방식, 3) 혐오표현 발화자의 진정성에 호소하는 방식, 4) 전복, 탈환, 패러디의 방식을 통해 가능합니다. 단, 대항표현을 해야 할 주체는 혐오표현의 피해자 개개인이 아니라, 우리 모두입니다. 특히 국가나 공직자처럼 영향력이 큰 기관이나 인물이 하는 대항표현, 그리고 집단적인 연대와 조직에 기반한 대항표현이 필요합니다. 대항표현의 기반을 마련하기 위한 교육, 대항표현을 장려하기 위한 지원 등도 중요합니다.

우리 모두는 여러 개의 정체성을 동시에 지니고 있고 그러한 속성 중에는 주류에 속하는 것도 소수에 속하는 것도 있습니다. 내가 가진 정체성 중 주류에 속하는 것, 비주류에 속하는 것을 떠올려 보고 그로 인한 혜택, 불이익을 함께 생각해봅시다. 그리고 앞으로 온라인에서 혐오표현을 만나게 되면, 대항표현을 통해 평등의 가치, 차별 반대의 목소리, 긍정적인 감정을 전파해 주세요.

04

강연 영상 보러가기

온라인 혐오
번식의 원리

이은주 서울대학교 언론정보학과 교수

- 서울대학교 언론정보학과 학사 및 석사
- 미국 스탠퍼드대학교(Stanford University) 박사
- 전) Human Communication Research 편집위원장
- 현) 국제커뮤니케이션학회 석학회원(Fellow)
- 현) 서울대학교 언론정보연구소장
- 현) 서울대학교 언론정보학과 BK21 FOUR
  "자유롭고 책임있는 AI 미디어" 교육연구단장

혐오발언(hate speech), 혹은 증오발언은 대체로 성별, 종교, 인종이나 성적 지향 등에 근거하여 개인이나 집단에 대한 증오를 드러내거나 이들에 대한 폭력을 조장하는 공개적 발언을 지칭합니다. 혐오발언에 대해 우리 사회에서도 주로 규범적, 윤리적, 법적 관점에서 다양한 논의들이 있어 왔는데요, 저는 혐오발언이 왜 문제인가에 대해 커뮤니케이션 연구자의 시각에서 몇 가지 말씀드리고자 합니다.

여러분은 혐오발언 하면 어떤 생각을 먼저 하시나요? 저는 온라인 악플이 먼저 떠오릅니다. 악플로 인해 극단적인 선택을 한 연예인들, 스포츠 스타들도 많았죠. 이런 경우는 특정 개인에 대한 혐오발언의 사례인데요, 사실 종교나 성별, 국적, 인종 등에 기반해서 특정 집단에 대해 차별적이며 혐오와 증오를 공공연히 드러내는 표현들이 온라인상에서 넘쳐나고 있습니다. 그러다 보니 다양한 온라인 플랫폼은 나름의 자구책을 마련했는데, 뉴스 연예란에서 댓글 기능을 없애거나 AI 기술을 활용해서 댓글 중 혐오표현들을 걸러낸다거나 하는 방식을 예로 들 수 있습니다.

혐오발언은 우리만의 문제는 아닙니다. 미국에서 인종차별에 반대하는 시위들이 대규모로 일어났을 때 트럼프 대통령이 이 시위에 참여하는 사람들에게 폭력을 행사할 수 있다는 것을 암시하는 메시지를 트위터와 페이스북에 띄운 적이 있습니다. 트위터는 해당 메시지가 폭력을 선동한다고 판단, 경고 표시를 붙였고 페이스북은 그렇게 하지 않았습니다. 여기에 반감을 느낀 많은 이들이 페이스북을 탈퇴하겠다는 메시지를 공유하기 시작했고 광고주들이 페이스북에 광고를 하지 않겠다고 해서 페이스북 주가가 하루에 8%나 폭락하는 일이 있었습니다. 결국 페이스북은 폭력을 선동하거나 혐오나 증오를 조장하는 발언들에 대해 나름의 조치를 취하겠다고 밝히게 됐고요.

여기서 온라인 소통의 특성에 대해 생각해볼 필요가 있는데요. 온라인 커뮤니케이션 혹은 컴퓨터 매개 커뮤니케이션은 기술적으로 컴퓨터에 의해 매개가 되기 때문에 대면 커뮤니케이션과 다른 속성을 갖게 됩니다. 과격한 표현, 인신공격, 욕설, 증오발언 등은 사실 컴퓨터 매개 커뮤니케이션이 처음 등장하면서부터 플레이밍(flaming)이라는 이름으로 문제가 되었습니다. 이런 현상이 발생하는 이유로는 '익명성'을 가장 많이 꼽는데, 다른 사람들이 내가 누군지 모르기 때문에 반사회적이고 반규범적인 행동들을 거침없이 하게 된다는 것이지요. 다른 한편으로는 상대방을 볼 수 없으니 내가 어떤 글을 썼을 때 그 글을 읽는 사람들이 나와 같은 인격적인 존재라는 감각이 무뎌지는, 즉 상대방을 비인간화(dehumanization)하기 때문이란 설명도 있습니다. 그 밖에도 누가 누구인지 구별할 수 있는 개인적인 특성들이 가려지고 대신 소속

집단의 정체성만 드러나는 경우, 이를 근거로 내집단(in-group)과 외집단(out-group)을 가르고 이에 따라 내집단에 대한 편애, 반대로 외집단에 대한 차별이 극단화돼서 나타날 수 있는 환경이 조성된다고 보기도 합니다.

혐오표현과 부정적 감정 전이

그렇다면 이런 무례한 발언들, 증오 혹은 혐오의 표현들이 만드는 결과는 무엇일까요?

지금까지 많은 경우에 혐오발언의 결과를 논의하면서 그 혐오의 대상이 되었던 개인이나 소수 집단들이 경험하는 피해에 대해서 주로 논의를 했는데요. 물론 그 혐오의 대상이 된 개인이나 집단이 가장 큰 피해자임에는 틀림없습니다. 하지만 혐오발언에 동참하는 행위들, 예컨대 혐오발언을 작성하거나, 이를 별생각 없이 공유한다거나 아니면 그저 간단하게 '좋아요'를 누른다거나 하는 경우에도 본인이 일종의 공개선언을 하게 됨으로써 해당 발언에 대해 좀 더 확신을 갖게 되고 나아가 그 행위의 결과로 다른 태도를 갖게 될 수 있는데, 이런 셀프 효과(self-effect)에 대해서는 지금까지 별로 논의가 되지 않은 측면이 있습니다.

또 온라인의 개방성이라는 특징 때문에 직접 그 커뮤니케이션 행위에 참여하지 않는 다수의 대중들이 관찰자로서 혐오·증오발언에 노출이 됩니다. 오늘 강연에서는 이 부분에 집중해서 커뮤니케이션 효과의 관점에서 이들이 어떤 경험을 하게 되는가에 대해 몇 가지 연구 사례들을 소개하고자 합니다.

첫 번째로 말씀드릴 것은 감정 전이입니다. 감정의 전염(emotional contagion)이라고도 합니다. 감정이 전염된다는 것은 전통적인 매스커뮤니케이션 환경에서도 연구가 많이 된 바 있습니다. 예를 들어 코미디 프로그램을 시청할 때 옆에 다른 사람이 재미있는 장면에서 함께 웃거나 하면 같은 프로그램을 봤는데도 주변에 다른 사람이 없었을 때에 비해서 해당 프로그램을 더 재미있다고 생각을 한다거나, 실제로 시청하면서 더 소리 내서 많이 웃는 것을 발견한 바 있습니다.

이 같은 현상이 온라인 환경에서 어떻게 나타나는지를 보여주는 연구로 페이스북 감정 전이 실험(Facebook emotional contagion study)이 있습니다. 페이스북에서 70만 명에 가까운 페이스북 이용자를 대상으로 했던 연구인데, 이 연구는 사실 윤리적인 측면에서 보다 큰 문제를 불러일으켰습니다. 연구의 대상이 되었던 페이스북 이용자들은 실험인 줄 모르는 상태에서 참여하게 되었기 때문인데요. 페이스북 연구자들이 이용자들이 받는 뉴스피드를 살짝 조작을 해서, 한 집단은 본인의 뉴스피드 중 긍정적인 메시지에 더 많이 노출되도록 하고 또 다른 집단은 부정적인 메시지에 더 많이 노출되게 만들어놓고 각 집단의 이용자들이 어떤 글을 작성하는가를 살펴본 연구입니다.

이런 대규모의 실험을 통해, 자연적인 상황에서 연구자들이 발견한 것은 직접적인 대면 접촉이 없는데도 불구하고, 그리고 감정 전이에서 중요하다고 여겨지던 비언어적인(nonverbal) 단서들이 없는 상황에서도 본인이 읽은 글에 나타난 감정과 일치하는 그런 글들을 더 많이 작성했다는 것입니다. 즉, 즐겁고, 기쁘고, 신나는 이야기들을 많이 본 이용자들은 본인도 유사한 감정을 드러내는 글들을 더 작성한 반면, 슬프고 화나고 기분 나쁜 내용을 더 많이 본 사람들은 같은 톤의 감정을 보여주는 글들을 더 많이 작성했습니다.

그럼 혐오·증오발언들을 온라인상에서 접한다고 생각했을 때 거기에 드러나는 감정들은 어떤 것일까요? 당연히 증오, 분노라든가 경멸 같은 것들이 있을 수 있겠고요. 또 반대로 그 혐오의 대상이 된 집단과 본인을 동일시하는 분들은 분노, 모멸감, 두려움 등을 느낄 수 있을 것입니다. 그런데 이러한 부정적인 정서와 감정들은 그 자체로도 바람직하지 않지만, 이러한 사고나 감정을 경험하면 뇌에서 그와 연결된 인지 요소들이 활성화가 됩니다.

심리학에서 이야기하는 일반 공격 모형(general aggregation model)에 따르면, 이처럼 활성화된 부정적인 정서나 인지 요소들은 이후 특정 상황이나 자극을 해석하고 이해하는 데에 영향을 미치고 기회가 주어졌을 때 좀 더 공격적인 반응을 할 가능성을 높인다고 합니다. 주로 미디어 폭력물의 영향을 설명할 때 많이 쓰이는 이론인데요, 우리가 빈번하게 아주 일상적으로 온라인이나 오프라인에서 타인에 대한 혐오·증오발언을 접하게 될 때 뇌에서 분노, 두려움 등과 관련된 요소들이 만성적으로 활성화되고 이는 공격적 행동으로도 이어질 수 있다는 점에서 위험합니다.

혐오에 대한 둔감화

　　다음으로 생각해볼 수 있는 게 '둔감화(desensitization)'입니다. 요즘 많이 쓰이는 단어 중에 '성인지 감수성'이라는 말이 있지요. 여기서 감수성(sensitivity)은 어떤 문제가 있을 때 이를 잘 인지하고 여기에 적절하게 반응할 수 있는 능력을 말합니다. 둔감화는 이와 반대 개념이라고 할 수 있는데요. 어떤 자극물에 자주 노출이 되면 이를 당연하게 여기게 되고 어지간한 자극에는 더 이상 눈도 깜짝하지 않게 되는 상태를 말하는 겁니다.

　　몇 가지 사례를 보겠습니다. 온라인상에서 정말 쉽게 발견할 수 있는 여성 혐오발언들을 몇 가지 제시한 뒤 각각의 발언이 얼마나 여성에 대한 부정적인 시각을 드러내고 있는지를 물어본 것입니다. 똑같은

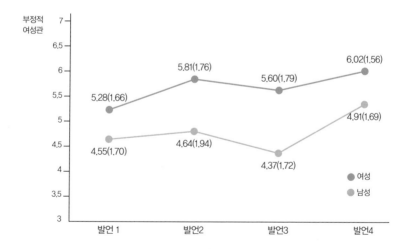

여성 혐오발언에 나타난 여성관에 대한 남녀 해석 차이

출처: 이은주, 박준모 (2016), 성별과 노출빈도에 따른 여성 혐오발언 규제 지지도의 차이: 메시지의 반여성적 시각 및 영향력 지각을 중심으로, 〈언론정보연구〉, 53(2), 265-304

혐오발언을 읽었는데도 남성과 여성 사이에 현저한 차이가 있다는 걸 확인할 수 있습니다.

혐오발언의 종류와 관계없이 일관되게, 남성들은 여성들에 비해 해당 발언이 딱히 부정적인 여성관을 보여주지 않는다고 답변합니다. 물론 여성들은 본인들이 혐오 대상이기 때문에 좀 더 민감하게 반응한다고 할 수도 있겠지만, 이에 더해 남성들은 남초 커뮤니티 등에서 여성들보다는 상대적으로 여성 혐오발언들을 접할 기회가 많다 보니 이를 문제로 인식조차 하지 못하는 둔감화가 발생한 것이라는 해석도 가능합니다.

혐오댓글과 현실 인식

다음으로 생각해 볼 수 있는 것은 온라인상 접하게 되는 다른 일반인들의 발언들, 뉴스 댓글이나 소셜 미디어에 올라오는 다양한 포스팅 혹은 댓글들이 우리 머릿속 현실 인식에 영향을 준다는 점입니다.

월터 리프먼(Walter Lippmann)의 『퍼블릭 오피니언(Public Opinion · 여론)』이라는 잘 알려진 고전에서는 '외부 세계(the world outside)' 즉 객관적인 실재로서의 세계가 있고, '우리 머릿속에 존재하는 현실에 대한 그림(pictures in our head)'이 있는데 이 둘을 연결시켜주는 역할을 언론이 한다고 말합니다. 여기서 언론은 신문이나 방송 같은 레거시(legacy) 미디어들이지만 오늘날 우리가 온라인에서 접하는 다수의 이름 모를 사람들이 올리는 글들도 이전 언론들이 했던 것과 비슷한 방식으로 우리의 현실 인식 혹은 현실 지각에 영향을 미칠 수 있다는 것이 많은 연구에서 보고된 바 있습니다.

여러분들, 이 사건 아시죠? 드루킹이라는 닉네임을 쓰던 사람이 매크로라고 하는 자동 입력 프로그램을 활용해서 아주 많은 수의 댓글을 올렸던 사건인데요. 이를 통해 여론을 조작하려 했다는 판단을 법원에서 내렸습니다. 실제로 이 사람이 한 일은 온라인 뉴스 사이트 같은 곳에서 댓글을 조작한 거였는데, 댓글을 조작함으로써 여론을 조작하고 사람들의 현실에 대한 이해를 바꿔놓았다는 게 법원의 판단이었습니다.

그러면 실제로 정말 사람들이 댓글을 보면서 거기 나타낸 대로 여론을 인식할까요? 제가 실증적인 증거들을 보여드리겠습니다. 제가 한 실험이었는데, 한 조건에서는 기사만 보여주고 다른 조건에서는 해당 기사에 반대되는 내용들이 담긴 댓글들까지 함께 보여주었습니다. 또 다른 조건에서는 '비추천'이 '추천'의 세 배 정도 되는 댓글을 같이 붙였습니다.

이 세 조건을 비교했을 때 기사만 본 사람들, 즉 일종의 베이스라인이 되는 통제집단에 속한 사람들에 비해 기사에 반대되는 내용의 댓글을 본 사람들은 여론이 기사에 덜 우호적인 것으로 판단했습니다. 하지만 여론 지각에 있어서 '비추천'이 '추천'보다 많다는 사실은 그다지 영향을 미치지 않았는데요, 이러한 결과는 사람들이 댓글을 읽으면서 '아, 다른 사람들이 이렇게 생각하는구나, 우리 사회 여론이 이렇구나'라고 유추하게 된다는 것을 알 수 있습니다.

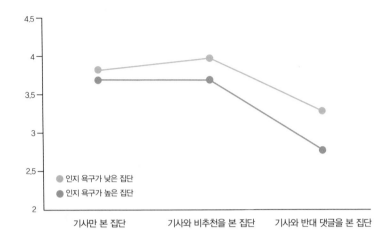

기사 반대 댓글과 비추천수가 여론 지각에 미치는 영향
(수치가 낮을수록 영향이 큰 것을 의미)

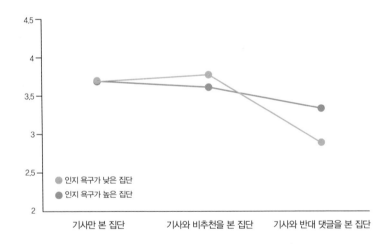

기사 반대 댓글과 비추천수가 이슈에 대한 개인 의견에 미치는 영향
(수치가 낮을수록 영향이 큰 것을 의미)

출처: Lee, E.-J., & Jang, Y. J. (2010). What do others' reactions to news on Internet portal sites tell us? Effects of presentation format and readers' need for cognition on reality perception. 〈Communication Research〉, 37, 825–846.

하지만 이런 영향은 사람들의 사고 성향에 따라 다르게 나타날 수 있기 때문에 집단을 구분해서 볼 필요가 있었는데요. 고작 7-8명의 익명적인 사람들이 단 댓글, 게다가 댓글이 얼마나 쉽게 조작이 가능한지도 아는 상황에서 그것으로 인해 여론을 달리 판단하는 것은 그리 합리적인 사고라고 보기 어렵기 때문에, 저는 인지 욕구가 높은 사람들과 낮은 사람들 간에 댓글의 영향이 다르게 나타나지 않을까 생각했습니다. 즉, 얼마나 체계적이고 분석적으로 사고하는가에 따라 댓글을 보고 여론을 추정하는 정도가 다르게 나타나지 않을까 예상했는데요. 실제 연구 결과는 그렇지 않았습니다. 인지 욕구가 높은 사람들이나 낮은 사람들이나 공히 댓글을 통해 여론을 판단하는 것으로 나타났습니다.

또 하나 관심 있게 본 것은 댓글이 여론 지각뿐 아니라 본인의 의견에도 영향을 주는가의 문제였는데요, 여기서는 인지 욕구에 따른 개인차가 발견됐습니다. 인지 욕구가 높은 사람도 여론 인식에 있어서는 댓글의 영향을 받았지만, 본인의 의견을 댓글과 같은 방향으로 수정하는 경향은 깊이 있게 생각하는 걸 귀찮아하고 회피하는, 즉 인지 욕구가 낮은 사람들에게서만 나타났습니다.

혐오댓글에 반대하는 게 중요한 이유

　　　　　그렇다면 여론 지각, 즉 실제 여론과 무관하게 여론이 어떠한가에 대한 사람들의 인식이 왜 중요한가, 무슨 의미를 갖는가에 대해서 좀 생각해볼 필요가 있는데요.

커뮤니케이션학의 고전적 이론 중 하나인 '침묵의 나선' 이론에 따르면 사람들은 고립에 대한 공포를 가지고 있습니다. 즉, 남들하고 너무 다르고 싶어 하지 않는 욕구, 다른 사람들한테서 따돌림당하고 싶어 하지 않는 욕구를 기본적으로 다 가지고 있기 때문에 끊임없이 자기 주변을 관찰한다는 거죠. 다른 사람들이 주로 어떤 생각을 하고 있나? 사람들은 뭘 좋아하나? 이런 부분을 파악하려고 하고, 그 판단에 따라서 만약 자기 의견 혹은 자기 취향이 소수에 속한다고 생각하면 그 취향이나 의견을 적어도 공개적인 장소에서는 드러내지 않는다는 거예요. 다시 말해 자기가 마이너리티에 속한다고 생각하면 그 부분을 공공연하게 다른 사람들 앞에서는 표현하지 않는다는 건데요.

문제는 사람들이 표현하지 않는 의견은 공론장에서 존재하지 않는 의견이 되어버린다는 점입니다. 실상은 그렇지 않을지라도, 자기 의견이 소수라고 생각하는 사람들이 입을 다물면 그에 동조하는 입장들은 들을 기회가 없어지게 되고, 결과적으로 드러나지 않는 의견은 실제로 소수 의견으로 전락하게 된다는 것이 바로 침묵의 나선 이론의 핵심입니다. 이때 다른 사회 구성원들이 주로 어떤 생각을 하고 있는지, 우리 사회에서 다수 의견이 무엇인지를 판단하는 중요한 단서를 제공하는 역할을 바로 언론이 했었는데요, 오늘날에는 댓글이나 소셜 미디어에서 사람들이 흔히 접하는 포스팅이 그 역할을 하게 되었다는 거죠.

그렇기 때문에 사실은 우리가 어떤 소수 집단에 대한 혐오발언이라든가 증오발언에 대해서 나는 지지하지 않는다, 나는 혐오에 반대한다는 입장을 분명히 보이고, 나아가 좀 더 적극적으로 차별받는 집단에 대한 연대와 지지를 공개적으로 표현해주는 게 더 중요해졌다고 말씀드릴 수가 있습니다.

사실 표현되지 않은 의견은 존재하지 않는 것으로 치부되기 때문에 적극적으로 의견을 개진함으로써 부당하게 차별당하거나 혐오, 공격의 대상이 된 분들에게 당신들이 혼자가 아니라는 것을 보여줄 수 있습니다. 미투(MeToo), 위드유(WithYou) 이런 메시지들 많이 보셨죠? 바로 이런 움직임들이 혐오의 피해자들, 공격 대상이 되는 소수 집단들에 대한 연대를 표현하는 유용하고 효과적인 방법이 될 수 있습니다.

혐오발언에 대한 반대를 적극적으로 표현하는 것이 어떤 결과를 가지고 올 수 있는가에 대한 연구 사례를 소개해 드리겠습니다. 우리가 흔히 볼 수 있는 범죄 기사인데요. 내용은 입양한 아들을 살해한 아버지에 대한 것입니다. 기사 밑에 보면 내용과는 상관없이 '그쪽 동네에서는 이런 일들이 흔하다'라고 하면서 마치 특정 지역이어서 그런 흉악 범죄가 자주 발생하는 것처럼 폄하하는 댓글들이 있습니다.

이 연구에서는 범죄가 일어난 지역을 전라도, 경상도로 보도한 두 가지 버전의 기사를 만들고, 기사 아래 지역감정을 조장하는 댓글들을 달아놓은 조건, 지역감정을 조장하는 댓글과 이를 반박하는 댓글을 함께 달아놓은 조건, 지역감정과 전혀 관계없는 댓글들만 있는 조건 이렇게 세 가지 조건을 만들었습니다. 이런 기사와 댓글을 읽고 난 다음,

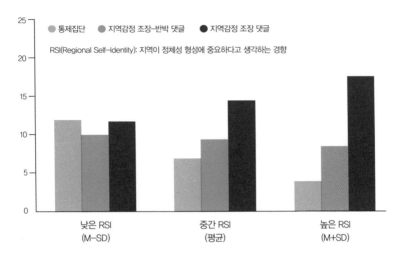

25

● 통제집단　　● 지역감정 조장-반박 댓글　　● 지역감정 조장 댓글

RSI(Regional Self-Identity): 지역이 정체성 형성에 중요하다고 생각하는 경향

20

15

10

5

0

낮은 RSI
(M−SD)

중간 RSI
(평균)

높은 RSI
(M+SD)

지역감정 조장 댓글에 따른 해당 지역 범죄율 인식 차이

출처: Lee, E.-J., Kim, H., & Cho, J. (2017). How user comments affect news processing and reality perception: Activation and refutation of regional prejudice. 《Communication Monographs》, 84, 75-93.

또 다른 범죄 기사를 하나 더 읽고 나서 실험 참여자들에게 서울, 부산, 대구, 광주 등 대도시의 범죄율을 추정하게 했습니다.

이 그래프를 보시면 파랗게 되어 있는 부분이 통제집단이라고 해서 지역감정하고는 전혀 무관한 댓글만 보신 분들이고요. 맨 오른쪽의 회색 막대그래프가 나타내는 부분이 바로 지역감정을 조장하는 댓글을 본 집단이고, 가운데 주황색 그래프가 지역감정을 조장하는 댓글과 이를 반박하는 댓글까지 같이 본 집단입니다.

앞서 소개드린 연구와 마찬가지로 이 연구에서도 독자들의 개인차를 감안했는데요, 태어나고 자란 지역이 개인의 자아를 형성하는 데 중요하다고 생각하는 사람들일수록 지역감정을 조장하는 댓글을 본 경우 실제로 해당 지역의 대도시 범죄율을 높게 추정했습니다. 재미있는 점은 지역감정 조장 댓글과 함께 이를 반박하는 댓글을 보여준 경우

Ⅰ_우리 안에 숨은 혐오라는 괴물

이러한 효과가 없어지고, 결과적으로 지역감정 관련 댓글을 전혀 보지 않은 집단과 차이를 보이지 않게 된다는 점입니다. 즉, 어떤 사람이 용감하게 지역감정, 지역혐오를 부추기는 발언을 반박하는 경우에는 지역감정을 조장하는 댓글의 효과가 사라졌다고 말씀드릴 수 있습니다.

이런 결과를 통해 적극적으로 반대 의견을 표현하고 혐오·증오발언을 교정하려는 시도를 하는 시민 정신이 대단히 중요하다는 것을 알 수 있습니다. 우리가 혐오나 증오발언에 동의하지 않는다, 적극 반대한다는 것을 명시적으로 표현하고 지지와 연대를 보여줄 때 혐오발언을 무력화할 수 있는 가능성이 열리기 때문입니다.

혐오발언과 사회적 신뢰 붕괴

혐오·증오발언이 문제가 되는 또 다른 이유는, 다른 시민들에 대한 신뢰를 감소시키고 무너뜨리기 때문입니다. 다른 표현으로 사회 자본(social capital)이라는 표현을 쓰는데, 쉽게 말해 우리 사회를 구성하고 있는 구성원들에 대한 믿음을 가리킵니다. 다른 구성원에 대한 최소한의 신뢰야말로 공동체를 이루는 근간이면서 또 공동체가 유지되고 제대로 기능하기 위한 필수 조건이자 자원이라고 할 수 있습니다.

코로나 사태로 인해서 굉장히 어려움들이 많은데, 불편하고 덥고 힘들지만 우리가 마스크를 꼭 쓰고 다니는 것은 이렇게 각자 사회 구성원으로서 자기의 역할을 할 때 우리 사회가 좀 더 안전해지고 더 빨리

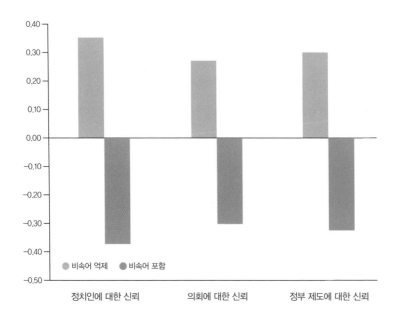

정치인 TV토론 막말이 사회적 신뢰에 미치는 효과

출처: Mutz, D. C., & Reeves, B. (2005). The New Videomalaise: Effects of Televised Incivility on Political Trust. 〈American Political Science Review〉, 99(1), 1–15.

일상으로 돌아갈 수 있다고 믿기 때문입니다. 마스크를 안 쓰고 다니는 분들을 보면 그래서 분노가 치밀기도 하고 다툼으로 이어지기도 하는 것이고요.

그런데 온라인상에서 증오·혐오발언을 무차별적으로 주고받는 것을 보면 다른 사회 구성원들에 대한 신뢰를 갖기 힘듭니다. TV토론에서 정치인들이 막말을 주고받는 경우, 시청자들이 해당 정치인들뿐 아니라 정부나 국회, 정치 시스템 자체에 신뢰를 잃게 된다는 것을 보여주는 고전적인 연구들이 있습니다. 정치인들이 토론에서 막말을 하는 경우와 그렇지 않은 경우를 비교하면 사람들이 느끼는 정치인 및 정치 시스템에 대한 신뢰가 큰 차이를 보였는데요, 여기에도 개인차가 있었습니다. 어떤 문제에서 갈등이 예상될 때 이를 직면하기를 꺼리는 욕구를 갈등회피 성향이라고 하는데요. 이 욕구가 높으면 정치인들의 막말이 끼치는 부정적인 효과가 크게 나타나고, 갈등회피 성향이 낮은 사람들은 막말의 효과가 상대적으로 적게 나타나거나 거의 없었습니다.

흥미로운 것은 정치인의 막말 토론을 볼 때 생리적인 반응 자체도 달라진다는 점입니다. 비속어가 포함된 토론을 볼 때 생리적으로도 좀 더 흥분하는 상태(arousal)가 되는 것으로 나타났습니다. 또 하나 재미있는 것은 프로그램에 대한 평가를 요청했을 때 정보 제공의 측면에서는 막말이 들어간 방송과 들어 있지 않은 방송 사이에 차이가 없었지만 '얼마나 재미있었느냐'를 물어봤을 때는 막말이 들어간 경우를 더 재미있게 평가하는 것으로 나타났습니다. 방송사, 신문사 또는 소셜 미디어 플랫폼에서 막말이나 혐오표현, 증오표현들을 완전히 규제하지 않는 데는 이런 이유도 있다고 생각이 되고요.

그러면 온라인상의 혐오표현을 접할 경우 뭔가 달라질까요? 별로 달라지지 않았다는 것이 최근의 연구 결과입니다. 페이스북과 온라인 미디어 블로그에 달리는 댓글들로 실험을 했는데, 한 조건에서는 성차별이나 인종차별, 특정 대상에 대한 인신공격성 막말들이 포함된 댓글들을 보여주고, 다른 조건에서는 댓글 없이 해당 뉴스 미디어의 기사만을, 또 다른 조건에서는 막말 없는 점잖은 정상적인 댓글들만 보여줬습니다. 연구 결과, 인종차별, 성차별 등 막말이 섞인 댓글을 접한 경우, 아무 댓글을 읽지 않은 조건에 비해 타인에 대한 신뢰가 더 낮아지지는 않았는데, 반대로 점잖은 댓글을 본 경우 사회적 신뢰가 높아지

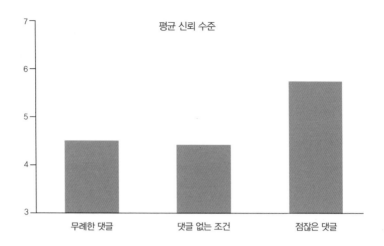

댓글이 타인을 향한 신뢰에 미치는 영향

출처: Antoci, A., Bonelli, L., Paglieri, F., Reggiani, T., & Sabatini, F. (2019), Civility and trust in social media, 〈Journal of Economic Behavior and Organization〉, 160, 83-99

는 것을 발견했습니다. 즉, 워낙 혐오댓글이 만연하다 보니 혐오발언을 읽든 안 읽든 사회적 신뢰가 낮은 수준에 머물렀지만, 점잖은 댓글을 읽게 되면 사회적 신뢰가 회복될 수 있는 가능성을 보인 겁니다.

내 생각이 잘못될 수도 있음을 인정하는 게 중요

자, 그럼 무엇을 어떻게 해야 할까요? 미디어 플랫폼들이 댓글란을 아예 폐지해버리거나 AI를 이용해서 악플을 거르거나, 댓글 실명제를 하려는 시도들도 했지만 혐오발언에 대한 사후 조치에 불과합니다. '혐오표현'이 만연하고 있다는 것보다 더 큰 문제는 '그 표현들에 드러난 혐오가 우리 사회에 뿌리 깊게 널리 퍼져 있다'라는 점이라고 생각합니다. 즉, 혐오의 존재 자체가 근본적인 문제인 것이지요. 이를 외면한 채 혐오가 표현되는 공간만을 없애고 막는 것은 문제의 본질을 건드리지 못하고, 심지어는 현실에 존재하는 심각한 문제를 가리는 결과를 낳을 수도 있다고 생각합니다.

미국에서 최연소 여성 하원의원으로 선출된 민주당 알렉산드리아 오카시오-코르테즈(Alexandria Ocasio-Cortez) 의원이 최근 의회에서 상대당 남성 의원인 테드 요호(Ted Yoho)에게 혐오발언을 듣는 사건이 있었습니다. 그 주변에는 기자들도 있었는데 논란이 커지자 남성 의원은 그런 말을 한 적이 없다고 발뺌하며 부인했습니다. 이에 대해 오카시오-코르테즈 의원은 그런 발언을 숱하게 들어온 경험을 얘기하며 본인은 하나도 놀라거나 충격받지 않았다고 했습니다. 그리고 이렇게 얘기했습니다. "요호 의원의 말은 제게 깊은 아픔을 주지도 않았습니다. 왜냐하면 저는 노동자로 일했었기 때문입니다. 그런 표현은 제게 전혀 낯설지 않습니다. 그리고 바로 그 사실이 문제입니다." 그러면서 하원 의원인 자신에게 심지어 의회에서 이런 발언이 행해질 정도라면 다른 여성들은 어떻겠는가 하는 점을 만천하에 드러내줬기 때문에 오히려 감사하다고 했습니다. "저는 그에게 감사하고 싶습니다. 힘 있는 남성이 여성에게 폭언을 한다는 사실을 만천하에 보여준 것을요. 이런 일은 이 나라에서 매일 일어납니다. 이곳, 의회 계단에서도 일어난 일이죠."

이런 의미에서라도 우리 사회에 존재하는 혐오표현을 가리고 억제하는 데 집중할 것이 아니라, 그런 표현이 나오게 된 원인이 무엇인지

진단하고 해결책을 찾으려는 노력이 필요하다고 봅니다.

또 특정 개인이나 집단에 대한 혐오 또는 증오는 가짜 뉴스, 허위 정보에 의해서 형성되는 경우들을 많이 볼 수 있습니다. 개별 정보의 진위를 판별하는 것만큼이나 정보 처리자로서 우리가 가지고 있는 능력의 한계, 인지적인 편향 등을 잘 인지하고 이로 인해 우리 판단이 잘못될 수도 있다는 점을 염두에 두고 공공연하게 돌아다니는 혐오발언에 대해 본인의 입장과 태도를 형성하는 것이 매우 중요하다고 생각합니다. 다양한 연구들을 기반으로 여러 말씀을 드렸는데요, 핵심은 결국 혐오발언의 피해자가 직접적인 혐오의 대상에 국한되지 않는다는 것입니다. 부지불식간에 혐오를 소비하는 수많은 사람들, 소극적인 관찰자들에게까지 혐오표현은 인지적, 정서적, 행동적으로 부정적인 영향을 줄 수 있다는 점, 이것을 기억해주시면 좋겠습니다.

강연 요약

온라인상에서는 특정 종교, 성별, 국적, 인종에 기반해 소수 집단을 차별하고 혐오와 증오를 노골적으로 드러내는 말과 표현들이 넘쳐납니다. 온라인상 혐오 · 증오발언이 발생하는 이유로 '익명성'을 가장 많이 이야기합니다. 더불어 컴퓨터 화면 너머 사람들이 인격적인 존재라는 감각이 무뎌지는, 비인격화 현상 때문이란 지적도 있습니다. 다른 한편으로는 누가 누구인지 개인적인 특성들이 가려지고 대신 소속 집단의 정체성만 드러나는 경우, 이를 근거로 내집단과 외집단을 가르고 이에 따라 내집단에 대한 편애, 외집단에 대한 차별이 양극화돼서 나타날 수 있는 환경이 조성된다고도 합니다.

온라인의 개방성이라는 특징 때문에 직접 커뮤니케이션에 참여하지 않는 다수의 대중들이 혐오 · 증오발언에 노출됩니다. 커뮤니케이션 효과 관점에서 이들은 먼저 '감정 전이', 즉 감정의 전염을 경험합니다. 관련해서 70만 명에 가까운 이용자를 대상으로 했던 페이스북 실험이 있습니다. 이용자들에게는 알리지 않은 상태에서 연구자들은 한 집단은 본인의 뉴스피드 중 긍정적인 메시지에 더 많이 노출되도록 하고 또 다른 집단은 부정적인 메시지에 더 많이 노출되게 만들어 놓고 각 집단의 이용자들이 어떤 글을 작성하는가를 살펴봤는데요. 결론적으로 즐겁고, 행복하고, 기쁜 이야기들을 더 많이 본 이용자들은 본인도 유사한 감정을 드러내는 글들을 더 작성했고 반대로 슬프고, 화나고, 걱정되는 글들을 더 많이 본 사람들은 부정적 감정을 보여주는 글들을 작성했습니다.

심리학의 '일반 공격 모형'에 따르면 부정적인 정서나 감정을 경험하면

이는 특정 상황과 자극을 해석하고 이해하는 데 영향을 미치고 막상 계기가 주어졌을 때 좀 더 공격적인 반응을 할 가능성을 높인다고 합니다. 즉, 우리가 빈번하게 혐오·증오발언을 접하게 되면 뇌에서 이와 관련된 인지적 요소들이 만성적으로 활성화되고 이는 공격성으로 이어질 수 있는 위험성이 있습니다.

두 번째는 '둔감화'입니다. 요즘 많이 쓰이는 단어 중에 '성인지 감수성'이라는 말이 있는데 이때 감수성은 어떤 문제가 있을 때 이를 잘 인지하고 적절하게 반응할 수 있는 능력을 말합니다. 둔감화는 이와 반대 개념으로, 특정한 자극물에 반복해서 노출이 되면 이를 당연하게 여기게 되고 어지간한 자극에는 더 이상 눈도 깜짝하지 않게 되는데요, 온라인에서 혐오발언을 일상적으로 자주 접하게 되면 혐오를 혐오로 인식하지조차 못 하게 된다는 겁니다.

세 번째는 온라인 뉴스 댓글이나 소셜 미디어에 올라오는 다양한 포스팅들이 사람들의 현실 인식에 영향을 준다는 겁니다. 월터 리프먼의 『퍼블릭 오피니언(여론)』이라는 책을 보면 '외부 세계', 즉 객관적인 실재로서의 세계가 있고, '우리 머릿속에 존재하는 현실에 대한 그림'이 있는데 이 둘을 연결시켜주는 역할을 언론이 한다고 말합니다. 여기서 언론은 신문이나 방송 같은 레거시 미디어들이지만 오늘날 우리가 온라인에서 접하는 다수의 이름 모를 사람들이 올리는 글들도 이전 언론들이 했던 것과 비슷한 방식으로 우리의 현실 지각에 영향을 미칠 수 있습니다.

제가 한 실험에서 한 집단에게는 뉴스 기사만 보여주고 다른 조건에서는 해당 기사에 반대하는 댓글들까지 함께 제시했습니다. 또 다른 조건에서는 기사에 대한 '비추천'이 '추천'의 세 배가량 되는 것을 보여주었고요. 기사만 본 경우에 비해 기사에 반대하는 댓글을 함께 본 경우, 여론이 기사 내용에 더 비판적인 것으로 판단했는데, '비추천'은 여론 지각에 그다지 영향을 미치지 않았습니다. 또 관심 있게 본 것은 체계적이고 비판적이고 깊이 있는 사고를 하는 사람들, 즉 인지 욕구가 높은 사람들은 댓글의 영향으로부터 자유로운가의 문제였는데, 연구 결과 인지 욕구 수준에 상관없이 여론 인식에 있어서는 모든 사람이 비슷한 정도로 댓글의 영향을 받았지만, 본인의 의견을 댓글과 같은 방향으로 수정하는 경향은 인지 욕구가 낮은 사람들에게서만 나타났습니다.

주목할 것은 다른 연구에서 지역감정을 조장하는 댓글과 함께 이를 반박하는 댓글을 보여준 경우 지역감정을 자극하는 댓글의 효과가 없어졌다는 점입니다. 즉, 어떤 사람이 용감하게 지역감정, 지역혐오를 부추기는 발언을 반박하는 경우, 지역감정을 조장하는 댓글을 전혀 보지 않은 것과 같은 응답을 했습니다. 이런 의미에서 적극적으로 반대 의견을 표현하고 혐오·증오발언을 교정하고자 하는 시민 정신이 매우 중요하다는 것을 알 수 있습니다. 우리가 혐오나 증오발언에 반대한다는 것을 적극적으로 표현하고 지지, 연대를 표명해야 한다는 겁니다.

마지막으로 혐오·증오발언이 문제가 되는 이유는, 다른 사회 구성원들에 대한 믿음을 무너뜨리기 때문입니다. 우리가 삼복더위에도 힘들지만 마스크를 쓰는 것은 각자가 사회 구성원으로서 역할을 할 때 사회가 좀 더 안전해지고 더 빨리 일상으로 돌아갈 수 있다는 믿음 때문입니다. 이렇듯 사회적 신뢰는 공동체를 유지하는 필수 자원이라는 뜻에서 사회 자본이라고도 합니다. 최근 연구를 보면 언론사 사이트에서 막말이 섞인 댓글을 본 경우, 댓글을 읽지 않은 조건에 비해 타인에 대한 신뢰가 더 낮아지지는 않았는데, 반대로 점잖은 댓글을 접한 경우 사회적 신뢰가 높아지는 것을 발견했습니다. 즉, 워낙 혐오댓글이 만연하다 보니 바닥을 찍은 사회적 신뢰가, 예상외로 점잖은 댓글을 읽게 되면 회복될 수 있는 가능성을 보인 겁니다.

자, 그럼 우리는 무엇을 어떻게 해야 할까요? 미디어 플랫폼들이 댓글란을 아예 폐지해버리거나 AI를 이용해서 악플을 걸러낸다거나 하는 시도들을 했지만 이는 사후 조치라는 생각이 듭니다. 중요한 것은 혐오표현을 억제하고 가리는 것이 아니라, 그런 표현이 나오게 된 근본적 원인, 즉 혐오의 존재 자체를 없애는 방안을 모색하는 것입니다. 또한 특정 개인 혹은 집단에 대한 혐오나 증오는 가짜 뉴스, 허위 정보에 의해서 형성되는 경우가 많은데요, 개별 정보의 진위를 판별하는 것 이상으로 우리가 가지고 있는 인지적 편향이나 정보 처리 능력의 한계 등을 이해하고, 이로 인해 우리 판단이 잘못될 수도 있다는 점을 늘 염두에 둔 상태에서 사회적 이슈나 공공연하게 돌아다니는 혐오에 대한 본인의 입장과 태도를 가다듬는 습관이 필요하다고 생각합니다.

II 가슴 아픈 역사가
전해주는 메시지

〈최초의 슬픔〉(윌리앙 아돌프 부그로, 1888)

05

강연 영상 보러가기

홀로코스트:
혐오와 차별의 종착역

최호근
고려대학교 사학과 교수

• 고려대학교 사학과 학사 및 석사
• 독일 빌레펠트대학교(Bielefeld University) 박사
• 현) 제주 4.3 평화재단 이사

저서: 『기념의 미래: 기억의 정치 끝에서 기념문화를 이야기하다』,
   『제노사이드: 학살과 은폐의 역사』

오늘 여러분과 함께 '홀로코스트: 혐오와 차별의 종착역'이라는 제목으로 나치 독일에 의한 유대인 대학살에 대해 이야기하려고 합니다. 홀로코스트는 1933년 나치당의 권력 장악에서부터 1945년 5월 8일 나치 독일이 패망하기까지 수많은 단계를 거치면서 진행됐던 범죄입니다.

오늘 이야기는 베를린에 있는 3개의 기념물 소개로 시작하겠습니다. 베를린은 기념의 공화국이라고 불리는 중요한 도시죠. 여기 있는 박물관들 가운데 제가 출장 때마다 자주 들르는 중요한 세 곳이 있습니다. 그중 첫 번째가 유대 박물관(Jüdisches Museum)입니다. 폴란드 출신 건축가 다니엘 리베스킨트(Daniel Libeskind)가 설계한 해체주의 방식의 아주 독특한 건물이죠. 하늘에서 내려다보면 마치 누군가가 긴 쇳덩이나 뱀을 바닥에 던져서 찌그러뜨린 듯한 그런 불편한 모양을 하고 있어요. 자세히 보면, 유대인을 상징하는 다윗 왕의 별이 파괴된 모양입니다. 유리창은 마치 칼로 난자한 것처럼 사람들을 불편하게 만들죠.

공중에서 촬영한 유대 박물관 모습
출처: Wikipedia(Public Domain)

그게 바로 건축가가 의도했던 것인데, 여기에는 재미있는 코드가 심어져 있습니다.

예를 들면 5개의 텅 빈 공간이 있는데, 그 가운데 하나가 홀로코스트 탑입니다. 안에 들어가 보면, 이스라엘 작가 메나쉐 카디쉬만(Menashe Kadishman)이 만든 1만 개 이상의 벌린 입과 눈을 새긴 동그라미 모양의 철 조각이 바닥에 깔려 있습니다. 한 걸음, 한 걸음 움직일 때마다 쇠와 쇠가 부딪쳐 신경 거슬리는 소리가 납니다. 작가는 베를린 시민들이 공동체의 일원이었던 이웃들을 혐오하고 차별하고 배제하고 강제 이송해서 다시는 세상에 살 수 없도록 만들었다는 걸 온몸으로 느끼게 하기 위해서 이런 장치를 마련했습니다.

유대 박물관

메나쉐 카디쉬만의 작품 〈낙엽〉

잊혀진 홀로코스트, 집시와 장애인들

두 번째는 로마(Roma)와 신티(Sinti) 희생자 추모 기념물입니다. 갑자기 로마라고 하니까 의아해하실 것 같은데 우리가 집시라고 부르고 독일 사람들은 치고이너(Zigeuner)라고 부르는 바로 그 사람들입니다. 집시나 치고이너는 그 사람들에게 모욕적인 단어입니다. 본인들이 붙인 이름이 있거든요. 서유럽 쪽에 거주했던 이들은 신티 부족, 동유럽에서 들어온 이들은 로마족이라고 합니다.

나치 시기 죽어간 22만 명 집시들 중 독일 내에서 희생된 수는 4만 명쯤 됩니다. 이들은 숨겨진 홀로코스트라고 해서 1945년 이후에도 오랫동안 거론되지 않았습니다. 유대인에 대한 사죄와 배상은 이어졌지만 집시들은 배제가 됐죠. 한참 지나서야 추모 기념물이 베를린 한복판에 세워지게 된 겁니다.

안락사 프로그램 희생자 추모 기념물
출처: Wikipedia(Public Domain)

세 번째는 우리에게도 익숙한 베를린 필하모니 건물, 노란색 타일 건물 바로 뒤에 있는 작은 기념물입니다. 파란색 아크릴판 밑에 예사롭지 않은 희생자들의 면면이 보입니다. 점자판 기록이 있어서 손을 올려놓으면 시각 장애인들도 읽을 수 있게끔 돼 있습니다. 바로 그 악명 높은 안락사(Euthanasia) 프로그램의 희생자였죠.

나치 독일은 유대인이나 집시만 죽인 게 아니었습니다. 안락사 프로그램 때문에 무려 7만 명이 목숨을 잃었습니다. 죽은 이유가 너무 허망합니다. 1939년 히틀러는 2차 세계대전을 준비하면서 '장애인들이 전국 병상의 80%를 차지해 전쟁이 나면 부상병을 위한 병상이 별로 없다'라는 보고를 받습니다.

히틀러의 명령에 따라 독일인들의 가족이자 자녀이자 부모였던 장애인들이 5개의 시설에 수용됐고 학대를 당하다 굶어 죽었습니다. 너무 오래 걸리다 보니까 페놀 주사까지 동원됩니다.

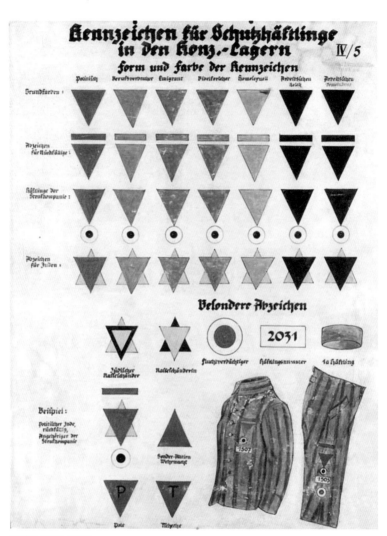

나치의 수감자 식별표
출처: Wikipedia(Public Domain)

이처럼 나치 시기에는 수많은 부류의 사람들이 희생되었습니다. '혐오스럽다', '다르다', '미개하다', '부족하다'라는 판단이 들면 여호와의 증인이건, 동성애자건, 정치적인 반대파들이건 모두 죽었습니다. 이렇게 희생된 사람들이 북슬라브인과 남슬라브인까지 포함해서 500만 명에 달합니다. 유대인, 집시, 장애인들까지 포함하면 나치 시기 목숨을 잃은 사람들은 1100만 명을 헤아립니다. 나치 독일은 그들이 살 가치가 없다며 목숨을 빼앗았지만 그 사람들을 바라보는 나치의 생각과 시선이 그랬을 뿐입니다. 부헨발트(Buchenwald)와 다하우(Dachau) 이후에 나치 독일이 유럽 전역에 수천 개의 강제수용소를 만들었는데, 강제수용소 사무실마다 식별표가 있었습니다. 모든 사람들의 가슴에는 구별을 위해 배지를 달았죠. 동성애자는 핑크색 표시를 했고, 유대인은 노란색으로 다윗의 별을 달았죠. 이렇게 수많은 사람들을 대상으로 가리지 않고 이 시기에 범죄가 벌어졌는데, 이 끔찍한 범죄가 무슨 일 때문에 벌어졌는지 그 얘기를 잠시 하고자 합니다.

나치는 왜, 어떻게 유대인을 죽였나

그 시대의 분위기는 끝없는 혐오, 차별로 특징지을 수 있죠. 그 가운데 왜 독일인들은 유대인들을 그렇게 묘사했고 가르쳤는지를 살펴보겠습니다.

우선 독일인들은 유대인들을 땀 흘리지 않는 종자, 고리대금업이나 투기를 통해 돈을 벌어먹는 기생충 같은 존재라고 생각했습니다. 모

강제수용소 입구의 유대인 조롱 문구
출처: Wikipedia(Public Domain)

든 강제수용소 입구에는 독일어 대문자로 '아르바이트 마흐트 프라이 (ARBEIT MACHT FREI)', 즉 '노동이 너희를 자유롭게 하리라'라는 글귀가 적혀 있었습니다. 이는 유대인에 대한 대단한 조롱이었죠. '여태까지 일하지 않고 투기하고 고리대금업에 종사했으니까 이제는 땀 흘려서 일해 봐, 그래야 사람이 되거든?' 하는, 아주 용납하기 어려운 뜻이 담겨 있는 거죠.

유대인들에 대한 오해는 굉장히 심했습니다. 영국 런던에 자리 잡은 자본가들이 유대인의 핵심이며, 1917년 러시아 볼셰비키 사회주의 혁명이 발발했을 때는 소련 정치국 간부 중 40% 이상이 유대인이라는 통설도 유행했습니다. 당시 독일인들은 1929년에 독일 경제를 완전히 무너뜨린 사람들이 유대인들이고, 공산주의 혁명으로 독일을 위협하

'그들이 자초한 일이야'라는 문구로 유대인을 비판하는 포스터

고 있는 소련의 핵심 세력이 유대인이라고 생각했던 겁니다.

독일 사회 내부에서 사람들이 선망하는 직업인 언론인, 교수, 변호사 같은 전문직에 유대인들이 많았는데 이 역시 육체 노동을 하지 않고 다른 사람 위에 올라타서 세상을 살아간다고 하는 선입견과 편견의 근거가 됩니다. 이 배후에는 두려움이 있었죠.

한번은 제가 어떤 출판사에서 히틀러의 책 『나의 투쟁(Mein Kampf)』의 서평을 써달라는 요청을 받았습니다. 그 책은 여러 가지 얘기를 짜깁기한 수준이기 때문에 평을 쓸 만한 책이 아니라고 거절했는데도 재차 부탁을 해왔습니다. 그런 수준의 책이 왜 성경 다음으로 많이 팔렸는지 독자들이 궁금해 하니까 그런 의문을 해소해주는 차원에서 서평을 써주면 좋겠다는 것이었습니다. 그렇게까지 얘기하니 더 거절할 수 없어서 서평을 쓰기로 답을 했죠. 그리고 책을 다시 한번 정독했더니 사실은 유대인에 대한 독일인의 깊은 공포와 두려움이 그 속에 담겨 있었습니다. 1차 세계대전에서 패배하고, 1929년의 대공황을 지나며 독일 국민의 3분의 1이 실업자가 됐는데 이런 상황에 대해 누군가는 책임져야 했습니다. 그런데 책임질 사람이 안 보여요. 그러다 보니까 많은 사람들은 유대인을 지목했고, 그 유대인들이 결국 희생양이 된 거죠. 팩트는 중요하지 않았죠. 분노하고 공포에 질렸던 사람들한테 중요했던 건 누가 욕을 먹어야 되느냐, 누가 대가를 치러야 되느냐 하는 문제였을 뿐이죠.

사람들은 나치의 광기만을 얘기합니다. 하지만 그 이전에 패망과 경제 불황이라는 엄청난 재난이 있었습니다. 여기에 누군가가 거짓, 루머, 그럴듯한 통계들을 갖다 붙이면서 유대인들에 대한 혐오, 분노, 증오를 악의 씨앗처럼 키웠습니다.

다음으로 신티족과 로마족에 대해서는 '반사회적 범죄자'라는 편견이 있었습니다. 이 편견은 부수기 어려운 장벽으로서, 뿌리가 굉장히 깊습니다. 오늘날에도 여행기를 적은 블로그 글들을 보면, 마드리드나 로마에서 집시 여러 명이 둘러싸고 정신없게 한 다음 소매치기를 하니 조심하라는 내용들이 많습니다. 이 내용이 다 거짓일 거라고 믿지는 않지만, 그런 일을 벌인 사람들이 집시라고 단정 짓는 것이 과연 정확한지는 알 수 없죠. 몇 가지 끔찍하고 불쾌했던 경험이 결국 모든 사람들에 대한 판단을 좌지우지하는 이런 상황이 겁나는 거죠. 1930, 40년대나 지금이나 집시를 바라보는 우리의 시각은 결정적으로 바뀐 것 같지는 않아요. 프랑스에서 만들어진 한 포스터에는 마차를 탄 집시 부족이 어린이들을 납치해서 도망가는 장면이 담겨 있죠. '집시의 마차가 머물고 나면 동네 곳간에 남아 있는 게 없다', '주변이 깨끗하지 않다'라고 하는 식의 유럽 사람들이 공유하는 편견이나 선입견은 굉장히 뿌리가 깊습니다. 이 반감들이 반집시법을 제정하는 중요한 이유가 됐죠.

수많은 나치 희생자들 가운데 저한테 너무 큰 충격으로 남았던 게

ENFANT ENLEVÉE PAR DES NOMADES

아이를 납치하는 집시 부족을 그린 포스터 　　장애인 차별과 혐오를 선동한 포스터
좌, 우 출처: Wikipedia(Public Domain)

앞서 언급한 장애인들인데요. 당시 장애인들을 그린 포스터에는 '지금 눈앞에 보이는 이 환자가 60세가 되기까지 6만 마르크를 소비한다', '여러 사람의 의료 인력을 소비한다'라고 적혀 있습니다. 인간을 존엄성 측면에서 보는 게 아니라 '사회에 기여한 게 뭔가', '소비한 게 뭔가'라는 관점에서만 바라보면서 쓸모없으니 죽여야 된다는 극단의 논리를 만든 거죠.

홀로코스트는 어느 날 갑자기 벌어진 사건이 아니었습니다. 외계인 침공도, 천재지변도 아니었죠. 히틀러는 결코 총칼로 집권했던 게 아니었어요. 1932년 12월 총선에서 44%의 표를 주어 히틀러가 이끌던 나치당을 제1당으로 만든 사람들은 바로 독일 국민들이었습니다. 이런 점에서 볼 때 1945년 5월 8일, 나치가 패망한 뒤 독일 국민들은 '어쩔 수 없었다. 그 총칼 앞에 두려웠다. 우리도 시대의 희생자다'라는 논

환영 인파에게 인사하는 히틀러

리를 내세웠죠. 그런데 벌어졌던 일들을 복기해보면, 그들은 선거를 통해 나치에게 권력을 이양했습니다. 이런 국민의 용인에 힘입어 나치가 한 걸음, 한 걸음 권력을 확고하게 만들어 갔던 것입니다. 살라미 (salami) 전법이라고 하죠. 물기가 없는 소시지인 살라미를 먹을 때는 굉장히 얇게 썰어요. 조금씩, 조금씩. 사람들은 흔히 히틀러를 광신주의자로 얘기합니다. 광신주의적 생각을 했던 건 틀림없이 맞지만 히틀러는 분명 현실 정치인이었고, 국민을 바라보면서 한 걸음을 떼고 난 후에는 국민의 반응을 확인하죠. 그리고 다시 행동하고 반작용을 확인하면서 '국민이 거부하지 않고 동조하는구나' 하는 판단이 들면 잰걸음으로 방향을 잡고 그 길로 가는 겁니다.

이렇듯 홀로코스트는 급작스럽게 닥친 사건이 아니라 조금씩, 조금

씩 물길이 열리면서 전개되었습니다. 나치당의 조치에 대해서 아무도 항의하지 않고 동조하거나 협력하거나 방조하는 과정에서 전대미문의 비극의 급물살이 생겼다고 보면 되겠죠.

인종주의적 편견이 만든 홀로코스트

여기서 제노사이드(genocide)라는 낯선 단어를 잠깐 살펴 보겠습니다. 폴란드의 법학자였던 라파엘 렘킨(Raphael Lemkin)이 만든 말인데, 제노스(genos)는 그리스어로 인종이라는 뜻이고 사이드(cide)는 학살이라는 뜻입니다. 1948년 UN 총회에서 제노사이드 협약이 만장 일치로 통과됐습니다. 1951년부터 이 법이 발효가 됐죠. 1990년대 유고슬라비아와 르완다에서 벌어진 인종 학살까지 포함해서 제노사이드 라고 부르는데요. 제노사이드는 여덟 단계, 길게 보면 열 단계를 거치 면서 서서히 진행됩니다. 그러다가 급속도로 빨라지게 되죠.

그 첫 번째 단계가 분류입니다. '나', '너', '우리', '그들', 그다음에 우 리 안에서도 내집단, 외집단을 가릅니다. 그리고 난 뒤 99가지가 같은 데 한 가지 다른 걸 전면에 내세웁니다. 같은 존재인데도 불구하고 조 그마한 차이를 내세워 '우리와 너희', '나와 적'을 가르는 거죠.

두 번째로는 미개하다는 걸 내세우기 위해 가장 대표적인 민속 하나 를 그 사람들과 결부시킵니다. 이걸 상징화라고 하죠. 차이를 우선 드 러내고 다음에는 이러이러하니까 '너희는 문명을 몰라', '미개해', '일 탈했어' 같은 수많은 이유를 갖다 붙이면서 차별의 근거로 제시합니다.

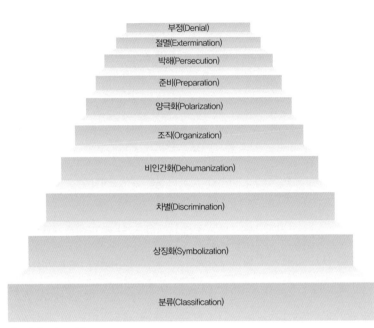

제노사이드의 10단계
출처: Gregory H. Stanton의 10 Stages of Genocide를 바탕으로 한 도식

그다음에 마침내 돌이킬 수 없는 순간이 오는데, 바로 비인간화, 또는 탈인간화라고 얘기하는 순간입니다. 유대인들을 예로 들면 이 단계에 오면 전문직 종사자, 교육을 많이 받은 사람, 성공 무대에 올라서려는 사람이라 부르지 않고 기생충, 쥐, 전갈, 뱀이라고 부르기 시작합니다. 또 그런 모양을 그린 포스터들이 보급되기 시작하죠. 특정 부류에 속하는 사람을 친구나 구체적인 인물이 아닌 혐오스러운 동물과 연결 짓고 나면, 그 인상이 쉽게 사라지지 않습니다.

이후 교육을 통한 강화가 시작됩니다. 1930년대 나치 집권 이후에 인종학 수업 시간이 초, 중, 고등학교에서 개설이 되는데 여기서 포스터를 보여주고 인종론을 주입합니다. 오염된 호수에서는 물고기가 아

1930년대 나치의 반유대 선전 아동도서들(로포텐 전쟁기념박물관)
출처: Wikipedia(Public Domain)

무리 깨끗하게 살려고 하더라도 허리가 휘고 눈이 멀 수밖에 없는 것
처럼, 비정상적인 생각, 느낌, 혐오, 선입견이 정상인 것처럼 받아들여
지는 겁니다. 이제 학생들은 무엇이 옳고 그른지, 뭐가 팩트고 뭐가 만
들어진 루머인지 구분하지 못하는 상태에서 군대에 가고 청년이 됩니
다. 그다음부터는 조직하고, 강제 격리하고 강제 이송하고, 마지막으로
는 물리적으로 파괴하는 것밖에 남아 있지 않게 되는 거죠.

또 하나의 배경은 '아리안족은 위대하다, 그리고 독일이 오늘날 이
모양이 된 것은 여러 종족의 피가 섞였기 때문이다'라는 강박적 사고
였습니다. 이런 인종주의는 1900년대 초반부터 1920, 30년대에 굉장
히 유행하게 되죠.

여기서 핵심을 차지한 것이 아리안족의 신화입니다. 금발, 딱 벌어진
어깨, 큰 키가 아리안족의 특징이라면서, 독일의 인종주의자들은 인

간을 4개의 등급으로 나눴습니다. 아리안족이 북유럽에서 왔다고 믿었기에 스웨덴, 핀란드, 노르웨이, 독일인들이 첫 번째 종자이며, 영국, 프랑스, 네덜란드, 벨기에, 룩셈부르크 등 유럽 서쪽에 사는 사람들을 그래도 문명을 아는 두 번째 종자라고 주장했습니다. 세 번째 부류인 동유럽에 사는 슬라브 사람들은 문명을 모르는 미개한 인종이라고 얘기했습니다. 네 번째 종자가 유대인, 집시 같은 인간 이하의 존재입니다. 문명의 입장에서 본다면 파괴해야 될 존재라는 겁니다.

1935년 뉘른베르크 나치당 전당대회에서 인종차별법이 통과된 것이 독일인들의 사고에 인종주의가 뿌리내리기 시작한 결정적 계기였습니다. 외할아버지, 외할머니, 친할아버지, 친할머니 네 사람 가운데 두 사람이 유대인이면, 즉 피의 2분의 1 이상이 유대인이면 유대인이라는 구

나치의 인종차별 관점을 반영한 뉘른베르크 인종 분류 차트(1935년)
출차: Wikipedia(Public Domain)

별법을 국가가 법으로 만든 겁니다. 여기에 예외가 있었는데, 피가 4분의 1 이하라 하더라도 유대교를 믿으면 유대인으로 인정했습니다.

이 양대 조건에 해당하는 사람들은 주요 공직에서 퇴출됐고, 의사 면허증을 가졌어도 감히 아리안족을 치료할 수 없다고 해서 면허를 박탈당하고 유대인만 치료할 수 있는 '치료사'로 강등됐습니다.

이런 일들이 벌어질 때쯤이면 독일 국민은 분노했어야 마땅합니다. 순망치한(脣亡齒寒)이라는 사자성어가 있습니다. 입술이 사라지고 나면 치아가 시리다고 하는 것인데, 처음 누군가를 공격하고 폄하할 때 그걸 용인하고 방조하고 속으로 동조하게 되면 그들이 사라지고 난 다음에는 다른 누군가가 또 타깃이 되고, 결국에는 내가 그 피해자가 될 수도 있습니다. 독일인들은 그 생각을 못 했던 겁니다.

독일인들은 세 번의 기회를 놓쳤다

이런 과정을 거치면서 유대인들은 곳곳에서 놀림감이 됩니다. 1938년 오스트리아의 수도 빈에서부터 나타난 것인데, 길거리 한복판에서 청년들이 유대인 노인을 둘러싼 뒤 수염을 엉망으로 깎아 버린다든지 지나가던 유대인들을 붙들어 솔로 도로 청소를 하도록 시킨다든지 하는 일들이 벌어집니다.

종국에는 이들을 격리시켜야 한다는 여론이 높아져갑니다. 폴란드의 바르샤바, 우치를 비롯한 여러 도시에 만들어졌던 게토(ghetto)가 그것입니다. 유대인들은 꼴 보기 싫은 존재, 전염병 보균자들이니 높게 담을 쌓고 철조망을 만들어 왕래를 차단해야 한다면서 한곳에 몰아넣은 거죠. 그리고 1940년 늦가을부터는 최종 해결책(final solution)을 얘

게토 입구의 '유대인 거주 지역 출입 금지' 표지판(1941년, 폴란드)
출처: Wikipedia(Public Domain)

기하기 시작해요. 그게 바로 아우슈비츠 비르케나우(Auschwitz Birkenau) 같은 5대 절멸 수용소입니다. 아우슈비츠에서만 90만 명 이상의 유대인이 목숨을 잃는 비극이 벌어졌습니다.

왜 독일인들은 그 중간에 브레이크를 걸지 않았을까? 왜 문제 제기를 안 했을까? 왜 태업이나 파업을 하지 않았을까? 역사가의 시각에서 굉장히 의아한

모습으로 과거를 돌아보게 되는데, 전문가들은 이렇게 답변합니다. 나치당은 거대한 기계처럼 움직였습니다. 맞물린 나사 바퀴들이 돌아가듯이 미세 분업이 이루어져 있었어요. 나치당이 유대인 학살을 기획하고 이를 공무원들에게 하달하면 경찰은 유대인들을 체포해서 기차에 실었고, 철도청 관리인들은 이들을 이송했고,

친위대 장교들은 아우슈비츠 승강장에서 사람들을 분류했습니다. 판단 기준은 딱 하나예요. 노동 능력이 있는 튼튼해 보이는 사람들은 오른쪽, 몸이 아프거나 너무 어리면 왼쪽으로 가라고 얘기합니다. 왼쪽으로 가면 길 끝에서 옷을 벗어야 하고 '샤워실'이라고 부르는 곳에 들어가야 되죠. 2시간 후면 목숨을 잃게 돼요.

전후에 열린 재판에서 친위대 장교들은 '나는 유대인을 죽인 적 없다. 오른쪽, 왼쪽 방향을 지시했을 뿐이고 국가의 명에 따라 가스실 버튼을 눌렀을 뿐이다', '오히려 빵을 빼돌려 어린 소년한테 주었다, 그들의 탈출을 돕기도 했다'라는 식의 변명을 늘어놓습니다. 바로 이게 우리를 두렵게 합니다. 현대 사회는 분업화돼 있고, 각자 자기 일에 충실했을 뿐이죠. 그런데 결과는 무엇입니까? 많은 사람들이 죽었습니다. 살인을 외주화시켰던 거죠. 유대인들이 승강장에 내렸을 때 가스실까지 가도록 정신없게 만들고 곤봉을 휘두르고 호루라기를 불었던 사람

아우슈비츠 강제수용소 내부에 남아 있는 화장장
출처: Wikipedia(Public Domain)

들은 우크라이나 출신의 민병대 대원들이었으며, 치안 질서를 유지했던 사람들은 폴란드 출신의 수감자들이었습니다. 피범벅이 된 희생자들을 엘리베이터를 통해 화장장에 올려보내서 마지막 한 줌의 재로 만드는 과정을 담당했던 사람들은 유대인 수감자였습니다.

그러니까 아우슈비츠에서 독일인들은 손끝에 피 한 방울 안 묻혔다는 거죠. 하지만 이런 식의 분업화된 과정을 누군가가 설계하고 기획했다면 적어도 독일의 성인들, 지식인들은 이걸 간파했어야 하지 않을까요? 각자 선 자리에서 내가 바퀴를 멈추거나 혹은 선로를 벗어나면 이 대량의 죽음을 막을 수도 있겠구나라고 생각했다면, 얼마나 좋았을까요? 혼자가 두렵다면 함께 했어야 되는 거죠.

홀로코스트는 어쩔 수 없는 일이었다고 변명하는 사람들이 많았지만, 적어도 세 번쯤은 뒤로 돌릴 수 있는 기회가 있었다고 저는 생각합니다. 바둑에 복기라는 것이 있습니다. 어디서부터 패착을 뒀을까, 돌을 어디에 뒀으면 일이 바로 됐을까 돌아보는 것. 그래서 앞으로 같은 실수를 하지 않겠다고 생각하는 것이죠. 이렇게 돌아보면, 첫 번째로 놓친 기회는 1932년 총선입니다. 아무리 나치당이 인종주의 선전을 하고 문제의 원인을 바깥으로 돌려도 독일 국민은 바로 판단하고 선거를 잘했어야 합니다. 충분히 호미로 막을 수 있었던 일을 나중에는 가래로도, 트랙터로도 막지 못한 그런 경우가 되겠죠.

두 번째, 인종차별법이 등장했을 때입니다. 학교에서 어린 친구를 앞으로 불러내서 인중의 길이를 재고 '얼굴 전체에서 차지하는 비율이 몇 퍼센트니까 얘는 아리안족이야', '얘는 아니야, 얘는 집시야'라고 선생님이 말할 때 학부모들이 항의하고 어린아이들을 순수하게 지켰어야 합니다. 이걸 용인하면서 독일인은 두 번째 기회를 놓쳤습니다.

　세 번째로, 누가 유대인인가, 비유대인인가를 판별하고 법제화한 순간 그다음부터 물리적인 파괴, 살인으로 가는 길이 열렸습니다. 안락사 프로그램의 희생자들은 유대인도 집시도 아닌 독일 국민이었습니다. 제가 이해하기 어려웠던 점이 바로 이것입니다. 국가가 부모로부터 사인을 받고 아이를 데려갔는데 편지 왕래를 하다가 중간에 소식이 끊겨요. 그러자 아이한테 무슨 일이 있는지 묻는데 처음에는 이런저런 얘기를 둘러대죠. 그러다 유골함에 담겨 돌아오기도 해요. 그쯤 되면 인간의 상식과 경험의 법칙에 근거해서 뭔가 잘못됐다고 생각해야 될 겁니다. 내 자식, 내 형제를 내줄 수 없다고 해야 하고, 혼자가 어렵다면 주변의 비슷한 입장에 있는 사람들과 함께 공식적으로 문제 제기를 한다든지 연대해서 베를린 중심가인 포츠담 광장에 모여서 시위했다면 어땠을까요? 앞서 말씀드렸듯이 히틀러는 정치인이었고 나치당은 민심에 민감해서 여론을 거스르지 않을 준비가 돼 있었거든요. 이런 세 번의 기회를 발로 차버렸을 때 돌이킬 수 없는 결과가 이어진 것입니다.

선한 이웃, 의로운 이웃의 중요성

　　　　　이제 이야기를 정리하고자 합니다. 2초를 위한 교육의 꿈을 여러분과 나누고 싶습니다. 2초라는 순간은 의인의 심리를 연구한 성과에서 비롯된 것입니다. 몇 년 전 일본에서 있었던 일을 예로 말씀드립니다. 한국인 유학생 이수현 군이 신오쿠보역에서 철로에 누군가 미끄러진 것을 보았습니다. 저쪽에서는 기차가 달려오고 있었고요. 이때 청년은 잠시 상황을 판단하고 몸을 날렸습니다. 그 결과는 어땠을까요? 안타깝게도 청년은 목숨을 잃었습니다. 위기의 순간에 상황을 판단하고 '어떻게 해야 되지?' 생각하고 마지막 행동으로 옮기는 데 걸리는 시간이 심리학자들의 분석에 의하면 2초라고 합니다. 이를 통해 과거로부터 현재와 미래를 만들어갈 단서를 찾고자 합니다.

　홀로코스트를 유럽에서 겪었던 사람들은 크게 세 부류가 있습니다. 첫째로 가해자, 둘째로는 가해자의 반대편에 섰던 희생자가 있었겠죠. 그리고 양극단의 중간 지대에 있던 사람들을 방조자나 방관자라고 부르는데, 이 가운데 특이한 사람들이 있었습니다. 바로 의로운 사람들, 선한 이웃들입니다. 역사를 공부하면서 가해자였던 독일인들은 이 살인에 대해, 협력에 대해 뼈아프게 반성해야 합니다. 그 결과를 말로만이 아니라 기념물로, 법으로, 배상과 보상으로, 가해자에 대한 처벌로 갚아야 되겠죠. 독일인들은 유대인들을 죽였을 뿐만 아니라 장애인들까지 죽였는데 거기에 대해 뼈아프게 돌아보면서 오늘날 모든 장애인들이 장벽을 딛고 박물관을 향유할 수 있도록 새로운 콘셉트의 공간들을 만들었습니다.

그 가운데 가장 대표적인 게 슈투트가르트에 있는 벤츠 박물관입니다. 시각 장애인들이나 보행 장애인들도 와서 전시된 고급 벤츠 자동차들을 마음껏 만질 수 있게끔 해놨는데, 이런 곳을 배리어 프리(barrier free) 뮤지엄이라고 하죠.

과거에 대한 반성은 안타까움으로 끝나는 것이 아니라 이렇게 행동으로, 결과로, 조직으로, 제도로, 건물로 드러나야 합니다. 여기까지는 유대인과 독일인들에 해당하는 얘기입니다.

우리 한국인이 홀로코스트를 바라보면서 가져야 될 감정은 두 가지일 거라고 생각합니다. 첫 번째는 한 번도 만나본 적이 없고 나와 피를 나누진 않았지만 안네 프랑크(Anne Frank)처럼 숨어 지내다가 죽어갔던 희생자에 대한 안타까움, 온정, 애도, 공감과 같은 것들이 필요한 거죠. 이런 마음이 우리 몸속에 들어올 때 그것은 백신이 됩니다. 웬만한 혐오와 차별을 하지 않게끔 우리를 굉장히 민감하게 만들죠. 저는 이게 무엇보다도 소중하다고 생각합니다.

저는 여기서 조금 더 나갔으면 좋겠어요. 이스라엘 대법원은 1957년부터 홀로코스트가 벌어졌을 때 아무런 대가 없이 위험에 처한 유대인들을 구하기 위해서 위험을 무릅썼던 이방인들, 유대인 아닌 사람들을 위해 포상을 하고 기념하고 있습니다. 이들을 열방의 의인들(Righteous Among the Nations)이라고 부르는데, 이들의 숫자가 2만 7000명이 넘어요. 온 세상이 어두컴컴했던 순간에 양심의 목소리에 따라 누군가를 돕기 위해서 위험을 무릅썼던 사람들이었습니다. 겁나지 않았을까요? 가족이 잘못되지 않을까 걱정하지 않았을까요? 그랬음에도 불구하고 이들은 남과 다른 선택을 합니다.

열방의 의인에게 수여되는 메달 디자인
출처: Wikipedia(Public Domain)

야드 바셈(Yad Vashem) 홀로코스트 박물관을 채운 열방의 의인들 사진

참 궁금했습니다. 왜 그 순간, 2초의 순간에 그런 선택을 했을까. 심리학자들이 연구해보니 의인의 약 80-90%는 타고난다고 합니다. 나머지 10-20%는 어떤 가정에서 컸는가, 어떤 종교를 믿었는가, 어떤 교육을 받았는가에 좌우되었다고 합니다. 여러 인종이 어울리면서 서로 함께 지내며 배려하는 환경에서 성장한 사람들이 이런 소중한 선택을 했다는 거죠.

독일을 대표하는 철학자 칸트(Immanuel Kant)가 묘비명에 새긴 문구가 있습니다. 그의 대표작인 3대 비판서에 나오는 문장이죠. '생각하면 생각할수록 점점 더 커지는 놀라움과 두려움에 휩싸이게 하는 두 가지가 우리 인생에 있다. 첫째가 밤하늘에 빛나는 별이라면, 두 번째는 내 마음속에 있는 도덕의 법칙이다.'

우리 마음속에는 뭔가 남다른 게 있습니다. 사람을 사람답게 하는 거죠. 그걸 어떤 사람들은 양심이라 하고 어떤 사람들은 마음이라고 하죠. 누군가가 죽어가고 있으면 가슴이나 옆구리가 아프죠. 바로 그런 마음이 소중합니다. 교육을 통해, 또 과거 이야기를 통해서 그 마음을 가질 수 있을까요? 자꾸 그런 생각을 하고 공유하면서 우리도 비슷한 선택을 할 수 있을까요?

의인 이수현의 이야기로 돌아가서, 바로 그 순간 신오쿠보역에 섰을 때 내가 과연 뛰어들 수 있었을까를 생각합니다. 솔직히 말씀드리면 저는 자신이 없어요. 그런데 자신 없어 하는 제 자신이 너무 답답한 거죠. 그래서 그 장면을 자꾸 생각합니다. '만약 그 순간이라면, 내가 이수현이었다면, 신오쿠보역에 그때 있었다면?' 하고 생각을 합니다. 내가 거기 뛰어들지는 알 수 없고, 지금도 자신 없지만 한 가지 효과는 분명합니다. 내 말을 통해, 내 표정을 통해 다른 사람들이 입게 될 상처, 피해, 분노, 이런 것들을 미리 생각해볼 수 있다는 거죠. 이게 바로 뭘까요? 감수성입니다. 젠더 감수성, 인권 감수성, 평화 감수성. 우리는 과거 홀로코스트 시대에 있었던 의로운 이웃들을 생각하면서, 또 2초의 순간에, 이 상황과 공간에서 내가 어떻게 할까를 시뮬레이션해야 합니다. 이 얘기들을 한없이 하는 중에 우리는 우리도 모르게 바뀌어 갑니다. 이게 바로 역사를 공부하고 특히 홀로코스트의 끔찍했던 과거를 얘기하고 듣고 공부하는 이유일 것 같습니다.

강연 요약

베를린에는 홀로코스트의 피해자를 추모하고 기억하기 위한 세 곳의 대표적인 기념 장소가 있습니다. 먼저, 유대 박물관이 있습니다. 박물관의 구성과 전시는 당시 유대인들이 겪었던 혐오와 차별, 그리고 폭력의 참혹함을 온몸으로 느낄 수 있게 해줍니다.

두 번째는 로마와 신티 희생자 추모 기념물입니다. 홀로코스트로 인한 피해자는 유대인만이 아니었습니다. 로마족과 신티족 또한 약 22만 명이 희생되었습니다. 그러나 1945년 이후에도 오랫동안 이들에 대한 언급은 없었고, 사죄, 배상, 보상 또한 없었습니다. 반세기가 지나서야 사과가 이루어지고 추모 기념물이 베를린에 세워졌습니다.

마지막 기념물은 안락사 프로그램의 희생자들을 위한 것입니다. 나치 통치 시기에 독일에서만 약 7만 명의 사람들이 장애인이라는 이유로 안락사 프로그램에 희생당했습니다. 인종과는 무관하게, 단순히 사회에 쓸모가 없다는 이유로 수용소에 수감되고, 학살당했습니다.

이렇게 총 1100만 명이 넘는 사람들이 집단학살의 희생자가 되었습니다. 이러한 끔찍한 범죄가 발생할 수 있었던 이유는 무엇이었을까요? 먼저, 유대인들에 대한 홀로코스트를 정당화한 것은 인종차별적인 인식이었습니다. 당시 독일 사회에서는 전쟁의 패배, 경제 공황으로 인해 많은 사람들이 불안해했고, 생존에 위협을 느꼈습니다. 이런 상황에서 비난의 화살을 다른 곳으로 돌리고, 문제를 책임질 희생양으로 유대인들이 선택되었습니다. 독일 사회는 거짓 사실과 뜬소문, 그럴듯한 통계로 유대인들에 대한 인종차별적인 인식을 강화했고, 나아가 분노와 혐오를 조장했습니다. 마찬가지로 신티족과 로마족에 대한 차별과 박해 또한 '반사회적 범죄자'라는 뿌리 깊은 선입견에 의해 정당화되었습니다. 지금도 우리는 신티족, 로마족을 일컫는 집시 집단에 대한 선입견을 가지고 있습니다. 일부의 단편적인 경험을 일반적인 것처럼 받아들여, 마치 그들 모두가 소매치기 범죄자이며, 불결한 사람들인 것처럼 여깁니다. 하지만 이는 과거로부터 이어져 온 선입견에 불과합니다. 한 세기 전에 이러한 선입견들이 결국 반집시법을 제정하는 이유가 되었습니다.

마지막으로 장애인에 대한 충격적인 범죄는 인간을 도구적으로 바라보는 시선에 의해 정당화되었습니다. 인간으로서 마땅히 누려야 할 권리를 지닌 존엄한 존재로 본 것이 아니라, 사회에 쓸모가 없는 열등한 존재, 그렇기에 제거해야 할 해로운 존재로 판단했던 것입니다.

우리는 홀로코스트가 천재지변처럼 우연하게, 혹은 불가항력적으로 벌어진 일이 아니라는 사실을 기억해야 합니다. 히틀러는 총과 칼이 아니라 민주적 선거를 통해 집권했습니다. 또한 혐오와 학살이 단숨에 이루어진 것도 아닙니다. 제노사이드의 여러 단계를 거치며 차이가 차별로, 차별이 혐오로, 혐오가 범죄로 발전했던 것입니다. 제노사이드의 여덟 단계는 다음과 같습니다.

첫째, 차이를 내세워 피아를 구별합니다. 둘째, 상징화 작업을 통해 적으로 분류된 이들의 미개함을 찾습니다. 셋째, 법을 통해 차별의 근거를 강화하고, 넷째, 본격적으로 비인간화, 탈인간화 작업을 시작합니다. 비인간화, 탈인간화 작업이란 사람을 사람으로 보지 않고, 징그럽거나 유해한 동물에 비유하여 혐오스럽게 보도록 하는 것입니다. 이상의 과정을 통해 차이가 차별로, 차별이 혐오로 발전하게 되면, 이어서 조직화, 강제 격리, 강제 이송 그리고 최종적으로 물리적 파괴의 단계를 거쳐 제노사이드란 끔찍한 범죄가 완성됩니다.

홀로코스트는 이러한 제노사이드의 단계를 충실히 따랐습니다. 나치 집권 이후 유대인, 신티와 로마, 장애인은 옆집에 살던 이웃에서 '나'와는 다른 존재로, 그다음에는 열등한 존재로, 끝내는 제거해야 할 해로운 존재로 단계적으로 격하되었습니다. 이렇게 이웃들이 차별과 모욕을 받다 사회로부터 격리되고, 종국에는 끔찍한 가스실로 보내지는 과정을 문제 삼은 독일인들은 많지 않았습니다. 오히려 다수는 문제의식 없이 분업화된 홀로코스트 과정에 동참했습니다. 하지만 그저 자기 일에 충실했고, 시키는 대로 했을 뿐이라는 그 행동들이 결국 끔찍한 홀로코스트를 가능케 했습니다.

독일인들에게는 홀로코스트를 막을 세 번의 기회가 있었습니다.

첫 번째 기회는 선거였습니다. 총선에서 올바른 판단을 내려 히틀러의 집권을 막을 수 있었습니다. 두 번째로, 적극적으로 연대해 인종차별법의 제정을 막을 수 있었습니다. 마지막으로, 무언가 잘못되었다고 느꼈을 시점에 강력한 반대의 목소리를 낼 수 있었습니다. 차별과 혐오로 나아가는 사회의 방향을 공론화하고 바로잡을 기회가 있었던 것입니다. 하지만 그들은 이 모든 기회를 놓쳤고, 결국 돌이킬 수 없는 역사의 비극을 초래하고 말았습니다.

지금 우리 사회 또한 차별과 혐오가 고개를 내밀고 있습니다. 우리도 이제 선택을 내려야 합니다. 선택의 순간은 찰나에 불과합니다. 전문가들은 위기의 순간, 상황을 파악하고 생각을 행동으로 옮기기까지의 시간이 2초라고 합니다. 그 2초의 선택이 나를 가해자로, 혹은 방관자로 만들 수 있습니다. 하지만 우리에게는 의로운 이웃이 되는 선택지도 있습니다. 홀로코스트 당시에도 위험을 무릅쓰고서 피해자들의 선한 이웃이 되어준 이들이 있었습니다. 그들에게는 이웃의 아픔에 공감하는 감수성이 있었고, 자신의 마음속 도덕의 법칙에 따라 행동하려는 의지가 있었습니다. 우리는 역사로부터 이 감수성과 의지를 배울 수 있습니다. 역사를 돌아보는 것, 그것은 혐오와 차별의 종결을 향한 여정의 시작입니다.

06

강연 영상 보러가기

이슬람포비아를
통해 본 혐오의 역사

이희수

성공회대학교 석좌교수

- 한국외국어대학교 터키학과 문학사 및 중동지역학과 석사
- 터키 이스탄불대학교(Istanbul University) 박사
- 전) 외교부 정책자문위원회 위원
- 현) 국무총리실 대테러센터 자문위원

저서: 『이슬람 학교 1: 이슬람의 탄생, 이슬람교 그리고 여성』,
『이슬람 학교 2: 이슬람 문명, 문화 극단주의와 테러 그리고 석유』,
『톡톡 이슬람: 문화가 보인다 세상이 보인다』

역사 속 혐오를 주제로, 이슬람포비아 문제를 혐오와 배제가 아닌 융합과 공존으로 전환하는 생각의 시간을 함께 가져봅시다. 우리는 어쩌면 표면적인 모습을 통해 고정관념과 편견을 가지고 정작 그 본질과 내부를 들여다보지 못하고 뉴스나 남들에게 듣는 관념에 휩쓸려 가는 건 아닌지, 이것이 불필요한 혐오와 배제를 낳는 것은 아닐지 이런 고민에서 출발해보기로 하겠습니다. 문화인류학자로서 혐오를 극복하는 것은 나와 다른 생각, 다른 가치를 가진 사람들을 정확하게 이해하고 살펴보는 것에서부터 출발한다고 생각합니다. 우리가 익히 알고 있는 몇 가지 원칙을 되새기면서 시작해 봅시다.

우선 문화라는 것은 우월하다거나 열등하다고 나눌 수 있는 개념이 아닙니다. 선과 악도 없죠. 문화는 다만 같고 다름의 문제입니다. 우리는 흔히 다른 것은 틀렸다고 생각하지만, 다른 것은 다만 다를 뿐이죠. 이 너무나 명확한 상식을 우리는 때때로 쉽게 잊어버림으로써 불필요한 오해를 낳습니다.

두 번째, 모든 문화에는 그 구성원들이 공유하고 향유하는 고유한 향기와 색깔이 있습니다. 그래서 다른 문화적 잣대나 가치관으로 측정하고 판단하면 오해와 편견이 생깁니다. 그 문화의 입장에서 살펴볼 필요가 있는 거지요. 이걸 문화상대주의라고 하죠.

세 번째, 표피적으로 드러나는 한두 문화 요소를 보고 문화 전체를 판단해서는 안 됩니다. 우리는 인문학적 사고나 영성이나 종교, 그 사람이 살아왔던 삶을 경제적 척도에만 맞추는 경향이 강합니다. 가난하다고 해서 영성이나 사람의 가치나 품격이 낮다고 판단한다면 정말 잘못된 접근이지요. 한 공동체 문화 요소를 골고루 전체적으로 들여다봄으로써 불필요한 오해를 피하고 문화 본질을 잘 이해하고자 하는 태도를 문화총체주의라고 합니다.

마지막으로 우리는 싫든 좋든 함께 어울려 사는 다문화 시대로 가고 있습니다. 역사적으로 단일문화보다 융합문화가 창의와 발전을 가져왔다는 것은 절대 불변의 법칙입니다. 서로 다른 생각이 부딪치는 모순 속에서 인류의 진보와 발전을 이끄는 창의력과 새로운 혜안이 생겨나는 법입니다. 이런 원칙들을 다시 한번 되새기면서 앞으로 글로벌 리더로 성장하기 위해 우리가 갖춰야 될 기본적 덕목과 태도를 정립해 봅시다.

일단 고정관념을 깨뜨리면 새로운 세상이 잘 보입니다. 항상 열린 마음으로 공부하면 혐오와 배제가 사라지고 따뜻한 애정이 생기게 되는 거죠. 포스트 코로나 시대에 정말 필요한 덕목이 아닐 수 없습니다.

십자군 전쟁에서 배운다

자, 그럼 역사적으로 혐오가 우리 삶에 얼마나 큰 악영향을 끼치고 아픔을 줬는지를 몇 가지 사례를 통해서 살펴보겠습니다.

첫 번째 십자군 전쟁입니다. 흔히 이 전쟁은 기독교와 이슬람의 갈등, 충돌, 분노의 전쟁으로 각인돼 있습니다. 하지만 이 전쟁이 이슬람 세계 자체에 끼쳤던 영향은 사실 미미합니다.

십자군 전쟁은 1096년부터 1291년까지 근 200년간 여덟 차례에 걸쳐 벌어졌던 중세 인류의 가장 큰 약탈과 피해의 전쟁이었습니다. 하지만 자세히 살펴보면 기독교 성지인 예루살렘(유대교와 이슬람교에서도 예루살렘은 중요한 성지임)이 이교도에게 점령당하자 이걸 탈환하기 위해 진출했던 종교적 목적의 전쟁은 1차 십자군 원정 정도였습니다. 나머지 일고여덟 차례의 전쟁은 겉으로는 예루살렘 탈환이라는 명분을 내

〈십자군의 예루살렘 정복〉(에밀 시뇰, 1847년)

세웠지만 실제로는 서로 다른 종교였던 그리스 정교를 공격하고 비잔틴 제국 내 같은 유럽 국가끼리 치고받고 약탈하는 성격의 전쟁이었습니다. 이슬람 역사에서 십자군 전쟁을 가장 잔혹하고 비종교적이고 반인류적인 전쟁으로 규정하는 이유가 바로 그것입니다.

1099년 1차 십자군 전쟁으로 빼앗긴 예루살렘을 88년이 지난 후에 아랍 장군 살라딘(Saladin)이 재정복했을 때, 성안에 있던 기독교인들에게 자유롭게 떠나거나 머물 수 있게 해주는 관용을 베풀었습니다. 3차 십자군 전쟁에서는 영국의 사자심왕 리처드 왕(Richard the Lionheart)이 너무나 지치고 병들고 먹을 것이 없는 초라한 모습으로 예루살렘에 도착했는데, 측은함을 느낀 살라딘은 사절단을 보내서 백마 두 필과 깨끗한 의복을 보내줍니다. 적장에게 품위를 지키고 왕다운 모습으로 전

〈사자심왕 리처드〉(메리 조셉 블론델, 1841년)　〈살라딘 장군〉(크리스토파노 델
알티시모, 1552~1568년)

출처: Wikipedia(Public Domain)

쟁을 하자는 것인데 전쟁사에서 찾아보기 힘든 장면입니다. 결국 리처
드 왕과 살라딘은 전쟁 없이 평화에 합의하게 됩니다. 살라딘 장군은
나중에 왕이 됐지만 모든 재산을 가난한 사람에게 나누어주고 갑니다.
살라딘 장군의 이런 관용과 나눔, 베풂의 철학이 결국 이슬람 세계보
다 유럽 역사에서 존경과 명성을 얻었던 이유고, 일부 학자들은 이것
이 유럽 기사도 정신의 전형이 되었다고 봅니다. 극단적 분노와 적개
심으로 살육하는 것보다 화해와 공존을 통해 함께 사는 정신을 보여준
대표적인 인물이 살라딘 장군이 아닌가 합니다.

　그러나 십자군 전쟁은 서구가 이슬람 세계를 공격하기 위한 종교적
명분으로 삼거나 정치 지도자들이 정치적인 야망을 위해 이용했던 역
사적 비극이었습니다. 2003년 미국의 조지 W. 부시(George W. Bush) 대

통령이 대이라크 전쟁을 선언할 때나 2001년 9.11 테러 이후에 대테러 전쟁을 선포할 때 '십자군 전쟁'을 거론하면서 이슬람 세계를 갈아 엎고 제압해야 된다고 한 주장 자체가 세계 지성이나 지구촌으로부터 비난받았던 이유입니다. 한 문화권을 혐오의 대상으로 설정하고 자신의 정치적 목표를 실현하고자 했던 대표적인 잘못된 전쟁이었기 때문입니다.

오늘날 양식 있는 많은 학자들은 더 이상 십자군 전쟁의 본질을 서구와 이슬람 사회의 불행한 갈등이나 종교적 성전으로 보지 않습니다. 오히려 그리스 정교권을 통합하려는 교황권의 정치적 야심이나 지중해 상업 자본주의 세력들의 이권 추구가 빚어낸 불행한 침략, 약탈 전쟁으로 보고자 하는 경향이 확산되고 있습니다.

홀로코스트에서 배운다

두 번째, 혐오의 역사에서 대표적 사례가 홀로코스트입니다. 한 문명권이 다른 문명권으로부터 끔찍한 피해자였더라도 역사의 또 다른 측면에서는 가해자로 돌변하기도 하는 비극을 목격할 수 있고, 거기서 교훈을 얻을 수 있다는 시각에서 홀로코스트를 살펴볼까 합니다. 아시다시피 유대인은 인류 역사상 가장 불행한 민족입니다. 2000년간 나라 없는 유랑 생활(디아스포라)을 경험하면서 특히 유럽 세계 내에서 박해와 차별, 혐오와 배제의 일차적 대상이었습니다.

유럽에서 유대인들이 그토록 오랜 기간 차별과 혐오의 대상이 되었던 이유는 종교적으로 예수 그리스도 복음을 거절하고 로마를 압박해 예수를 골고다 언덕에서 처형했다는 원죄 때문입니다. 그 결과 유럽과

인류의 비극으로 남은 아우슈비츠 강제수용소

전 세계를 공포로 몰아넣었던 흑사병(페스트) 창궐 과정에서, 또 마녀사냥의 광풍 속에서 항상 일차적 희생양이 되었습니다.

16세기에 접어들면서 유대인들은 악마의 지위에서는 벗어나지만 여전히 '가장 나쁜 민족'으로 낙인찍힙니다. 당시 종교 개혁을 주도했던 가장 진보적인 선각자였고 개혁자였던 마틴 루터(Martin Luther)조차도 그의 여러 저술에서 '이제 지구상에서 악마를 제외하고 가장 흉측하고 광폭한 적은 유대인이다', '고삐 풀린 망나니이자 쓰레기'라는 반유대주의(anti-Semitism) 표현을 서슴지 않았습니다.

그래도 이전 1500여 년 동안은 유대인과 악마는 동일한 개념이었는데 마틴 루터에 와서는 악마 다음으로 나쁜 민족이 된 겁니다. 유대인을 향한 비극적 역사입니다. 서구인들의 이런 반유대주의 정서는 19세기 말까지 이어집니다.

유대인들에게 지울 수 없는 세 가지 사건

19세기 말이 되면 유대인들로서는 정말 지울 수 없는 3개의 대사건이 동시다발적으로 일어나는데 첫 번째가 바로 대공황이었습니다. 사람들은 대공황이 지하 경제를 장악하고 민족 경제를 좀먹는 유대인들의 농간이라면서 유대인들을 폭행하고 가게에 불을 지릅니다.

두 번째로는 1881년 러시아 차르(황제) 알렉산더 2세(Alexander II of Russia)가 상트페테르부르크에서 암살당하는 사건이 일어나는데 러시아

대공황 시기 무료 급식을 기다리는 인파, 미국 시카고

정보 당국은 제정 러시아를 전복하려는 유대인들의 음모로 보고 1882 년 5월법을 제정해 수많은 유대인들을 체포, 구금, 학살합니다. 이때 많은 유대인들이 폴란드, 헝가리, 체코, 독일, 오스트리아로 이주합니다. 이 시기 러시아에서의 조직적인 유대인 대박해를 포그롬(pogrom)이라 부릅니다.

세 번째는 1890년대 프랑스에서 일어난 드레퓌스 대위(Alfred Dreyfus) 사건입니다. 적국인 독일 대사관에서 프랑스 고급 정보장교만이 다룰 수 있는 군 비밀문서가 유출되는데 프랑스 정보 당국은 문서를 적국에 넘겨줄 수 있는 사람은 유대인의 피가 흐르는 드레퓌스 대위 이외에는 없다며 그를 진범으로 몰고 갑니다. 이때 에밀 졸라(Émile Zola)를 중심으로 한 프랑스의 지성과 시민단체들의 반발로 재조사가 시작되었고 결국 에스테라지 소령(Ferdinand Walsin Esterhazy)이 진범으로 확인되면서

1898년 1월 13일 에밀 졸라가 『로로르(여명)』지에 발표한 격문, '나는 고발한다!'

출처: Wikipedia(Public Domain)

드레퓌스 대위는 석방됩니다. 19세기 말 이런 일련의 동시다발적 사건
은 유대인에게 엄청난 실망과 좌절감, 존재의 위기를 가져다줍니다.

팔레스타인 분쟁의 씨앗

1897년 8월 스위스 바젤에서 세계 최초의 제1차 시온주
의자 대회가 열립니다. 여기서 '이대로는 우리가 다 몰살당하겠다. 우
리가 이런 고통과 박해를 당하는 근원적인 이유는 나라를 갖지 못했기
때문이니 수단과 방법을 가리지 않고 나라를 갖자'라는 정말 처절한
선언이 나오게 됩니다.

하지만 반유대주의가 팽배한 상황에서 유대인들이 국가를 갖는다는
것은 당시로서는 환상에 불과했습니다. 그런데 절호의 기회가 1차 세
계대전 때 찾아옵니다.

영국과 프랑스는 독일과 오스트리아, 오스만 터키라는 동맹국에 대
한 전쟁을 승리로 이끌기 위해 비상수단을 강구해야 했습니다. 영국은
1915년 이집트 주재 영국 고등판무관이었던 맥마흔(Henry McMahon)을
통해 당시 독일 편에 서 있던 아랍의 지도자 후세인 빈 알리(Hussein bin
Ali)와 비밀리에 접촉합니다. '전쟁에서 영국을 도와주면 전쟁이 끝난
후 팔레스타인을 포함해 아랍 국가의 독립을 보장하겠다'라고 한 겁니
다. 이게 후세인-맥마흔 선언입니다. 1916년에는 영국과 프랑스 사이
에 사이크스-피코 협정(Sykes-Picot Agreement)을 맺어 팔레스타인을 분
할하여 영국의 위임통치를 결정합니다.

후세인 빈 알리 헨리 맥마흔

좌, 우 출처: Wikipedia(Public Domain)

그리고 1917년에는 이와는 모순된 벨푸어 선언을 발표합니다. 영국 외무장관 벨푸어(Arthur Balfour)가 유대인들이 영국 편에 서서 영국을 도와준다면 전쟁이 끝난 후 팔레스타인 땅에 유대 국가를 창설해주겠다고 한 영국 정부의 비밀협약이었습니다. 영국 국왕의 이름으로 외무장관이 이 비밀문서를 전해주면서 이것을 믿은 독일과 오스트리아의 많은 유대인들이 영국 편에 가담하게 되어 영국이 승전국이 되는 데 견인차 역할을 하게 됩니다.

자, 팔레스타인이라는 지역을 두고 아랍에게는 아랍 국가의 독립을, 유대인에게는 유대 민족 국가의 창설을, 영국과 프랑스 간에는 땅을 자기들끼리 나눠 갖자는 삼중의 모순된 비밀 조약이 맺어졌습니다. 일관성 없는 영국의 정책으로 인해 싹튼 분쟁의 씨앗이 수많은 희생을 발생시켰습니다. 이것이 오늘날 중동 분쟁과 팔레스타인 비극의 근원적 핵심입니다. 그래서 우리가 역사 공부를 해야 됩니다.

1차 세계대전이 끝나고 전후 마무리 조약을 하지만 유대인들은 유럽에 살고 있었고 누구보다 유리하게 유럽과 협상할 수 있는 입지에 있었습니다. 1943년 UN이 결성되면서 1947년 11월 열린 UN 총회에서 영국과 프랑스가 합의한 대로 팔레스타인의 위임통치가 결정됩니다. 그리고 그해 11월 29일 미국의 주도로 유엔에서 팔레스타인 분할안이 통과되면서 아랍의 분노 시대가 시작되는 것입니다.

피해자에서 가해자가 된 유대인들

홀로코스트는 유럽인들에 의한 유대인 대학살이고 비극입니다. 그런데 유럽에서 벌어졌던 유럽인들의 그 엄청난 죄악을 평화롭게 잘 살고 있는 팔레스타인 땅에 옮겨오듯이 거기에 살고 있던 주민들을 몰아내고 이스라엘을 1948년 건국하면서 모든 비극이 잉태되기 시작했습니다.

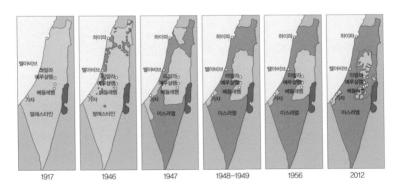

팔레스타인 지역 변천사(노란색은 팔레스타인, 녹색은 이스라엘 영토)

당시 팔레스타인 땅에는 약 92%의 아랍인들과 8%의 유대인들이 2000년 동안 갈릴리 호수와 요르단강이라고 하는 지극히 제한된 생태계지만 큰 마찰 없이 평화롭게 공존해 왔습니다. 그런 아랍과 유대가 한 치 앞을 내다볼 수 없는 철천지원수가 되어 서로가 죽이지 못해서 안달하는 적대적 관계로 변모한 것은 1948년 이후이니 70여 년밖에 되지 않은 겁니다. 이 과정에서 팔레스타인 아랍인들을 중심으로 조국을 되찾겠다며 극단적인 무장 테러 조직이 생겨날 수밖에 없었겠죠.

무고한 민간인을 상대로 하는 테러 조직은 인류의 보편 가치에서 절대로 용납하거나 동조할 수 없지만 왜 이 테러가 일어날 수밖에 없었는가 하는 역사적 과정을 정확하게 이해함으로써 이를 효율적으로 막아낼 수 있는 적확한 대안이 만들어질 수 있습니다. 피해자로 출발했던 유대인들이 이스라엘을 건국하면서 가해자로 돌변한 슬픈 역사적 비극에서 우리는 커다란 교훈을 얻을 필요가 있습니다.

지금 이스라엘은 1인당 국민소득이 3만 달러가 넘는 세계적인 책임 있는 국가로 발전했습니다. 그러나 한편으로는 높이 8m가 넘는 712km의 분리 장벽을 통해서 팔레스타인 사람들의 이동과 거주 이전을 부정하는 또 다른 아파르트헤이트를 시행하고 있습니다. 2004년 7월 9일 국제사법재판소는 이 분리 장벽이 국제법 위반이며, 건설을 중단하고 분리 장벽 건설로 인한 팔레스타인인들의 피해 보상을 해야 한다고 최종 판결했지만 아직까지 헐리지 않고 않습니다.

UN은 1967년 3차 중동 전쟁에 의해 이스라엘이 강제로 점령하고 있는 땅을 팔레스타인에게 돌려주라고 만장일치 결의안(결의안 242조, 338조 등)으로 표결했지만 아직도 지켜지지 않고 있으며 반환될 정착지

팔레스타인–이스라엘 사이의 분리 장벽

에 유대인들이 들어서면서 또 다른 문제가 불거지고 있습니다.

결국 1993년 오슬로에서 팔레스타인 대표 야세르 아라파트(Yasser Arafat)와 이스라엘 이츠하크 라빈(Yitzhak Rabin) 총리가 극적으로 점령지에 난민이 됐던 팔레스타인인들을 위한 국가를 창설하고 그 대신 팔레스타인은 이스라엘을 국가로 인정하는 외교 관계를 수립하고 불가침 조약을 선언합니다. 두 민족이 하나의 생태 공간에서 함께 평화롭게 잘 살자는 것이었습니다. 이 조약으로 라빈 총리와 종전까지 테러리스트의 대부로 불리던 야세르 아라파트는 노벨 평화상을 받았습니다.

하지만 정권을 잡은 정치인들은 집권 야욕을 위해 오슬로 평화협정을 휴지 조각처럼 내던져버렸고 오늘날 팔레스타인 문제는 전혀 해결되지 않고 있는 겁니다. 국가 건설의 꿈을 잃어버리고 이스라엘의 정착지 확대로 땅과 집을 빼앗긴 일부 팔레스타인 주민들이 극단적 분노

1993년 악수를 나누는 라빈 총리와 아라파트

세력이 되면서 이스라엘을 향한 무장 투쟁이 더욱 기승을 부리고 있습니다. 우리는 팔레스타인 분쟁을 통해 2000년 동안 평화롭게 공존했던 두 민족이 서로 총부리를 겨누는 적대국이 되는 역사적 과정의 교훈을 얻을 수 있습니다.

인류가 기억해야 할 3대 제노사이드

홀로코스트뿐 아니라 20세기에 와서도 인류가 기억해야 될 혐오가 가져다줬던 3대 제노사이드 비극이 있습니다. 첫 번째가 1차 세계대전을 전후로 일어났던 터키의 아르메니아 대학살입니다. 120만에서 150만에 이르는 인명이 희생되었습니다. 두 번째로 2차 세

참혹한 아르메니아 대학살 현장

계대전 때 600만 유대인 대학살, 홀로코스트가 일어났습니다. 이 시기에 함께 희생된 동유럽의 슬라브인, 집시, 장애인들을 포함하면 그 숫자는 무려 1100만 명을 헤아립니다(최호근 교수 강연). 세 번째는 1954-1962년, 8년 동안 알제리가 프랑스로부터 독립 전쟁을 하면서 100만 명의 생명을 앗아간 대사건입니다. 물론 아프리카, 발칸반도, 중앙아시아, 라틴 아메리카 등지에서 벌어졌던 크고 작은 제노사이드는 이루 셀 수 없을 정도였지요.

유럽과 이슬람의 갈등과 혐오, 그 역사적 뿌리

　　자, 그렇다면 이제 이슬람 이야기를 해볼까요. 왜 한국 사회에서는 유독 이런 이슬람포비아, 이슬람 혐오증, 이슬람 공포가 강할까요. 이 대목에서 역사적 공부를 좀 할 필요가 있습니다. 세계 최대 여론조사 기관인 퓨 리서치 센터의 2020년 잠정 통계에 의하면 전 세계 이슬람 인구는 약 19억 정도로 추산되고 이슬람 국가로 UN에 가입해 있는 나라는 57개국입니다. 현재 UN 회원국 수가 193개국이니까 지구촌 4분의 1에 해당되는 세계 최대 단일 문화권입니다.

　우리나라 대외 무역 의존도가 95%가 넘는데 지구촌 4분의 1에 해당되는 고객과 시장을 적대적 이해 당사자로 만들어놓고 글로벌 전략을 얘기한다는 것은 어쩌면 허구는 아닐까요?

　이제는 냉정한 지성적 거리를 두고 이슬람 문화를 편견과 시나리오의 틀이 아닌 있는 그대로 들여다보는 자세의 전환이 필요합니다. 그러기 위해서는 막연한 감성적인 접근이 아니라 그 사건이 일어났던 역사적 실체를 정확하고 분명하게, 그리고 세세하게 공부하고 알아볼 필요가 있다는 거죠. 서구와 이슬람 세계가 왜 그렇게 서로 미워하고 적대적 이해 당사자로 남아 있을까요? 이 배경은 1200년이라고 하는 '지배-피지배'의 지울 수 없는 트라우마와 역사적 기억에 있습니다. 이걸 우리가 잘 이해할 필요가 있습니다.

　잠시 역사 공부를 좀 해보겠습니다. 사우디아라비아 메카에서 출발한 이슬람이 650년경 북아프리카에 상륙합니다. 이집트, 리비아, 튀니지, 모로코, 알제리 등을 50여 년 만에 파죽지세로 이슬람화시키고 더 이상 갈 데가 없습니다. 서쪽에 대서양, 동쪽에 지중해, 남쪽에 사하라로 막혀 있었죠. 그래서 모로코와 스페인 사이에 있는 지브롤터 해협을 건너 711년 이베리아반도로 진출합니다. 우리나라의 통일 신라 초기와 같은 시점입니다.

지브롤터(Gibraltar)는 이 해협을 건넜던 아랍 장군의 이름입니다. 20년 만에 프랑스 파리까지 진격합니다. 732년에는 프랑스 파리가 함락 위기에 놓입니다. 파리가 함락되면 유럽 전체가 이슬람화됩니다. 이슬람 창시 이후 세계사 최대의 미스터리 중의 하나는, 한번 이슬람화된 지역은 1400년이 지난 지금까지 고스란히 이슬람으로 남아 있다는 겁니다. 유럽이라고 예외일 수가 없겠죠. 절체절명의 위기 상황에서 당

이슬람 군대를 막아낸 샤를 마르텔의 〈투르 전투〉(샤를 스투벤, 1837년)

시 프랑크 왕국의 군주였던 샤를 마르텔(Charles Martell)이 유럽 연합군을 결성해 북상하는 이슬람 군대를 막아 결사 항전합니다. 파리 교외인 투르와 푸아티에에서 이슬람 군대를 막아내는 데 성공합니다. 유럽의 이슬람화를 막았던, 유럽 입장에서 환희와 승리의 전쟁이었습니다.

그러나 그 후 800년 가까이 이베리아반도 대부분은 이슬람의 지배를 받습니다. 711년부터 1492년, 이사벨라 여왕(Isabella I)이 스페인을 되찾을 때까지 정확하게 781년간입니다. 그해 1월 알함브라 궁전이 스페인에 넘어가고 8월에 콜럼버스가 신대륙을 발견하게 됩니다. 프랑스 남부와 이탈리아 남부도 200-230여 년간 아랍의 지배를 받습니다. 동부 전선에서는 1453년 콘스탄티노플이 이교도인 오스만 터키에 함락당하고 비잔틴 제국이 멸망합니다. 그리스, 마케도니아, 알바니아, 불가리아, 세르비아, 보스니아 영토가 이슬람화되어 400년 이상 지배를 받습니다.

그리고 오스만 대제국은 헝가리를 뚫고 1683년 비엔나(빈)까지 진출합니다. 당시 유럽 최강국이던 오스트리아 합스부르크가의 심장부인 비엔나가 세 차례 공격당합니다. 이게 두 번째 위기였습니다. 비엔나가 뚫리면 스칸디나비아 북쪽까지 이슬람화가 될 것이고, 막을 방법이 없습니다. 비엔나는 결사 항전하면서 끝까지 성을 포기하지 않고 버팁니다. 10월 겨울이 다가오면서 극적으로 폴란드에서 8만의 원병이 달려오고 또 날씨가 추워지자 오스만 터키 군대가 철수하면서 비엔나가 살아납니다. 정말 끔찍한 전쟁이었습니다. 1683년은 이슬람에게는 정복과 환희의 절정이었겠지만 유럽에는 공포와 절망, 저주의 극점이었겠죠.

지브롤터 해협이 뚫리는 711년부터 비엔나가 공격당하는 1683년까지 거의 1000년 동안 유럽은 이슬람 세계를 이기지 못했습니다. 다만 레판토 해전 같은 지중해에서의 부분적 승리는 있었죠.

한번 상상해보십시오. 그 서슬 퍼런 '중세 기독교 유럽 세계가 이교도 이슬람으로부터 1000년 가까이 지배당하고 전쟁과 위협의 공포에 떨었다.' 이것이 유럽이 이슬람 세계에 대해 갖고 있는 이슬람포비아, 공포증, 혐오증의 역사적 뿌리입니다. 이것은 교육을 통해서 치유될 수 있는 것이 아닙니다. 핏속에 녹아 있는 DNA입니다.

그런데 제국이 망해도 100년은 간다고 하듯이 1683년부터 100년 동안은 서구와 이슬람 세계가 치열한 냉전 경쟁 시기를 거칩니다. 스페인과 포르투갈이 라틴 아메리카를 경영하고 영국이 인도와 말레이시아를 식민 통치하고 프랑스가 아프리카, 북아프리카를 식민화하면서 무한의 자원과 인적 자원을 가져다가 전세를 역전시킵니다.

그래서 중동사에서는 서구가 이슬람 세계를 거꾸로 지배하게 되는 첫 번째 신호탄을 1798년 나폴레옹의 이집트 정복으로 봅니다. 그 기점 후 200년 가까이 모든 이슬람 세계가 단 한 지역의 예외 없이 서구의 지배를 다 받습니다. 동남아시아까지요. 그리고 이집트와 중동 전체를 영국과 프랑스가 분할 지배합니다. 1, 2차 세계대전을 거치며 탈식민 시대가 시작되고 우리나라를 포함한 민족 국가가 탄생합니다. 하나의 공동체였던 거대한 아랍 국가가 22개 개별 국가로 쪼개져 독립합니다.

오스만 터키가 1차 세계대전에 패전하면서 터키 본토까지 다 뺏겼다가 케말 파샤(Mustafa Kemal Atatürk)라는 독립 전쟁의 영웅이 나타나서 본토를 겨우 회복합니다. 1923년 터키 공화국으로 탄생해 오늘의 터키가 되고 이웃 이란이 1926년 영국으로부터 독립합니다. 2차 세계대전 후 홀로코스트로부터 살아남은 유대인 약 64만 명을 데려다가 당시 미국 대통령 트루먼(Harry S. Truman)이 주도하여 1948년 팔레스타인 땅에 이스라엘을 건국해줌으로써 25개, 오늘의 중동 국가가 모습을 갖추게 된 겁니다.

터키의 군인이자 정치가였던 케말 파샤
출처: Wikipedia(Public Domain)

이 역사를 장황하게 설명하는 이유는 하나의 큰 질문을 품기 위해서입니다.

한일 관계를 생각해보십시오. 35년의 지배, 피지배의 트라우마 속에서 아직도 양국 관계가 매끄럽지 못합니다. 하나의 역사적 사안을 두고 한 하늘 아래 살아가면서 이렇게 다른 생각을 하고 있지 않습니까? 그렇듯 오랜 세월 '지배-피지배' 관계였던 서구와 이슬람 세계의 관점은 서로 다를 수 있겠죠. 서구가 인류의 보편 가치를 존중하며 이슬람 세계를 멋있게 지배하지는 않았을 겁니다. 약탈, 고문, 인종 청소, 민족 언어 말살이라는 것은 거의 표현을 불가능하게 합니다. 그런데 우리는 한 번도 그러한 역사를 배워본 적이 없어요. 빼앗긴 지구촌 4분의 1의 역사조차도 철저히 지배자, 강대국, 가진 자의 논리와 교과서를 통해서만 배우지는 않았을까요?

　인류학자가 이해하는 역사는 이런 겁니다. 역사라는 것은 한 문화권 공동체 구성원 전체가 절절히 살아나간 삶의 궤적의 총체입니다. 동시에 한 문화권 전체가 품고 공유하는 생생한 기억의 총량입니다. 따라서 모든 문화권 구성원들은 나름대로 다른 역사적 기억과 역사적 삶을 가지고 있는 겁니다. 그래서 그 역사를 경험하고 이룩했던 사람들의 주체적 모습을 통해서 우리가 바라볼 것인가, 아니면 지배하고, 억압하고, 식민했던 사람들의 논리로 볼 건가, 이것은 어마어마한 관점의 차이를 불러올 것입니다.

　그래서 결국 서구는 이슬람 세계를 바라볼 때 적대적 이해 당사자, 갈등, 혐오의 감정으로 바라볼 수밖에 없는 겁니다. 이게 서구가 가져왔던 이슬람포비아의 근원적 문제입니다. 우리는 역사적으로 단 한 번도 이슬람 세계와 불편한 관계를 가져본 적이 없습니다. 역사 공부를 제대로 해야 하는 이유이기도 합니다. 우리 사회의 불필요한 이슬람포비아를 극복하기 위해 고정관념과 편견과 혐오의 장벽을 뛰어넘고 세상을 맑은 눈으로, 있는 그대로 바라봐야 합니다.

2018년 8월 제주도 예멘 난민 사태가 하나의 좋은 본보기와 계기가 됐습니다. 저도 그 문제에 깊숙이 개입하면서 난민 심사관들을 교육하고 난민 대표자들을 인터뷰하면서 두 달간 집중적인 시간을 보냈습니다만, 예멘은 UN에서 정한 최악의 고통스러운 난민 지역입니다.

남북 예멘이 나뉘어서 서로 내전을 벌이고 있고 사우디와 이란 군대까지 개입한 상황입니다. 제가 만난 예멘인들은 날아오는 미사일에 맞아 죽든지, 굶어 죽든지, 콜레라 같은 질병에 걸려서 죽든지 세 가지 죽음의 선택밖에 없다고 했습니다.

그래서 20대 중심의 젊은 남성들이 유럽으로, 아프리카로, 중동으로 떠났고 그 일부가 말레이시아를 통해서 제주도에 도착했던 겁니다. 500명 정도가 합법적으로 입국한 거죠. 제주도는 외국인에 대해서 무비자 제도가 있기 때문에 무비자를 활용했든 악용했든 어떻든 합법적으로 입국한 겁니다.

합법적으로 입국한 이상 돌려보낼 수 없는 것이 국제 난민법의 기본 상식입니다. 그럼에도 불구하고 예멘 난민들이 잠재적 테러리스트이며 잠재적 성범죄자이기 때문에 받아들일 수 없다는, 정말 세계인들의 웃음거리가 된 그런 상황을 맞이했습니다. 다행스럽게도 국민의 절대 다수가 인도적 체류 허가에 긍정적 입장을 보였습니다.

500여 명의 난민들이 95%가 취업을 했고 제가 알기로는 2020년 초부터 가족들에게 송금도 하기 시작했습니다. 평생 그 사람들은 한국을 은혜의 나라로 생각할 것입니다.

바이러스를 품어버린 튤립의 교훈

역사를 되돌아보면 혐오가 가져다주는 사회적 폐해가 너무나 큽니다. 저는 인류학자로서 전 세계를 돌아다니면서 갈등과 혐오보다는 공존의 장소를 좋아하고 그곳에서 큰 감동을 얻습니다. 이슬람의 아랍이 기독교의 유럽과 230년간 공존했던 시칠리아의 유네스코 세계문화유산 팔레르모 대성당이 대표적입니다.

아래층은 이슬람 양식이고 돔과 북쪽은 기독교적인 양식입니다. 대성당 안 기둥에는 놀랍게도 코란 구절이 있습니다. 안내하는 수녀님께 '성당 기둥에 어떻게 이교도의 코란 구절이 버젓이 새겨져 있느냐'라고 물었더니 수녀님은 빙긋이 웃으면서 이렇게 답했습니다.

"원래 이 자리는 이슬람 사원이 있던 자리입니다. 처음에는 저도 이게 매우 의아했는데, 내용이 뭐냐고 물어보니까 하느님의 훌륭한 말씀이 절절히 새겨져 있는 구절이라는 것을 알았습니다. 종교는 다르더라도 인류가 가야 될 삶의 지혜를 새겨놓은 이 좋은 구절을 왜 지우고 없앱니까? 그래서 그대로 두기로 했답니다." 정말 멋지고 감동스럽지 않습니까? 자기와 다른 생각, 가치를 받아들여서 함께하는 정신이야말로 진정한 아름다움이라고 생각합니다.

내전 중이어서 지금은 갈 수 없지만 저는 시리아 수도 다마스쿠스에서도 아주 감동스러운 장면을 보았습니다. 왼쪽에는 이슬람 사원이 있고 오른쪽에는 기독교 교회가 있었습니다. 이슬람 사원과 기독교 교회가 500년 이상 공존한 공간입니다. 크리스천들은 교회로 가고 무슬림들은 모스크로 가면서 500년 동안 이교도 주민들이 서로 다투거나 전

팔레르모 대성당

쟁하지 않았다는 겁니다. 종교나 종파 간의 문제보다도 정치적 목적으로 국제적인 내전이 되면서 무고한 주민들이 자신의 종교를 막론하고 고통당하게 된 것이 시리아 내전의 현실인 것 같습니다.

　강연을 마무리하면서 세상에서 가장 아름다운 튤립 한 송이를 선물해 드릴까 합니다. 셈페르 아우구스투스(Semper Augustus) 튤립종이라고 하는 겁니다. 17세기 네덜란드에서 한때 한 송이에 집 한 채 값을 호가했던 인류 역사상 가장 비싼 튤립입니다.

　이 튤립은 다름 아닌 땅속에서 바이러스를 받아들여 만들어진 변종입니다. 대부분의 튤립은 바이러스와 싸우다 이를 이겨내지 못하면 죽고 말지만, 이 튤립은 브레이킹 과정을 거치면서 바이러스와의 공존을 택해 인간이 상상하지 못했던 7개의 줄무늬가 있는 새로운 튤립을 피워낸 거지요.

셈페르 아우구스투스 세밀화(작자 미상, 17세기 네덜란드)

바이러스는 이처럼 퇴치나 박멸의 대상, 혐오나 배제의 대상이 아닌 공존의 대상이 될 수도 있다는 생각을 이 튤립으로부터 얻게 됩니다. 혐오보다는 사랑과 포용으로 이웃과 함께한다면 훨씬 보람 있고 또 살 만한 가치가 있는 세상이 될 것이라고 확신합니다. 그 세상을 여러분이 만들어주실 거라고 믿습니다.

강연 요약

이슬람포비아 문제를 알아보기에 앞서 먼저 우리가 알아야 하는 것은 문화는 우월하거나 열등하다고 나눌 수 있는 개념이 아니라는 것입니다. 선과 악도 존재하지 않는 다름의 문제로 봐야 합니다. 틀림이 아닌 다름으로 모든 문화는 자기만이 가지고 있는 고유한 향기와 색깔이 있습니다. 문화상대주의적인 관점으로 접근해야 합니다. 또한 문화총체주의의 관점으로 단순히 경제적 척도로만 바라보지 말고 종교, 영성, 인문적 가치 같은 총체적인 기준으로 다른 문화, 다른 삶을 깊이 들여다보는 자세가 필요합니다. 오늘날 다문화 시대를 살아가면서 포용적이고 융합적인 문화가 창의와 발전을 가져왔다는 것을 기억할 필요가 있습니다. 글로벌 리더가 되기 위해서는 고정관념을 깨고 열린 마음으로 세상을 바라보며, 혐오와 배제가 아닌 공존을 위한 생각을 채우는 자세가 중요합니다.

그러나 역사적으로 공존보다는 혐오가 더욱 기승을 부리며 인류의 삶과 공동체에 큰 해악을 끼쳤던 불행한 사례들이 많이 있습니다. 첫째로 십자군 전쟁입니다. 십자군 전쟁은 기독교와 이슬람의 갈등과 충돌로 각인되어 있지만 실상은 중세 인류 사회에 가장 큰 약탈과 피해를 주었던 전쟁이었습니다. 2001년 9.11 테러 이후 미국이 대테러 전쟁을 선포하고, 2003년 미국의 조지 W. 부시 대통령이 대이라크 침략 전쟁을 시작할 때도 '십자군 전쟁'을 거론했습니다. 테러 궤멸을 군사적 명분으로 내세우며 오히려 테러의 최대 피해자이자 테러를 강력히 반대하는 전체 이슬람 세계를 비난하는 논리는 세계의 많은 지성인이나 지구촌으로부터 비난받았습니다. 반인륜적 테러 조직들과 건강한 이슬람 주류 공동체를 묶어서 혐오의 대상으로 일반화하는 잘못된 정치적 행보를 보였지요.

둘째 홀로코스트 역시 유대인들을 향한 끔찍한 혐오로 만들어진 비극입니다. 예수 그리스도의 복음을 거부했다는 머나먼 역사적 앙갚음 때문에, 유럽인들은 오랫동안 유대인들을 악마와 같은 존재로 취급해 왔고, 근대 시기까지도 유대인들은 주된 차별과 혐오의 대상이었습니다. 19세기 말에 대공황, 1881년 러시아 차르 알렉산더 2세 암살 사건의 원인을 유대인에게 돌리고, 1890년대 프랑스에서 일어난 드레퓌스 대위 사건을 통해 비합리적이고 비논리적인 유대인에 대한 혐오가 확산됩니다. 이러한 반유대주의의 확산 속에서 유대인들은 생존을 위해 다양한 시도와 노력을 하게 되었습니다. 그 과정에서 1차 세계대전 중 연합국에 협조한 대가로 얻은 기회와 나라를 갖고자 하는 열망으로 1948년 드디어 2000년의 디아스포라를 끝내고 이스라엘이 탄생했지만, 또 다른 민족의 희생을 불러오면서 중동 분쟁과 오늘날 팔레스타인의 비극을 만들었습니다. 그 결과 역사적 피해자였던 유대인들이 이번에는 팔레스타인인들을 몰아내고 이웃 아랍 국가의 영토를 강제 점령하면서 가해자로 돌변하는 슬픈 역사의 아이러니를 목격하게 되었습니다.

홀로코스트뿐 아니라 우리가 기억해야 하는 20세기 제노사이드 비극이 있습니다. 첫 번째가 1차 세계대전을 전후로 일어났던 터키의 아르메니아 대학살입니다. 120~150만이 학살당합니다. 그리고 2차 세계대전 때 600만 유대인 대학살인 홀로코스트가 일어나고, 세 번째로 1954~1962년, 8년 동안 알제리가 프랑스로부터 독립 전쟁을 하면서 100만 정도의 인명이 희생당하는 대사건이 일어납니다. 이런 사건들을 기억하며 우리를 돌아볼 필요가 있습니다.

이제 이슬람 문화권을 바라보는 우리의 관점을 생각해 봐야할 때입니다. 먼저 객관적으로 이슬람 문화를 살펴보겠습니다. 퓨 리서치 센터의 2020년 잠정 통계에 의하면 전 세계 이슬람 인구는 약 19억 정도로 추산되고 이슬람 국가로 UN에 가입해 있는 나라는 57개국입니다. 현재 UN 회원국 수가 193개국이니까 지구촌 4분의 1에 해당되는 세계 최대 단일 문화권입니다. 무역이 절대적으로 중요한 우리나라에게는 극도로 중요한 위치에 있는 문화권입니다. 그런데 우리는 이슬람 문화를 적대적 이해 당사자가 만들어 놓은 편견과 시나리오의 틀에서 바라보고 있는 것 같습니다. 기독교의 유럽과 이슬람의 아랍이 오랜 세월동안 분쟁하며 갈등을 겪었던 수많은 사건들의 경험을 통해 형성된 관점들 중 우리는 서구의 관점으로만 배워온 역사 교육으로 인해 이슬람에 대한 혐오가 발생되고 있는 것입니다. 즉, 서구의 세계관으로 바라본 이슬람은 혐오와 공포의 대상일 수밖에 없는 것입니다. 우리는 이슬람의 세계관으로 역사를 바라볼 기회를 많이 얻지 못했고, 또한 우리는 역사적으로 이슬람과 적대적인 관계를 가져본 적이 없습니다. 우리는 혐오와 고정관념의 벽을 넘어 맑은 눈으로 세계를 바라보아야 할 것입니다.

셈페르 아우구스투스 튤립종이 있습니다. 17세기 네덜란드에서 한 송이에 집 한 채 값을 호가했던 인류 역사상 가장 비싼 튤립입니다. 이 튤립은 땅속에서 바이러스를 받아들여 만들어진 변종입니다. 대부분의 튤립은 바이러스를 이겨내지 못하면 죽고 말지만 이 튤립은 바이러스와의 공존을 택해 인간이 상상하지 못했던 7개의 줄무늬가 있는 새로운 튤립을 피워냅니다. 혐오보다는 사랑과 포용으로 이웃과 함께 살아가는 것이 필요합니다.

07

강연 영상 보러가기

차별과 학살에서 치유와 회복으로

아프리카의 인종주의와 민족 갈등 사례

한건수 　　　　　　　　 강원대학교 문화인류학과 교수

- 서울대학교 인류학과 학사
- 미국 버클리대학교(University of California, Berkeley) 석사 및 박사
- 전) 다문화가족정책위원회 위원
- 현) 총리실 외국인정책위원회 위원
- 현) 문체부 문화다양성위원회 위원장

저서: 『종족과 민족: 그 단일과 보편의 신화를 넘어서』(공저),
　　　『한국다문화주의의 성찰과 전망』(공저)

오늘 이야기할 주제는 집단 정체성과 혐오의 문제입니다. 특히 집단 정체성 중에서도 인종과 민족과 관련해서 아프리카에서 벌어졌던 비극적인 사건들을 통해 살펴보고자 합니다.

먼저 '우리'라는 용어의 문제입니다. 일상생활에서 '우리'라는 말을 흔히 사용합니다. '우리 학급', '우리 학교', '우리 한국 사람', '우리 강원도 사람'. '우리'라는 말은 다양한 맥락에서 사용되고 거기에 소속감과 정체성을 느낍니다. '우리'라는 개념은 그들, 즉 상대방이 존재하기 때문에 성립합니다. 우리가 누구인지를 설명할 때 우리가 가진 특징보다는 다른 사람과의 차이로 설명하는 경우가 많습니다.

역사적으로 볼 때 서구는 사실 '서구(서양)'가 무엇인지 규정하지 못했습니다. 오랜 시간을 거쳐 '비서구'와의 비교를 통해 '서구'가 무엇인지 규정했다고 할 수 있습니다. 서구의 가치, 기독교, 민주주의 또는 경제적 발전 등의 개념을 비서구 사회와 비교하면서 말이죠.

우리 정체성들도 어떤 공통점을 갖고 범주를 만듭니다. 예를 들어

'우리 학교'라는 말은 같은 학교를 다니고 있는 학생들이 모여서 만든 범주이자 하나의 집단을 형성하기도 합니다. 큰 규모의 사람을 가리키는 표현 중 가장 대표적이고 커다란 범주인 인종과 민족을 한번 살펴보겠습니다.

인종주의의 등장

인종은 흔히 과학적인 개념으로 생각합니다. 그러나 이는 200-300년 전에 시작된 개념입니다. 즉, 300년 전 과학에서 만들어진 분류 체계이므로 오늘날의 관점에서 봤을 때는 허술함이 있습니다. 인종 개념의 도입과 발전은 18세기에 시작된 동물에 대한 분류 체

〈칼 폰 린네〉(알렉산더 로슬린, 1775년)   〈조르주루이 르클레르 드 뷔퐁〉(프랑수아 위베르 두루에, 1753년)

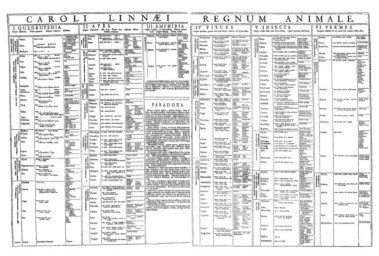

린네의 유명한 저서 『자연의 체계』(1735)에 수록된 도표
출처: Wikipedia(Public Domain)

계에서 비롯되었습니다. 스웨덴의 린네(Carl von Linné)는 1735년 이후 동물의 분류 체계를 정교하게 발전시키면서 인류를 몇 개의 대륙을 기준으로 분류하기 시작했습니다. 린네는 사람을 분류할 때 지리적 분포뿐만 아니라 의복이나 법률 제도와 같은 문화적 특질도 분류 기준에 집어넣었습니다. 반면 뷔퐁(Georges-Louis Leclerc, Comte de Buffon)이라는 박물학자는 린네가 단순한 분류 체계에 머물러 있음을 비판하고, 분류적 차이를 가져온 계통을 거슬러 올라가야 함을 강조했습니다. 그는 혈통이나 핏줄의 개념으로 인종이란 단어를 사용하기 시작했습니다. 인종이 무엇인지 과학적으로 설명하거나 그 기준을 제시하지도 않은 상태였습니다. 그러나 어느 순간 린네의 분류 체계와 뷔퐁의 인종이라는 용어가 합쳐지면서 인종은 과학적 개념인 것처럼 수용되기 시작했습니다. 그 과정에서 당시 과학 기술 지식으로 사람을 외형으로 분류

하는 특징을 찾게 된 것이죠. 피부색이나 머리카락 모양, 광대뼈의 크기나 코의 모양 등을 기준으로 해서 분류했습니다.

지금의 과학에서는 이런 식의 분류가 과연 정당하고 중요한지 질문이 제기됩니다. 예를 들어 현대 과학에서는 인간 유전자를 연구하면서 전체 인류가 99.8%의 유전자를 공유하고 있다는 사실을 밝혔습니다. 나머지 0.2%의 차이 중 인종을 분류한 특징을 만들어낸 유전자는 그중 0.9%입니다. 즉, 전체 인간 유전자의 0.18%가 오늘날 인종의 차이를 만들어낸 것이죠. 다르게 생각하면 0.2%의 차이에서 굳이 그 0.18%가 왜 중요한지를 설명하지 못한다는 것입니다. 예를 들어 우유를 분해하는 락타아제 같은 효소를 분비하는 유전 특질을 공유하는 사람들과 그렇지 않은 사람들을 구분하면 북유럽 사람들과 서아프리카의 사람들이 하나의 범주로 묶일 수 있고, 반면 남유럽 사람들과 대부분의 동아시아 사람들이 또 다른 범주로 묶일 수 있습니다. 다시 말해 기준을 어떻게 적용하느냐에 따라서 사람을 분류하는 체계는 달라질 수 있다는 것이죠.

어찌 보면 피부색 차이보다 유전적 기능으로 분류하는 것이 더 효율적이고 유용한 것일지도 모릅니다. 그러나 300년 전에는 그런 지식이 없었기에 신체적 특징으로 인간을 분류한 것이죠. 문제는 이런 사람의 분류 체계가 어느 순간 당시의 문명 기술의 발전과 등치되기 시작한 것입니다. 예를 들어 흑인이 거주하는 대부분 지역의 과학 기술 문명이 낙후되었고 황인종이라고 불리는 아시아 지역 국가와 제국들이 300년 전에 쇠퇴의 길을 걸으면서 백인이 가장 우월한 인종집단으로 인식되기 시작한 겁니다. 결국 역사 발전 속에서 노예 무역이나 식민 지배 과정에서 당대의 과학 기술 문명이나 국가의 발전 수준에 맞춰 사람들의 위계질서가 성립된 것이죠.

거꾸로 만약 다른 시점으로 돌아가 당나라가 전 세계를 호령할 때 또는 아랍 문명이 전 세계에서 가장 뛰어난 과학 기술을 자랑했을 때의 기준에서 본다면 백인들은 가장 낙후된 문명을 가지고 있었던 것이고, 그 기준을 사람 분류에 연결시키면 백인들이 가장 열등한 인종으로 인식되었을 겁니다. 이런 맥락을 고려하지 않고 인종 분류와 특징을 사람의 지적 능력, 정신적 능력과 연결시킨다면 사회적 인종 또는 사회 문화적 인종이라는 개념이 될 것입니다.

인류 역사에서 이런 개념에 기초한 인종주의는 커다란 비극을 만들어냅니다. 인종주의는 사람의 신체적 특징과 역량을 연결시킵니다. 예컨대 '아프리카인들, 흑인들은 스포츠를 잘한다' 같은 일종의 칭찬일지라도 사실 신체 특징, 피부색에 근거한 인종 분류를 사람들의 능력으로 결부시켰다는 것이죠. 이것이 역사 속에서는 노예제를 합리화하고 백인들이 다른 지역을 식민 통치하는 것을 합리화했습니다.

대표적으로 '백인의 의무(The White Man's Burden)'라는 키플링(Rudyard Kipling)의 시를 떠올릴 수 있습니다. 19세기 제국주의 시절 백인들이 전 세계를 식민 통치하면서 그 통치가 백인이 아닌 사람들을 이끌어 문명 수준으로 도

러디어드 키플링
출처: Wikipedia(Public Domain)

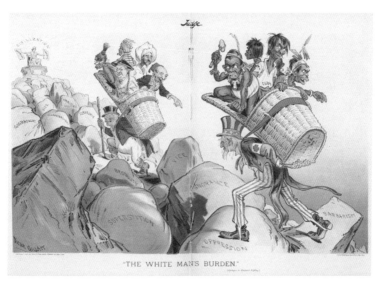

키플링의 '백인의 의무' 발언을 풍자한 만화(『저지(Judge)』 매거진, 1899년 4월호, 빅터 길럼)
출처: Wikipedia(Public Domain)

달하도록 도와주는 성스러운 의무라고 생각했다는 겁니다. 백인의 지배는 정당한 것이고 백인은 오히려 다른 인종들을 이끌어나가는 숭고한 의무를 다하는 선한 존재들이라는 것이죠. 이런 정당화와 합리화에 기초해 인종주의가 자리 잡고 있는 것입니다.

인종주의는 지난 200-300년간 전 세계를 지배했습니다. 많은 역사적 경험 속에서 인종주의의 폐해와 잘못을 지적하고 성찰되고 많은 사람들이 합의를 했죠. 인종주의는 현대 사회에 해악을 끼치는 가치 체계라는 것입니다. 그런데 오늘날 스포츠계를 비롯한 한국 사회 안에 이런 인종주의적 편견이 있는 것을 볼 수 있는데요. 예를 들어 2013년에 아주 작은 사건이 있었습니다. 한국의 프로 야구 리그에서 활동하는 유명한 한국인 타자에게 가장 상대하기 힘든 선수가 누구냐고 물었을 때 미국 출신의 한 흑인 투수를 거론합니다. 그러면서 그 이유로 얼굴 피부가 어두운데 유난히 이가 하얘서 공을 던질 때 공과 이를 구분하기 어렵다는 말을 자연스럽게 했습니다. 사실 이런 발언은 가장 전형적인 인종주의적 표현입니다. 그런 발언을 한 선수가 악의가 있어서가 아니라 그런 말이 인종주의를 담고 있다는 것을 배우지 않았기 때문입니다.

이런 현상은 곳곳에서 나타납니다. 어느 고등학교의 졸업 앨범 사진이 문제가 된 적이 있습니다. 악의가 없었다, 패러디였고 선의로 그런 풍습을 좋게 같이 즐기기 위해 만들었다고 합니다. 하지만 흑인이 아닌 사람들이 흑인의 얼굴 분장을 하는 것은 미국 역사 속에서 가장 심각한 인종주의적 표현인 것이죠. 이런 문제들이 우리 안에서 지속되고 있습니다. 한국뿐만 아니라 전 세계 역사 속에 반복된 것입니다. 지금부터 말씀드릴 사례는 바로 아프리카에서 벌어진 인종주의와 인종차별에 관한 것입니다.

정의의 회복이 무엇인지 보여준
남아프리카 공화국

아프리카 대륙에는 흑인들만 살고 있었던 게 아니죠. 식민 지배 과정에서 백인들도 정착했고, 유럽의 제국이 식민 통치에 필요한 인력을 확충하면서 아시아인 특히 인도인들이 관리나 상인으로 대거 진출했습니다.

백인 전용 안내 표지판(6구역 박물관, 남아공 케이프타운)

아파르트헤이트 박물관 입구(남아공 요하네스버그)

남아프리카 공화국에 처음 도착한 유럽인은 네덜란드계 이주민들이었습니다. 자신들의 국가도 만들고 언어를 비롯한 문화 체계를 만들어냅니다. 아프리카너스(Afrikaners)라고 부르는 사람들이죠. 영국이 이 지역의 네덜란드 이민자를 통합하고 식민화하면서 소수의 백인들이 절대 다수인 흑인들을 통치합니다. 남아프리카 공화국의 백인 정권은 백인의 지배권을 영원히 유지하기 위해 '분리'를 뜻하는 '아파르트헤이트(apartheid)'라는 정책을 도입합니다. 겉으로는 서로 다른 인종이 각자 살면서 서로의 문화를 보존하자는 명분을 내세웠지만 실질적으로는 극심한 인종차별이었습니다.

살기 좋은 땅은 모두 백인들이 차지하고 백인들 거주지에서 흑인들을 몰아냈으니까요. 그러면서 백인 정권은 지배 체제에 저항했던 흑인 지도자들을 암살하거나 투옥했습니다. 이 과정에서 많은 사람들이 희생되었습니다. 아파르트헤이트 정책에 저항했던 대표적인 사람이 넬슨 만델라(Nelson Mandela)입니다. 그는 백인 정권에 대항하다 27년간 감옥에서 살았는데, 수감 생활 중에도 끊임없이 남아프리카 공화국의 문제점을 알리는 상징이 되었습니다. 국제적인 압력과 내부 저항에 못 이겨 1990년 백인 정권 통치자인 데 클레르크(Frederik Willem de Klerk) 대통령이 소수 백인들이 지배하는 국가를 유지할 수 없게 되면서 그해 초 넬슨 만델라를 석방하고 몇 년의 협상을 합니다. 1994년 직접 선거를 통해 만델라가 대통령에 당선됩니다.

과정은 순탄하지 않았습니다. 지배 체제에 저항한 흑인들을 억압하려고 백인 정권은 흑인 정치 지도자들을 암살하거나 투옥했습니다. 탄압이 극렬해질수록 흑인 지도자들도 저항의 강도를 높여서 무장 투쟁

넬슨 만델라

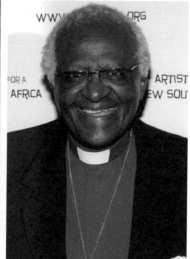
투투 주교

을 하기도 했습니다. 이 과정에서 흑인과 백인 모두 많은 이들이 희생
되었습니다.

　넬슨 만델라는 인종차별 역사의 고리를 끊고자 과감한 도전을 합니
다. 대통령으로 집권한 후 백인들에 대한 복수나 보복이 아니라 남아
프리카 공화국의 전 구성원들이 함께 새로운 공동체를 만들어 나가
려고 노력합니다. 그 결과가 '진실과 화해 위원회(Truth and Reconciliation
Commission, 1996-2003)'입니다. 1996년부터 위원회를 구성하고 노벨 평
화상을 수상한 흑인 인권운동가였던 투투 주교(Desmond Tutu)를 위원장
으로 임명합니다. 투투 주교는 위원회가 추구해야 할 기본 원칙을 선
언하면서 '회복적 정의(restorative justice)' 개념을 말합니다. 인종차별의
역사 속에서 수많은 차별과 탄압으로 상실된 정의를 회복해야 되는데
그것은 공동체가 회복될 수 있는 정의여야 한다는 것입니다. 단순히

가해자를 처벌하고 피해자들의 세상을 만드는 것으로는 공동체를 복원할 수 없다고 본 거죠.

진실과 화해 위원회는 세 가지 핵심적인 단계를 거칩니다. 첫째, 고백입니다. 과거 백인 정권의 앞잡이로서 흑인들을 탄압했던 비밀 정보원이나 인권 탄압에 앞장섰던 사람들이 자기들이 저질렀던 수많은 범죄를 고백하기만 하면 형사 처벌을 면제해 준 것이죠. 처벌보다는 역사적 진실 규명이 더 중요하다고 본 것입니다. 그리고 진실을 고백한 사람을 처벌하지 않고 용서했습니다. 이게 두 번째 단계였습니다. 세 번째는 배상입니다. 감옥에 가지 않았지만 가해자는 최대한 자신의 힘으로 피해자에게 배상하도록 했습니다. 이러한 고백과 용서와 배상으로 진행된 진실과 화해 위원회의 회복적 정의는 남아프리카 공화국을 파국으로 이끌지 않았습니다. 소수의 백인들은 다수의 흑인들이 집권하면 본인들은 그동안의 식민 지배와 인종차별 정책으로 인한 복수의 대상이 될 거라고 두려워했습니다. 그러나 넬슨 만델라 대통령은, 그 오랜 인종차별 정책의 끝을 새로운 공동체를 만드는 데 투자한 것이고 그 새로운 공동체를 만들기 위한 사회적 합의를 회복적 정의에 둔 것입니다.

오늘 여러분에게 말씀드리고 싶은 것은 이것입니다. 전 세계적으로 인종차별과 인종차별로 인한 학살은 모든 사회와 모든 역사적 시기에 존재했습니다. 그러나 각 사회가 과거 인종차별의 범죄를 어떻게 해결했는가에 있어서는 남아프리카 공화국의 진실과 화해 위원회만큼 성공적으로, 그리고 공동체 자체를 치유하는 과정으로 해결하지 못했다는 것입니다.

남아프리카 공화국의 진실과 화해 위원회에 대해서 물론 비판도 제기됩니다. 일부 흑인운동가들은 '과거 백인 정권이 저질렀던 그 수많은 잔혹한 범죄들에 대한 응징이 없었다, 응징이 없는 정의가 어떻게 정의가 될 수 있느냐'라는 불만도 제기했습니다. 또 이 과정에서 진실과 화해 위원회에는 백인들만 참여한 것이 아닙니다. 백인들의 인종탄압 정책에 저항했던 흑인운동가들도 참여했습니다. 특히 흑인 저항 세력들 중에서도 백인들을 암살하고 저격하는 등의 인권 침해 범죄를 저지른 운동가들도 있습니다. 그 사람들도 진실과 화해 위원회에 나오게 했습니다. 대표적으로 넬슨 만델라 대통령이 투옥돼 있는 동안 그를 지지하고 후원하고 또 그를 운동 세력의 상징적 지도자로 앞세우는 데 많은 노력을 했던 넬슨 만델라의 부인 위니 만델라(Winnie Madikizela-Mandela)도 이 진실과 화해 위원회에 출두했습니다. 그리고 자신이 저항 과정에서 저질렀던 여러 가지 비판 받는 점들에 대해 고백하고 진실을 규명하기도 했습니다.

남아프리카 공화국의 진실과 화해 위원회가 가장 완벽한 해결책은 구하지 못했더라도 전 세계에 많은 영향을 주었습니다. 남아프리카 공화국 이후 캐나다는 과거 캐나다에 백인들이 정착하면서 캐나다의 원주민이었던 퍼스트 네이션(First Nation)들, 이누이트 또는 북아메리카에 살았던 많은 인디언 공동체에 저질렀던 백인들의 죄악을 규명하는 캐나다 진실과 화해 위원회를 운영하기도 했고 우리 한국 사회도 광주 민주화 항쟁 이후에 진실과 화해 위원회를 운영하기도 했습니다. 그러나 남아프리카 공화국이 보여주었던 고백과 용서와 배상으로 이루어지는 위원회의 성과를 다른 국가들이 그만큼 성취하지 못한 것 같습니다.

캐나다인들과 원주민과의 화해를 위한 행진 행사, 2015년

자, 아프리카는 어찌 보면 가장 열악한 대륙이고 폭력과 역사적 경험 속에서 고통의 정도도 가장 심한 대륙 중에 하나였습니다. 그러나 그들이 이 문제를 해결하는 과정은 물리적 보복이 아닌 회복적 정의를 위한 용서와 화해였습니다. 이러한 문제를 민족의 사례로 한번 넘어가서 살펴보도록 하겠습니다.

민족이라는 개념은 사실 그 범주에 대해 의문을 품지 않을 정도로 너무 명확한 것으로 인식합니다. 한민족이라고 했을 때 머릿속에는 그 내용과 실체가 뚜렷하게 잡힙니다. 혈연으로 연결된, 오랫동안 역사와 문화를 공유한 집단이라는 것이죠. 그래서 우리는 본능적으로 우리 민족에 대해서 애착감과 충성심을 갖게 됩니다. 또 이런 인식은 모든 민족에게서 동등하게 나타난다고 생각을 합니다.

그런데 한민족과 달리 전 세계 민족들의 사례를 살펴보면 대부분은 그렇게 오랫동안 하나의 범주로 살아오지 않았습니다. 오히려 지난 200-300년 동안 역사적 과정 속에서 만들어진 경우가 많습니다. 아프리카에 있는 여러 민족의 경우 언어, 관습, 종교적 신념은 비슷하지만 하나의 정치 공동체를 만든 사례는 많이 없습니다. 유럽의 식민 지배를 받는 과정에서 유럽인들이 편의상 자신들의 식민 행정 단위를 만들고 그 안에 있던 다양한 사람들을 하나의 식민 행정 단위에 뭉쳐서 살게 했습니다. 그런데 그 과정에서 비슷한 언어를 가진 사람들이 유럽의 식민 지배 속에서, 그리고 언어와 관습이 전혀 다른 사람들과 경쟁하기 시작하면서 하나의 집단 정체성을 형성하기 시작합니다. 이런 경우가 아프리카의 여러 민족에게서 발견됩니다.

비극적인 학살을 통합의 계기로 만든 르완다

또 하나의 사례는 르완다라고 하는 동아프리카 작은 국가에 살고 있는 두 민족 투치(Tutsi)와 후투(Hutu)에 대한 이야기입니다. 일부 학자들은 후투와 투치가 민족일까라는 질문을 던지기도 하는데요, 후투와 투치는 오랫동안 이 지역에서 함께 섞여 살아왔던 사람들입니다.

물론 외모상 차이도 있었습니다. 신체적으로 투치가 좀 더 키가 크고 피부색이 연하며 조금 더 마른 체형입니다. 반면에 후투는 키가 작은 편이며 피부색이 어둡고 골격이 있는 체형입니다. 생계 양식에 있

〈1884년 베를린 회의〉(아달베르트 폰 로슬러, 1884년)
출처: Wikipedia(Public Domain)

어서도 투치가 주로 목축을 했고 후투는 농사를 지었습니다.

두 민족은 별도의 구별된 집단 정체성을 갖고 있지 않은 상태로 서로 교류하며 살다가 15세기 이후에 단일 왕국을 만듭니다. 왕국은 초기부터 투치족이 통치 세력을 차지합니다. 그러다 18세기 이후 유럽의 식민지 체제로 편입됩니다.

1884년 베를린에서는 유럽 국가들이 아프리카를 분할하여 통치하는 굉장히 중요한 회의가 열리는데 1885년 연초까지 이어진 이 회의에서 독일이 르완다를 지배하기로 결정합니다.

독일은 처음에는 르완다의 제도를 그대로 존속시키며 통치했지만 1차 세계대전에서 독일이 패전하자 벨기에가 르완다와 부룬디 지역을 차지하게 됩니다. 벨기에 식민 정부는 투치와 후투로 나뉘어 살던 사람들에게 새로운 집단 정체성을 부여하기 시작합니다. 투치족을 다른 아프리카인들보다 조금 더 우수한 사람들이라고 평가했습니다. 소위 인종주의적 해석이죠. 생김새를 보고 판단한 겁니다. 그러면서 투치족이 과거 성경에 나오는 에티오피아에서 넘어온 함족의 후손이라는 말까지 합니다. 이런 영향으로 인해 벨기에도 투치의 지배권을 그대로 인정할 뿐만 아니라 더 나아가 르완다에 살고 있는 사람들의 민족 집단을 분류하고 정체성을 부여하기 시작합니다.

1920년부터 벨기에는 르완다에 살고 있던 후투족, 투치족에게 신분증을 발급해 후투인지 투치인지 명기하게 하는 소위 서구식 민족 개념을 부여합니다. 그 결과 소수의 투치 대 다수의 후투라고 하는 민족 집단이 공식적으로 등장하고 두 집단 모두 이러한 정체성을 활용하기 시작합니다.

벨기에 정부는 더 나아가 이 두 집단을 자신들의 편리대로 통치에 이용하기 시작합니다. 벨기에는 초기에 투치 중심 통치를 해 나가다 2차 세계대전이 끝나면서 독립을 향한 아프리카인들의 요구가 늘어나자 갑자기 다수인 후투족 편을 들기 시작합니다. 그러다 보니 후투와 투치 간의 갈등이 더 심화되는 것이죠. 후투족들이 독립에 대한 열망을 강조하고 소수인 투치의 지배 체계에 저항하자 벨기에 식민 정부는 과거 투치족을 활용했던 통치 방법을 바꾸고 다수인 후투인들을 중심으로 통치 체계를 재편합니다. 더 나아가 투치 중심의 르완다 왕정 체제 자체를 붕괴시키고 새로운 공화국으로 변모시키는 것이죠. 식민 통치의 긴 역사 속에서 두 집단의 집단 정체성을 강화시켜 분리시키고 필요에 따라 두 집단을 통치에 교대로 활용했던 것입니다. 결국 후투

르완다, 부룬디 인근 지도

와 투치 간에 원한과 경쟁심이 커져 갑니다.

후투는 독립 전후로 르완다를 소수의 투치가 아닌 다수의 후투가 통치하는 국가로 만들고 싶어했습니다. 벨기에 식민 정부는 이를 지원했던 것입니다. 그로 인해 투치족의 상당수는 후투족의 탄압을 피해 르완다를 떠나야만 했습니다. 1960년대 이후에 1990년대까지 30여 년간 상당수의 투치인들은 인접 국가에서 난민으로 생활했습니다. 많은 젊은 세대들은 르완다를 가보지도 못한 상태에서 난민 캠프에서 태어나 자랐습니다. 후투족들은 이들이 돌아오는 것을 막고 오로지 르완다를 자신들만의 국가로 발전시키려는 정책을 펼쳤습니다.

이 과정에서 인접한 아프리카 국가나 유럽의 구(舊) 식민 지배국의 이해관계가 복잡하게 연결됩니다. 프랑스는 자신들의 세력을 강화하기 위해 후투족을 지지했고, 우간다를 비롯한 인접국은 자신들의 영향력을 강화하기 위해 투치족을 지원했습니다. 급기야 르완다는 미국과 프랑스를 비롯한 선진국과, 이웃하고 있는 아프리카 국가의 이해관계에 따라 내전의 소용돌이 속으로 들어가게 됩니다.

그리고 1994년 비극적인 사건이 시작됩니다. 르완다와 인접국의 분쟁을 종식하고 평화협정을 추진하기 위한 노력에 동참했던 르완다와 부룬디의 두 정상이 암살된 것입니다. 르완다와 부룬디는 인접한 국가로서 소수의 투치와 다수의 후투가 살고 있어 국민 구성 또한 비슷했습니다. 이 두 국가 정상이 함께 타고 돌아오던 전용기가 르완다의 수도 키갈리의 공항에서 미사일 공격을 받고 추락합니다.

이 사건의 배후에 투치족이 있다는 후투족 정치인의 선동은 르완다 정세를 혼란에 빠뜨립니다. 흥분한 후투족은 100일 동안 투치족 인구의 3분의 2에 해당하는 80만 명을 학살합니다. 인류 역사상 가장 짧은 기간 동안 가장 많은 사람이 학살된 사건입니다. 학살 과정은 너무나 끔찍하고 비극적이었습니다. 함께 살던 이웃 후투족이 갑자기 민족이 다르다는 이유로 투치족 이웃을 죽였고, 학살을 피해 교회와 성당, 학교 등으로 피신한 사람들을 추적해서 공격했습니다.

이러한 비극 앞에서 국제 사회는 개입을 주저했습니다. 르완다에는 유전도 없고 소위 세계 경제에 영향을 미칠 만한 위협 요소가 없었기 때문입니다. UN도 주저했고 미국은 소말리아에서 당했던 여러 가지 실패 때문에 개입하기를 주저했습니다. 자국의 이해관계를 앞세우는 국제 사회의 냉정함과 무책임함이 드러나는 순간이었습니다.

투치족 수만 명이 희생된 무람비 기술학교(현 무람비 학살 추모 기념관)

투치족에 대한 대학살은 인접 국가에 피신해 있던 투치족 무장 세력 특히 르완다 애국 전선이 르완다로 진격하여 수도 키갈리를 점령하면서 멈춥니다. 투치족 무장 세력에 의해 점령된 르완다는 이제 거꾸로 후투족의 대량 피란으로 이어집니다. 투치족을 학살한 후투족이 보복을 피해 도망치기 시작한 것입니다. 또 다른 대학살이 진행될 위기에서 투치족 무장 세력은 정부를 장악한 이후 후투족에 대한 집단 보복을 하지 않았습니다. 학살의 충격이 르완다 국민들과 국제 사회에 너무나 큰 충격을 주었기 때문입니다. 또 다른 보복은 결국 르완다라고 하는 국가 자체의 존망을 무너뜨릴 수 있다는 것이죠.

대신 해결책으로 남아프리카 공화국의 진실과 화해 위원회가 취했던 정책을 이어받습니다. 보복이 아닌 과거 사건을 공동체가 함께 해결해 나가는 것이죠. 학살에 책임이 있는 주요 범죄인들은 르완다 국제형사재판소(International Criminal Tribunal for Rwanda)에서 심판을 받았지만, 르완다 국내의 수많은 관련자들은 르완다의 전통 관습 법정(가차차 법정, Gacaca court)에 회부되었습니다. 관습 법정은 사안과 규모에 따라 다양하게 구성되었는데, 모든 주민이 참여하는 마을 단위의 관습 법정은 지역 원로가 재판을 주재했습니다. 재판에서 주안점을 둔 것은 가해자 처벌이 아니었습니다. 공동체의 회복이었습니다.

그리고 남아공에서와 마찬가지로 법정에서 가해자에게 요구했던 것은 단 하나, 고백이었습니다. 자신이 저지른 죄를 고백하면 형사 처벌하지 않는 대신 피해자에게 본인이 할 수 있는 최대한의 배상을 하라고 판결합니다. 엄청난 돈으로 배상을 하는 것이 아닙니다. 피해자 집안의 일, 농사를 돕는 노동력을 제공하거나 가해자의 가축 일부를 나눠주는 겁니다. 마을 단위에서 가해자와 피해자가 함께 살아가는 노력을 하자는 것이 르완다가 선택한 해결 방법이었습니다.

이제 르완다에서는 더 이상 후투와 투치를 구별하지 않으려 합니다. 모두가 '르완다인'이라는 국민 정체성을 강화하고 있습니다. 학살의 아픔을 잊지 않기 위한 다양한 노력도 하고 있습니다. 매년 르완다 정부는 끔찍한 학살이 자행되었던 4월부터 7월까지의 100일을 그 비극을 기억하고 성찰하는 기간으로 삼아 전 국토를 하나의 기념관과 추모관으로 만듭니다. 희생자에 대한 추모와 역사의 교훈을 잊지 않으려는 다양한 노력을 공유함으로써 하나의 국가가 유지될 수 있다고 믿기 때문입니다.

이후 르완다는 여러 변화를 경험합니다. 경제 성장 면에서 오늘날

상: 키갈리 대학살 추모관
하: 희생자들의 사진이 있는 추모관 내부

아프리카 국가 중에서 정보 통신 기술을 가장 강력하게 도입한 국가가 됐고, 국가 공무원이나 정부의 부패 문제를 가장 열심히 해결한 국가 중의 하나가 되었습니다. 아프리카 국가 중에서 정부 청렴도가 4위에 해당한다는 평가도 받습니다. 더욱 놀라운 것은 학살 이후에 르완다 여성들의 정치 참여 비중이 굉장히 높아졌다는 것입니다. 2010년대 총선에서 당선된 여성 의원 비중이 전체 의원의 60% 이상을 차지합니다. 학살로 인해 남성 인구가 급감했기 때문이기도 하지만, 학살 과정에서 많은 여성들이 강간당하는 등 치욕을 당했기 때문에 여성 권리 신장을 위한 노력의 결과로서 자연스럽게 여성들의 정치 참여가 증가했습니다. 르완다는 비극적인 학살을 통해 분열되는 것이 아니라 상처를 싸매고 공동체로 살아갈 수 있는 길을 모색했습니다. 물론 르완다의 사례를 모두가 긍정적으로 평가하는 것은 아닙니다만, 가해자와 피해자를 함께 아우르면서 부패를 해결하고 경제 성장에 노력한 결과가 이렇게 현실로 나타나게 되었습니다.

집단 정체성의 긍정성

오늘 저는 집단 정체성이라고 하는 것과 그 집단 정체성이 만들어낸 혐오의 문제를 남아프리카 공화국의 인종차별과 르완다의 민족 학살을 사례로 설명드렸습니다.

집단 정체성은 부정적인 것이 아닙니다. 어찌 보면 우리가 누구인지를 규정함으로써, 집단에 대한 소속감과 충성, 열정을 갖게 합니다. 이는 인류 문화의 발전에 많은 기여를 했습니다. 그런데 이러한 열정이 반대로 상대방을 혐오하고 차별하고 탄압하고 심지어 학살하기까지 합니다.

집단 정체성이라고 하는 것은 그 자체가 악한 것도 아니고 선한 것도 아닙니다. 우리가 일상에서 어떻게 인식하고 수용하고 활용하는가의 문제입니다. 우리가 누구인가라는 것은 지속적으로 던져야 될 질문입니다. 그에 대한 명확한 성찰이 없으면 우리라는 이름으로 상대방을 대상화하고 차별하고 탄압하고 무시할 수 있습니다.

민족이라는 정체성도 마찬가지입니다. 민족이라고 하는 것이 우리가 알고 있는 것처럼 절대적이고 고유하고 본질적이고 변화될 수 없는 것이 아니라는 점을 사고하는 것이 중요합니다. 그래야 민족이라는

이름으로 다른 민족을 학살하는 우를 범하지 않을 것이기 때문입니다. 집단 정체성이 인류 역사와 발전에 긍정적으로 기여할 수 있도록 끊임없이 발전시키고 새로운 환경에서 변화시킬 수 있는 유연한 사고가 필요한 때입니다.

강연 요약

인종과 민족 관련하여 아프리카에서 발생했던 비극적인 사건을 기반으로 집단 정체성과 혐오에 대하여 알아보겠습니다.

우리는 '우리'라는 말을 많이 사용하고 거기에서 소속감과 정체성을 느끼고 있습니다. 다만 '우리'는 상대방이 존재하기 때문에 만들어질 수 있는 말입니다. 그래서 우리는 정체성을 설명할 때 우리의 특성이 아닌 상대방과 다른 점에 집중해서 이야기하기도 합니다. 역사적으로 '서구(서양)'는 '비서구'와의 비교를 통해 '서구'가 무엇인가를 정립했다고 볼 수 있습니다. 인종이라는 개념 역시 이러한 우리와 상대방의 관점으로 바라볼 수 있습니다.

그러나 이러한 인종이라는 개념이 만들어진 것은 200~300년 전의 이야기입니다. 300년 전 과학적 사고 체계로 만들어지고 지금 우리도 알고 있는 이 인종이라는 개념은 린네의 동물 분류와 뷔퐁의 사람 분류의 개념이 합쳐져서 만들어지고 과학적으로 사람들에게 수용되었습니다. 피부색, 머리카락, 광대뼈, 코의 모양 등의 기준으로 사람을 분류한 것입니다. 현대 과학에서 유전자를 연구하며 과연 이러한 분류가 합리적인가에 대한 고민이 이루어지고 있습니다. 더욱이 이러한 분류가 그 당시 기준 문명 기술의 발전과 연결되었을 때 비과학적인 인종적인 차별을 만들었습니다. 이러한 인종주의로 인해 흑인 노예 제도 등의 비극적인 상황이 발생했습니다. 이러한 인종주의는 200~300년 동안 우리를 지배했고 그 역사적 경험을 통해 더 이상 인종주의가 필요하지 않고 사회에 해악을 준다는 것을 우리는 알게 되었습니다.

그러나 여전히 우리 사회에서는 이러한 인종주의적 편견이 자리 잡고 있습니다. 이러한 인종주의적 편견 중 아프리카의 사례를 볼 수 있습니다. 남아프리카 공화국이 영국의 식민지가 되면서 인종차별이 시작되었고 살기 좋은 땅은 백인들의 것이 되고 흑인들은 그곳에서 몰아낸 것입니다. 이런 아파르트헤이트 정책에 저항했던 남아프리카 공화국의 넬슨 만델라가 있었습니다. 27년간 감옥에서 끊임없이 남아프리카 공화국의 문제를 알리고 석방 후 최초의 남아프리카 공화국 흑인 대통령이 됩니다. 인종차별 정책을 폐지하기 위한 폭력적 저항과 이에 대한 탄압이 있었지만 차별 정책이 폐지된 이후 남아프리카 공화국은 구성원이 함께 공동체를 만들어가기 위해 노력했습니다.

그 노력의 결과가 진실과 화해 위원회입니다. 회복적 정의에 집중한 이 위원회는 세 가지 핵심 단계를 거칩니다. 첫째, 고백입니다. 과거 백인 정권의 앞잡이로서 흑인들을 탄압했던 비밀 정보원이나 인권 탄압에 앞장섰던 사람들이 자기들이 저질렀던 수많은 범죄를 고백하기만 하면 형사 처벌을 면제해 준 것입니다. 처벌보다는 역사적 진실 규명이 더 중요하다고 본 겁니다. 그리고 진실을 고백한 사람을 처벌하지 않고 용서했습니다. 이게 두 번째 단계였습니다. 세 번째는 배상이었습니다. 가해자들이 최대한 자기 힘으로 피해자에게 배상하도록 한 것입니다. 이러한 변화들을 통해 회복적 정의가 무엇인지 보여주었습니다.

두 번째 아프리카의 사례는 민족 차별에 관한 르완다의 투치와 후투에 대한 이야기입니다. 두 민족은 다른 외형적 특성을 지니고 있으나 별도로 구별된 집단 정체성을 가지지 않고 지냈습니다. 벨기에의 식민 지배를 받으면서 1920년 벨기에 식민 당국은 후투와 투치에게 신분증을 발급해 투치인지 후투인지를 명기하게 하는 소위 서구식 민족 개념을 부여하게 되고 그 결과 소수의 투치 대 다수의 후투라고 하는 민족 집단이 공식적으로 등장하고 두 집단 모두 이러한 정체성을 활용하기 시작합니다. 벨기에 식민 당국은 두 집단의 정체성을 통치에 도움이 되도록 교묘하게 활용하였고, 그 결과 두 집단의 갈등은 독립 이후 내전 상태로 확대됩니다.

내전을 종식시키려는 노력에도 불구하고 르완다와 부룬디 두 국가의 정상이 암살되면서 갈등이 폭발하여 인류 역사상 가장 짧은 기간 동안 가장 많은 사람이 학살되는 잔혹한 비극이 만들어졌습니다. 이러한 끔찍한 결과들이 발생했을 때 다른 나라들은 자국에 위협이나 이익이 없기에 침묵했고 결국 비극은 확산되었습니다. 그러나 르완다는 더 이상의 학살이나 집단 보복을 없애고 남아프리카 공화국 진실과 화해 위원회가 취했던 정책을 이어받았습니다. 더 이상 르완다는 투치와 후투를 구분하지 않고 르완다인이라는 국민 정체성을 가지고 살아가고 있습니다. 이후 르완다는 국민 통합 정책과 정보 통신 기술 도입과 같은 혁신적 정책으로 경제 발전을 추진하며 여성의 권리를 신장한 국가가 되었습니다.

집단 정체성은 부정적인 것이 아니라 우리가 누구인지를 규정함으로써, 집단에 대한 소속감과 충성심, 열정을 갖게 합니다. 그러나 이러한 열정이 반대로 상대를 혐오하고 차별하고 탄압하고 심지어 학살하기까지 합니다. 우리가 일상에서 '어떻게 인식하고 수용하고 활용하는가?'의 문제입니다.

명확한 성찰이 없으면 '우리'라는 이름으로 상대방을 대상화하고 차별하고 탄압하고 무시할 수 있습니다. 민족이라는 정체성도 마찬가지입니다. 민족이라고 하는 것이 우리가 알고 있는 것처럼 절대적이고 고유하고 본질적이고 변화될 수 없는 것이 아니라는 점을 사고하는 것이 중요합니다. 집단 정체성이 인류 역사와 발전에 긍정적으로 기여할 수 있도록 끊임없이 유지하며 발전시키고 새로운 환경에서 변화시킬 수 있는 유연한 사고가 필요합니다.

08

강연 영상 보러가기

비극의 역사에서 배우는 기억과 성찰의 중요성

그리스도교 박해, 십자군 전쟁,
페스트, 마녀사냥을 중심으로

박승찬   가톨릭대학교 철학과 교수

- 서울대학교 식품공학과 학사
- 가톨릭대학교 신학부 학사
- 독일 프라이부르크대학교(University of Freiburg) 석사 및 박사
- 전) 한국중세철학회장
- 현) 김수환추기경연구소장

저서: 『알수록 재미있는 그리스도교 이야기』,
　　　『중세의 재발견: 현대를 비추어 보는 사상과 문화의 거울』

코로나19 확산 이후 지난 1년간 미국에서 아시아계 주민을 겨냥한 증오 관련 사건은 4천여 건에 달한다고 합니다. 그런데 코로나19 사태 속에서 아시아계 주민에 대한 폭력 등 혐오범죄가 급증한 것은 우연이 아니라는 비판이 커지고 있습니다. 코로나19를 '중국 바이러스'로 부르며 중국을 발원지로 공격한 트럼프 대통령 등 정치인들의 선동적 발언에 책임이 있다는 것입니다. 현대 사회에서도 반복되고 있는 이러한 혐오범죄는 인류 역사 안에서 계속해서 반복되어 왔습니다.

이 강연을 통해서 저는 여러분과 1700년에 걸친 시간을 여행하려 합니다. 첫 번째 주제는 그리스도교에 대해 로마 제국이 가졌던 혐오, 두 번째는 십자군 전쟁 중 일어난 타종교에 대한 혐오, 세 번째는 페스트의 전파 시기 나타났던 공포와 혐오, 마지막으로 근대 초기부터 17세기까지 이어진 마녀사냥에 나타났던 혐오에 대해 살펴볼 예정입니다. 역사 속의 이런 혐오들을 통해 우리는 '혐오는 유통기한이 없으며,

〈믿음의 승리-네로 시대 그리스도교 순교자들〉(외젠 로맹 티리옹, 19세기)

〈네로의 횃불〉(헨리크 시에미라즈키, 19세기)

과거에 일어났던 문제를 제대로 반성하고 돌아보지 않으면 반복될 수 있다'라는 점을 함께 생각해보도록 하겠습니다.

피해자였던 그리스도교가
가해자가 된 십자군 전쟁

먼저 로마 제국의 그리스도교 혐오에 대해 살펴보겠습니다. 그리스도교는 예수 안에서 하나라는 자유와 평등 정신으로 로마 제국 안에서 굉장히 빠르게 전파됩니다. 로마 제국은 기원후 100년까지는 비교적 관용적인 자세를 보여주지만 이후 100년부터 250년 사이에 그리스도교를 심하게 박해합니다. 그리스도교를 처음으로 심하게 박해한 사람이 네로(Nero) 황제였습니다. 그는 로마의 3분의 1이 불타서 시민들의 분노가 극에 달하자 그 책임을 당시 약자였던 그리스도교인들에게 덮어씌웠습니다.

이런 과정 속에 본격적인 박해가 이루어졌는데요. 여러 영화가 이 주제를 다뤘습니다. 〈쿼바디스〉(1951)나 〈글래디에이터〉(2000) 등에서 거대 원형 경기장에 그리스도교인들을 모아놓고 여러 방식으로 고통을 주는 모습을 아마도 보신 적이 있을 것입니다. 네로 황제의 희생양으로 선택되어 어려움을 겪게 되었던 것입니다. 잔혹한 학살을 피해 어쩔 수 없이 로마에 있는 무덤인 카타콤베(Catacombe) 안으로 숨어든 그리스도교인들에게 오히려 여러 가지 루머와 비난들이 더 많이 쏟아지게 되었습니다. 정치적 문제와 로마인들이 가진 혐오가 합쳐져 거대

박해를 피해 그리스도인이 숨어 지낸 지하 무덤 카타콤베 내부

한 박해가 일어났던 것입니다.

그 이유는 여러 가지가 있었지만 당시 나름대로 영향력 있던 유대인들이 그리스도교에 대해 거부감을 갖고 있었던 탓도 있고, 굉장히 도덕적으로 살아가려는 그리스도인들의 모습이 제멋대로 살아가고 있던 로마인들에게 거리감을 느끼게 했던 것도 있습니다. 여러 오해들이 박해를 더욱 부추겼습니다. 그중 가장 유명한 것은 카타콤베에 숨어서 성찬례를 하고 있었던 그리스도인들에 대한 의심입니다. 박해자들이 숨어서 듣다 보니 '이것은 나의 몸이다. 이것은 새로운 계약을 맺는 나의 피다' 이런 이야기를 하는 것이었습니다. 그래서 그리스도인들이 식인 풍습을 갖고 있다는 오해를 하기 시작했고요. 서로 형제, 자매라고 부르던 사람들이 결혼해서 살아가는 모습을 보면서 근친상간이라

는 오해까지도 서서히 생겨나기 시작했습니다.

가장 큰 오해의 시작은 그리스도교가 유일신 사상을 믿고 있었다는 것이 컸습니다. 로마는 주피터(제우스), 유노(헤라)와 같은 신들을 믿는 다신교 문화였는데 그 종교의 최고 수장이 황제였습니다. 야훼만을 신이라고 믿는 그리스도교는 결국 다신교 국가인 로마 제국을 부정하는 의미로 받아들여졌습니다. 어떻든 그리스도교에 대한 혐오는 많은 오해에서 비롯되었고 그것이 국가의 정치적인 목적으로 '만들어진 혐오'였다는 것을 함께 기억해주셨으면 좋겠습니다.

그리스도교인들은 313년에 밀라노 칙령을 통해 종교의 자유를 얻게 됩니다. 이어 392년 테오도시우스(Theodosius I) 황제에 의해 로마의 국교로까지 발전하면서 가장 영향력이 있고 힘 있는 종교가 됩니다. 로마 제국은 동과 서로 나뉘면서 서로마 제국은 476년에 멸망하지만 그리스도교는 이후 1453년까지 존속한 동로마 제국에서도 지속적으로 영향력을 미치는 가장 강력한 종교가 되었습니다.

중세가 본격적으로 시작되면서 그리스도교는 박해받는 소수 종교가 아니라 가장 힘 있는 종교가 되었습니다. 그러자 그리스도교도 다른 종교를 억압하는데 이것이 바로 무시무시했던 십자군 전쟁이었습니다.

저는 십자군 전쟁 이야기를 할 때면 마음이 아픕니다. 이상적이어야 할 종교와 정치의 모습이 가장 왜곡된 모습으로 나타났기 때문입니다. 십자군 전쟁은 1, 2년 사이에 일어난 전쟁이 아니었습니다. 이 전쟁은 가톨릭과 이슬람교 간 1096년부터 1291년까지 무려 200년에 걸쳐 여덟 차례나 일어납니다. 모든 갈등의 불씨가 되었던 공간이 예루살렘이

예루살렘 전경(바위돔 사원과 통곡의 벽 주변)

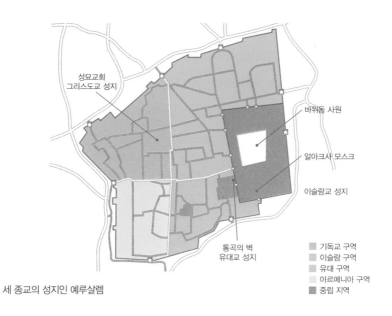

성묘교회
그리스도교 성지

바위돔 사원

알아크사 모스크

이슬람교 성지

통곡의 벽
유대교 성지

■ 기독교 구역
■ 이슬람 구역
■ 유대 구역
■ 아르메니아 구역
■ 중립 지역

세 종교의 성지인 예루살렘

라는 도시였습니다. 예루살렘은 유대교, 그리스도교, 이슬람교가 다 성지로 인정하는 곳입니다.

가장 먼저 예루살렘을 성지로 만든 것은 유대교였습니다. 성조 아브라함에게까지 거슬러 올라가는 전통, 또한 다윗의 성전이 있었던 곳이 예루살렘이었기 때문에 성지로 인정받게 된 것입니다. 그리스도교에게는 예수 그리스도가 십자가에 못 박히고 부활하신 곳이 예루살렘이었기 때문에 가장 중요한 성지였습니다. 한편 예루살렘을 대표하는 황금 지붕이 덮여 있는 바위돔 사원은 예언자 마호메트(Mahomet)가 승천한 곳이라는 전설이 내려오고 있었기에 이슬람에게도 성지였습니다.

특히 그리스도교의 성지였던 성묘교회, 즉 예수님의 무덤이 있는 곳은 그리스도교 순례객들이 일생에 꼭 한 번 방문해보고 싶어 하는 장소였습니다. 7세기에 이슬람이 예루살렘을 점령했을 때 그중에서도 잔혹하기로 유명한 셀주크 투르크 종족은 그리스도교 순례객들의 순례를 막습니다. 그리스도인은 거의 목숨을 내놓고 순례를 할 수밖에 없는 상황이 되었고 이런 상황이 서서히 서유럽에 알려지기 시작했습니다. 셀주크 투르크의 공격을 받던 동로마 제국 황제 알렉시우스 1세(Alexios I Komnenos)는 교황에게 도움을 요청하게 됩니다. 처음에는 단순하게 몇십 명 또는 몇백 명의 훌륭한 기사들을 보내 달라는 정도였는데 로마 교황 우르바노 2세(Urbanus II)는 다른 꿈을 꾸게 됩니다. 이 기회에 분열되어 있던 동서 로마 교회를 새롭게 통일하려는 원대한 계획을 세우게 된 것이죠.

그리스도교인들에 대한 로마 제국의 박해에서처럼 또 한 번 가짜 뉴스가 큰 역할을 하게 됩니다. 주인공은 은자 피에르(Peter the Hermit)라

〈대중을 향해 첫 십자군 원정을 촉구하는 설교 중인 은자 피에르〉(아미앵의 사제, 1050~1115년경)

고 하는 사람이었는데요. 이 사람은 과장법의 대가였습니다. 그는 예루살렘에서 많은 그리스도교인들이 이슬람에 의해 박해받는 현장을 보았다며 잔혹한 이야기들을 과장해 그리스도교인들을 분노하게 만들었습니다.

민중들의 분노를 알게 된 교황은 이 기회를 이용해 자신의 정치적인 목적을 이루려 했고요. 마침내 1095년 클레르몽 종교 회의에서 '짐승 같은 이슬람으로부터 거룩한 성지인 예루살렘을 정화해 자유롭게 기도하자'라며 성지를 정화하라는 명령을 내립니다.

이때 나온 구호가 '데우스 로 불트(Deus lo vult)', 즉 하느님께서 그것을 원하신다는 것이었습니다. 민중들은 환호했고 이것이 십자군 전쟁으로 나아가게 된 시발점이 되었습니다. 십자군이 일어난 이유는 여러 가지가 있었는데 순수하게 고행만 하던 순례자들도 있었지만 땅과 돈을 차지할 수 있는 기회로 여기는 사람도 있었고, 여행을 떠나는 것처럼 새로운 세계에 대한 동경을 가지고 있는 사람들도 있었습니다. 초기에 아주 흥분해서 출전한 사람들이 식량도 준비하지 않고 가면서 여러 문제들을 일으킨 적도 있었고요.

십자군 전쟁은 정치적인 전쟁

1차 십자군은 약 3년 동안 전쟁을 해서 예루살렘을 되찾게 됩니다. 전쟁의 목적으로 삼았던 예루살렘 성지 순례가 자유로워졌으니 전쟁은 끝나야 하는데 그렇지 않았습니다. 이슬람들이 사분오열 되어 있었기 때문에 그리스도교 십자군은 큰 어려움을 겪지 않고 예루살렘을 점령했지만 이후 당연히 돌아갈 줄 알았던 그리스도교인들이 예루살렘 왕국과 3개의 공국을 세우게 되자 이슬람은 분노하게 됩니다. 드디어 2차 십자군 전쟁 때 이슬람 세력은 그리스도교에 대한 성전(聖戰), 지하드를 선포하고 힘을 결집하게 됩니다.

가장 유명한 것은 3차 십자군 전쟁입니다. 본격적으로 양대 세력과 종교가 부딪친 전쟁이었는데요. 여기서 가장 알려진 두 인물을 잠깐 소개하겠습니다. 영국의 사자왕 또는 사자심왕으로 불리는 리처드 왕과 자비로우면서도 철저하고 전략적으로 뛰어난 계책을 구가했던 이슬람

〈1098년 6월 1차 십자군과 페르시아 술탄의 안티오크 전투〉(앙리 프레데릭 쇼팽, 19세기)

의 술탄 살라딘입니다. 십자군 전쟁을 배경으로 한 여러 영화에 등장했기 때문에 아시는 분들이 있을 것 같고요. 〈킹덤 오브 헤븐〉(2005), 〈아이반호〉(1952), 〈로빈 후드〉(2010)와 같은 영화도 3차 십자군 전쟁과 연관되어 있습니다. 그런데 우리는 서구 세계에서 만든 영화들을 주로 보았기 때문에 십자군 전쟁이 굉장히 의로운 일을 하면서 악당들을 무찌르는 것처럼 생각하기 쉽지만 좋은 의미로 시작됐던 십자군 전쟁은 아주 쉽게 변질되고 말았습니다. 그 이유는 십자군 전쟁에 참여하는 인간들의 욕심 때문이었습니다.

여덟 차례의 전쟁 중에 가장 추악한 것은 4차 십자군 전쟁입니다. 예루살렘은 이미 1차 전쟁 때 다 약탈되었기 때문에 더 이상 값진 보석이 남아 있지 않았습니다. 많은 보석이 그대로 남아 있고 방비가 상대적으로 허술했던 곳이 바로 동로마 제국의 수도 콘스탄티노플이었습

〈콘스탄티노플에 입성하는 십자군〉(외젠 들라크루아, 1840년)

니다. 그리스도교의 십자군들은 가장 중요한 성당이었던 성 소피아 성
당까지 들어가서 사람들을 살육하는 잔혹한 행위들을 저지르게 되었
습니다. 과연 진정한 의미에서 순례객들을 보호하고 종교를 보호하려
고 십자군 전쟁을 일으킨 것이었는지 근본적으로 의심을 품게 하는 사
건이었다고 말씀드릴 수 있습니다.

5차부터 8차까지 끊임없이 이슬람 세력들을 몰아내기 위해 전쟁을
시도했지만 단 한 차례도 성공하지 못하게 됩니다. 결국에는 여덟 번
의 십자군 전쟁은 실패로 끝나게 되었고, 전쟁 실패뿐만이 아니라 이
슬람 세계에 십자군, 그리스도교에 대한 무지막지한 분노를 불러일으
키게 되었습니다.

1차 십자군 때에는 이슬람인, 유대인, 그리스도교인들이 모두 다 몰살당하는 '마라의 학살'이 자행되었고, 심지어 그리스도인들은 이슬람 포로들 목을 잘라 투석기로 성채에 던져 넣는 만행을 저질렀습니다.

이런 잔학성은 전쟁이 잠깐 멈추는 동안에도 이어졌는데요. 서방 세계에 들어와 함께 살고 있었던 유대인들에 대한 학살들뿐 아니라 나중에 계속 십자군이 실패하자 어떤 사람들은 이런 생각을 하게 됩니다. 어른들이 순수하지 못해서 모든 십자군 전쟁이 실패한 것이니 이제는 가장 순수한 존재인 소년들이 나서야 한다고 본 것입니다. 12세에서 13세 소년 몇천 명이 십자군에 나섰다가 모두 노예로 팔려 나가버리는 비극까지 일어납니다. 폭력은 폭력을 부른다고 이슬람의 그리스도교인들에 대한 학살도 이어집니다. 이렇게 200년 동안에 서로가 서로에게 준 상처는 현대에 이르기까지 계속되고 있습니다.

십자군 전쟁이라는 표현은 이슬람 사람들한테는 무지막지한 분노와 두려움, 혐오를 불러일으킬 수 있는 단어라는 사실을 1차적으로 기억해주시면 좋겠습니다. 평등과 자유를 위해 선포되고 자라났던 그리스도교가 천 년이 지난 다음 이런 잔혹한 전쟁을 일으켰다는 사실은 혐오의 역사를 돌아보면서 꼭 한번 생각해봐야 할 장면이라고 생각합니다. 로마 황제나 교황처럼 권력을 가진 사람들의 책임이지, 일반 사람들의 혐오와는 상관없다고 생각할 수도 있겠지만 유럽의 역사는 그렇게 간단하게 전개되지 않았습니다.

페스트의 공포 속에 드러난 분노와 혐오

중세 유럽의 말기가 시작되면서 무시무시한 공포가 시작되는데 바로 페스트(흑사병)였습니다. 지금 코로나19 사태가 전 세계에 번지면서 많은 사람들이 두려움을 느끼고 고통을 받고 있는데 이와 유사한 정도의 엄청난 질병이 중세 말기에 퍼져나갔던 것입니다. 1347년 흑해 연안의 한 항구에서 시작된 정체불명의 질병은 당시 지중해 연안에 많은 배가 오가고 있었던 제노아라든지 이탈리아 여러 항구도시에서 사람들이 피를 토하면서 죽어가는 전염병으로 번졌습니다. 기차나 자동차가 없었던 시절이었는데도 3년 만에 유럽 전체로 퍼져나갔습니다. 1349년에는 관을 가져다가 계속해서 시체를 구덩이에 몰아넣고 있는 모습을 흔하게 볼 수 있었습니다.

어린이, 노인, 성직자, 정치가, 그 누구도 예외가 되지 못했습니다. 병에 걸린 사람들은 서서히 서로에 대한 의심, 공포와 두려움, 혐오를 나타내기 시작했습니다. 페스트라는 질병이 무엇 때문에 어디서 생겨나는지를 몰랐기 때문에 무조건적으로 서로를 의심하고 있었던 것이었죠. 여러 가지 얼토당토않은 설명들이 나타나기 시작했습니다. 황당한 것은 목성과 토성과 화성이 일자를 이루게 되는 순간 천체로부터 악의 뿌리들이 뿌려지면서 페스트가 번져나갔다는 식의 생각이었습니다. 이유를 모르고 두려움이 생겨나자 사람들은 하느님께 매달리면서 질병으로부터 구해달라고 여러 가지 기도를 바치는 것들이 널리 퍼져나가기 시작했습니다.

〈다빈치 코드〉라는 영화에서 건장한 청년이 쇠사슬이 박힌 채찍으

〈페스트 희생자들의 장례〉(질 리 뮈시의 『연대기』, 1349년)

출처: Wikipedia(Public Domain)

〈채찍 고행자들의 행렬〉(프란시스코 고야, 1812–1814년)

로 자기 몸을 때리는 모습과 비슷한 극단적인 채찍 고행도 널리 퍼져 나갔습니다. 이것은 인간의 죄 때문에 페스트가 나왔으니 그 죄를 용서해달라고 기도하는 실천적인 모습 중 하나였습니다. 페스트를 피하기 위해 채찍 고행을 하면서 사람들은 이 마을 저 마을로 다니기 시작했고 오히려 이것은 페스트의 전파를 훨씬 더 빠르게 하는 역효과까지 가져오게 되었습니다. 채찍 고행단을 담은 한 장면에는 고깔모자를 쓴 모습이 있습니다. 이것은 또 다른 혐오의 상징인 미국 KKK단의 모습을 떠오르게 합니다만 본래 이 모자는 회개하는 사람들이 참회의 의미로 썼던 것이었습니다. 두려움에 채찍질하던 관행은 새로운 희생양을 만들어내는 광기로 연결되기 시작했습니다.

사람들이 얼마나 두려워했는지는 유명한 고전인 보카치오(Giovanni Boccaccio)의 『데카메론(Decameron)』이라는 책에 잘 나타나 있습니다. 도시에 창궐한 페스트를 두려워하던 사람들이 조용한 곳에 모여 열흘 동안 자신의 경험을 얘기 나누면서 시간을 보내는 것이 배경입니다. 페스트의 결과는 당시 교회와 통치자들의 권위가 땅에 떨어졌다는 사실을 잘 보여줍니다. 올바른 대책을 강구하지 못했다는 의미였죠. 보카치오는 종교적, 세속적 법에 대한 존중이 거의 파괴되었는데 이는 그 법을 집행하는 이들이 일반인들과 마찬가지로 전부 아프거나 죽었고, 살아 있더라도 전혀 도움이 되지 않았기 때문이라고 합니다. 권위가 없어지면서 사회는 혼란 속에 빠져들기 시작합니다. 일부 지역은 거의 무법지대, 무정부 상태가 됩니다. 절망과 분노에 찬 시민들은 이제 이해할 수 없는 상황에 대해 희생양을 찾아내기 시작했습니다.

당시에 가장 미움을 샀던 사람들이 사회적 소수자였던 유대인들이

〈페스트의 희생자들〉(조스 리페랭스, 1497–1499년경)

었는데 프랑스, 독일 등 유럽 전역에서 유대인들에 대한 학살이 벌어지게 됩니다. 1800명가량의 유대인이 살고 있던 스트라스부르크라는 지역에서는 절반이 넘는 900여 명이 죽임을 당합니다. 이 과정에서도 가짜 뉴스가 중요한 역할을 했는데요. 유대인들이 우물에다 독을 타서 페스트가 번졌다는 거짓 소문이 퍼져나갑니다. 이런 의심에는 다음과 같은 배경이 작용을 했습니다. 많은 그리스도교인들이 페스트에 걸려 죽어갈 때 유대인들은 이 병에 잘 걸리지 않았습니다. 유대인들의 종교적인 관행과 연결되어 있었는데 유대인들은 정결례(淨潔禮)라는 것이 있어서 부정을 탔다고 생각하는 순간 흐르는 물에 계속해서 씻었습니다. 이와는 대조적으로 당시 일반적인 유럽인들은 목욕을 거의 하지 않았습니다. 좋지 않은 위생 상태 탓에 페스트에 더 쉽게 감염이 된 데 반해 위생적인 손 씻기와 몸 씻기 종교 예절이 있었던 유대인들은 그런 고통을 덜 받았던 것입니다. 이런 것이 박해받던 유대인들이 보복을 위해 페스트를 퍼뜨린 것이라는 의심으로 번지기 시작했죠. 쾰른이라는 도시에서는 한 구덩이에다가 유대인들을 모아 놓고 화형시키는 아주 무시무시한 일들도 벌어졌습니다.

중세 말기 사람들을 죽음으로 몰아넣은 건 페스트가 끝이 아니었습니다. 소빙하기(小氷河期)라고까지 말할 정도로 기후가 추워지면서 페스트에 걸리지 않고 겨우 살아남은 사람들이 이번에는 굶어 죽는 일들이 벌어졌습니다. 거기에 100년 전쟁이라는 무시무시한 전쟁이 지속되었고, 나중에는 가톨릭과 개신교 사이에 벌어진 30년 전쟁이 병과 굶주림으로부터 겨우 살아남은 사람들을 다시 죽음으로 몰아넣게 됩니다.

사람들의 분노와 타인에 대한 혐오는 걷잡을 수 없이 커졌고 이를 표출할 수 있는 대상을 찾게 되는데 그것이 바로 마녀사냥이었습니다.

마녀사냥의 주도자는 평범한 시민들

많은 사람들이 마녀사냥 하면 잔 다르크(Jeanne d'Arc)를 떠올립니다. 100년 전쟁의 상황에서 나타난 인물이 바로 잔 다르크였는데요. 영국군이 쳐들어와 프랑스를 거의 몰락시킬 것 같은 분위기 속에서 그녀는 갑자기 신의 음성을 듣게 됩니다. 프랑스 왕을 도와주라는 계시를 받고 말을 타고 백색 갑옷을 입은 그녀는 프랑스군을 이끌어 영국군의 공격을 막아냅니다. 영국군은 두려우면서도 그녀에 대한 분노를 품고 있었습니다. 프랑스 국왕에게는 잔 다르크가 은인과 같은 존재였는데 그녀의 인기가 너무 높아지자, 프랑스 국왕마저 이런 소녀가 신의 계시로 신의 뜻을 전한다면 왕권이 흔들릴 수도 있다는 두려움을 갖게 됩니다. 적대적이던 이 두 세력은 어이없게도 잔 다르크를 제거하는 데는 뜻이 통했습니다. 프랑스 반란군은 국왕에게 배신당한 잔 다르크를 영국군에 넘겼고, 어설픈 종교 재판 끝에 마녀로 몰아 화형시키고 맙니다. 그러나 이 시기만 해도 이런 마녀사냥은 예외적인 일이었지만 점차 중세가 끝나고 근대로 넘어가면서 모든 세계관이 흔들리기 시작합니다. 위기를 느끼던 사람들이 두려움 끝에 찾아낸 것이 저항하지 못하는 희생양들을 공격하는 마녀사냥이었습니다.

〈화형에 처해지는 잔 다르크〉(질 외젠 르느뵈, 1866-1890년)

물론 중세 때도 이단 심판 제도가 있었습니다. 이단은 어떤 종교에 대한 가르침이 옳은지를 재판을 통해 따지는 것이었는데 13세기 이단 심판 제도까지만 하더라도 규칙이 잘 지켜졌고 그렇게까지 잔혹하지는 않았습니다. 그러나 근대 초기에 마녀사냥이 일어났을 때는 이미 모든 권위와 체계가 무너져버렸습니다. 새로운 미래가 다가오고 있는데 어떤 사회일지 전혀 모르겠고 두려워지기 시작하자, 저항하지 못하는 사람들에게 자신들의 두려움을 분출하여 고통을 주고 혐오를 드러내어 박해하는 것을 시작하게 됩니다.

유튜브를 살펴보니 특히 마녀사냥에 대한 정보에서 굉장히 틀린 것이 많고, 중세와 관련해서 자극적인 부분들만 너무 부각되어 있었습니다. 그래서 학문적으로 뛰어난 책을 추천하고 싶습니다. 『마녀: 서구 문명은 왜 마녀를 필요로 했는가』(주경철 지음)라는 책인데 정확한 사실에 입각하여 마녀사냥을 평가하고 있습니다. 이 책은 마녀사냥은 중세가 아닌 근대 초기에 일어났으며, 마녀재판이 폭발적으로 증가한 시기는 중세가 끝난 다음인 1550년부터 1650년 사이였다는 점, 아이러니하게도 과학혁명이 시작되고 계몽주의가 싹트기 시작했던 이성의 시대 때 가장 비이성적인 일들이 벌어졌다는 점 등을 담고 있습니다. 암흑기였던 중세에 비해 근대 사회는 훨씬 더 이성적이었으리라고 생각하기 쉬운데 과연 그렇게 합리적이기만 했는가를 되돌아보게 하는 사건이었습니다. 중세의 융성기까지는 어떤 사실을 근거로 철저하게 검증했지만, 중세 말기에 모든 체계가 무너지기 시작하자 소문만으로 사람들을 마녀로 만들기 시작했습니다. 예를 들어 홍수와 가뭄이 생기거나 때아닌 서리와 우박이 내리거나 겨울이 너무 길거나 페스트가 생겨

나거나 남성의 발기불능이 생기거나 여성이 불임이 되거나 새로 태어
난 아기가 죽거나 가축들이 폐사하는 것의 원인을 하나로 돌리려 했습
니다. 즉, 세상이 혼란스러운 것은 모두 마녀 때문이라고 얘기했습니
다. 더 무서운 것은 이웃 간에 서로 의심하면서 밀고하는 재판에 대한
관행을 만들어낸 것이었죠.

　제가 가장 혐오하는 책 중 하나가 『말레우스 말레피카룸(Malleus
Maleficarum)』, 즉 『마녀의 쇠망치』라는 책인데요. 마녀들을 잡아내기 위
한 억지 근거를 모은 마녀 심문서입니다. 성경과 법의 내용을 끌어다
놓았는데 들으면 분노할 만한 얘기가 들어 있습니다. '여성들이 주로
마법을 사용하는데 왜냐하면 잘 속아 넘어가고 머리가 나쁘기 때문이
다, 여성은 정욕에 취약하기 때문에 유혹에 쉽게 넘어간다'와 같이 얼
토당토않은 이야기들을 근거로 제시했습니다. 마녀를 색출하고 제거
하기 위한 구체적인 지침까지 나온 책이었습니다. 한 비평가는 문학세
계를 통틀어 가장 큰 폐해를 초래한 극악무도한 책이라고 평했습니다.
이 내용에 문제가 있다는 것은 나중에 교황청과 종교 재판가들도 알았
습니다. 그래서 이 책은 오류라고 선포했음에도 불구하고 근대 인쇄술
과 함께 베스트셀러가 되어버렸습니다. 과거에는 사람들의 말을 통해
전해졌다면 인쇄술 발명으로 책들이 퍼져나가면서 유럽뿐 아니라 미
국에까지 이 내용이 전해집니다. 그로 인해 1692년 미국 세일럼(Salem)
재판이라는 비극적인 재판까지 이어지게 되었던 것입니다.

　마녀재판 과정은 아주 구체적으로 묘사가 돼 있었는데, 밀고되면 체
포하고 조사하는 과정에서 혹독한 고문을 시행했습니다. 진짜 마녀인
지를 시험하고 인정되면 공범을 밝히라는 또 한 번의 고문이 자행됩니

세일럼의 마녀재판 그림(1892년, 조셉 E. 베이커)　　　『마녀의 쇠망치』 표지
좌, 우 출처: Wikipedia(Public Domain)

다. 고문에 못 이겨 가짜 공범을 말하게 되면 새로운 마녀들이 생겨났습니다.

　마녀재판이 성행한 곳은 뛰어난 문화와 정치 권력이 있는 도시가 아니었습니다. 지방의 마을 공동체 안에서 분노 속에 나쁜 감정을 가지고 있던 사람들을 없애는 수단으로 마녀사냥이 사용되기도 했습니다. 초기에는 보복당할 일 없이 죽일 수 있는 사람들을 찾았습니다. 호로크하이머(Max Horkheimer)와 아도르노(Theodor W. Adorno)의 『계몽의 변증법(Dialektik der Aufklärung)』이라는 책에서 '분노는 눈에 띄지만 방어능력이 없는 이들을 향해서 분출된다'라고 했듯이 당시 그렇게 죽임당한 대부분이 여성들이었습니다.

　마녀로 몰린 사람들 75% 이상이 여성들이었고, 변호해줄 사람이 없는 과부나 가난하고 나이 든 노파들, 약초로 사람들을 치료하는 사람들도 많았습니다. 나중에는 이에 유대인에 대한 혐오까지 덧붙게 됩니다. 또 불우한 가정에서 보호자가 없는 아이들, 병자나 정신이 온전하지 못한 이들까지 표적이 됩니다. 이런 상황에서 '그래도 나는 안전해'라고 생각하는 개인이 있을지 모르지만 결국 이런 식의 마녀사냥은 한없이 확장됩니다. 결국 재산 탈취를 위해 마녀로 몰아세우거나 여성뿐 아니라 정치적인 원한이 있는 남성까지 마법사로 몰아서 죽이는 일들이 벌어졌습니다. 이 모든 현상들을 바라보면서 이런 혐오로부터 누가 이득을 취하고 누가 이런 혐오를 공급하는지를 꼭 한번 생각해보셨으면 좋겠습니다.

마녀재판 경고 문구, 마틴스토어
출처: Wikipedia(Public Domain)

과거 십자군 전쟁에서는 황제나 교황이 이런 혐오를 공급했다면 페스트와 마녀재판부터는 너무나 평범해 보였던 시민들이 혐오의 공급자들로 나타나게 됩니다. 『혐오사회(Gegen den Hass)』(카롤린 엠케 지음)라는 책은 자신과 다른 사람들에 대한 혐오가 심화되면 결국 모든 사람이 피해를 입게 된다는 사실을 지적합니다. 혐오는 단순한 감정이라기보다 누군가에 의해 정치적, 종교적인 이데올로기 혹은 돈을 중시하는 금전 만능주의와 같은 이데올로기에 따라 집단적으로 만들어지고 이를 교육하고 학습시키면서 퍼져나갔다는 사실들을 잘 생각해보셨으면 좋겠습니다. 앞서 살펴보았듯이 광신주의가 창궐하는 것은 합리적인 체제가 위기에 처했다는 사실들을 알려주는 현상들입니다.

독일에서 10년 동안 유학 생활하면서 한 가지 보고 놀란 것이 있었습니다. 제가 공부했던 독일 프라이부르크에서 유명한 마틴스토어(Martinstor)라는 곳에 쇠판이 붙어 있었는데요. 거기에는 마녀재판이 행해진 시기에 얼마나 많은 사람들이 그곳에서 죽어나갔는지에 대한 내용과 역사 속에서 다시는 이런 일이 벌어져서는 안 된다고 경고하는 문구가 써 있었습니다. 다른 도시에 있는 사진을 보면 독일어로 이렇게 써 있습니다. '악에 대해 저항하라, 인간의 존엄을 보전하라!(Widersteht dem Bösen, bewahrt die Würde der Menschen!)' 이런 만행이 반복되지 않도록 이것을 기억하라는 문구입니다.

비극의 역사를 흘려보내지 않고 기억해야 하는 이유

여러분들께 함께 생각해 볼 과제들을 드리고 싶은데요. 우리가 이런 역사적 참사들을 기억해야 하는 이유들이 있습니다.

저와 함께 살펴본 1700년 동안의 네 가지 사건, 다른 교수님들께서 알려주신 혐오와 관련된 여러 사건들을 대하시면서 아마도 깜짝 놀라셨을 것입니다. 이렇게 배운 내용들이 현대와 근현대에 들어와서도 계속해서 반복되고 있다는 것입니다. 『혐오사회』에서는 '혐오의 기억에는 유통기한이 없다'라고 이야기합니다. 몇천 년 전에 일어났던 혐오라도 그것을 망각의 강에 빠뜨리면서 잊어버리게 된다면 얼마든지 그 잔혹한 비극이 반복될 수 있다는 것이죠.

여러분들은 꼭 '희생양 이론'을 기억해주셨으면 좋겠습니다. 정치가들이나 권력자들은 자신들에게 향하고 있는 분노를 이용할 때, 저항할 수 없는 사람들을 희생양으로 만들 수 있습니다.

혐오에 대한 이 강연을 들으면서 자신은 절대로 가해자는 되지 않고 피해자는 될 수 있다고 생각하실 수도 있습니다. 그러나 일상생활 속에서 자칫 억울한 희생양들을 보호하거나 돕는 조치를 취하지 않게 된다면 그 혐오가 빙 돌아와서 나중에는 모든 사람들한테 피해를 줄 수 있기 때문에 가해자와 피해자는 근본적으로 구별돼 있다는 생각은 다시 성찰할 필요가 있습니다.

혐오의 현상만을 바라보면서 이것을 막으려 할 때는 쉽지 않습니다. 혐오의 뒤에는 불평등과 차별이라는 사회 문화가 이미 존재하고 있었습니다. 혐오의 제공자들은 그것을 잘 이용하고 있습니다. 중세 철학이라는 그리스도교가 매우 중요했던 시기를 가르치는 교수로서 근본적으로 평화와 자유를 추구하는 종교가 제대로 된 역할을 하지 못했다는 것이 항상 마음 아프게 남아 있습니다.

암울한 이야기만 했기 때문에 한 가지 새로운 희망을 드린다면 제5차 십자군 전쟁이 무르익었을 때 나타난 한 사람을 얘기하고 싶습니다. 바로 프란치스코 성인(Francesco d'Assisi)입니다. 전쟁이 한창일 때 그는 당시 이슬람의 지도자였던 술탄을 만나러 이집트로 찾아갔습니다.

술탄이 깜짝 놀라 이 전쟁 상황에서 겁도 없이 그리스도인이 어떻게 왔냐고 묻자 프란치스코 성인이 이렇게 답했습니다. "사실 그리스도교는 그런 잔혹한 종교가 아니라 사랑과 평화의 종교입니다." 그러면서 술탄에게 본래적인 그리스도교를 가르쳐주려 했습니다. 술탄은 껄껄껄 웃으면서 멋지게 아랍어로 문서를 하나 써주었

〈성 프란치스코〉(후세페 데 리베라, 1643년)

습니다. '이 사람은 평화를 추구하러 온 사람이니 그 누구도 해치지 말며, 이 사람을 해치는 사람은 나 술탄에 의해 몇 배가 되는 재앙을 받을 것이다'라는 편지였습니다. 프란치스코 성인은 순교당하지 않고 그 편지를 들고 예루살렘까지 순례를 갔으며, 그와 그의 제자들은 처음으로 이슬람인들과 그리스도교인들이 평화스럽게 살아갈 수 있겠다라는 새로운 실천 방향을 보여주었습니다.

평화에 대한 이런 희망은 과연 중세 때만 있었을까요? 저는 영화 〈울지마 톤즈〉로 소개된 바 있는, 남수단에서 활동하셨던 이태석 신부님의 삶에 대해 말씀드리고 싶습니다. 신부님은 인종, 피부색, 국적, 종교에 상관없이 모든 사람들한테 다가가 돕기 위한 노력을 하고 계셨습니다. 하나하나의 개인들이 얼마나 소중한지를 보여주셨습니다. 한센병에 걸린 사람들의 발이 모두 다 일그러져서 신발을 신을 수 없자 각

개인에 맞는 신발을 만들기 위해 발을 주무르시던 영화 속 모습이 특히 기억에 남았습니다. 이것이야말로 혐오를 극복할 수 있는 가장 좋은 모범이 되지 않을까 생각했습니다.

코로나19와 환경재앙이 창궐하고 있는 요즘이야말로 혐오 바이러스가 자랄 수 있는 최적의 조건이라 할 수 있습니다. 자칫하면 희생양을 찾기 위해서 사람들은 또 다른 마녀재판을 시작할 수 있습니다. 눈을 크게 뜨고 혐오가 어떻게 일어나는지를 성찰해 혐오를 없앨 수 있는 진정한 공감의 세계로 나아가실 수 있길 바랍니다.

강연 요약

　그리스도교는 예수 안에서 하나라는 자유와 평등 정신으로 로마 제국 안에서 굉장히 빠른 속도로 전파됩니다. 초기 로마는 관용적인 자세로 그리스도교를 대하고 있었으나 로마의 네로 황제는 도시의 3분의 1이 불탔던 사건에 대한 책임을 그리스도교의 문제로 덮어씌웠습니다. 국가의 정치적 목적으로 그리스도교의 신앙생활을 왜곡하여 혐오를 만들었습니다. 이런 그리스도교는 밀라노 칙령 이후 자유를 얻고 이후 392년 국교로 지정되었으며 가장 강력한 영향을 미치는 종교가 되었습니다.

　중세 시대에는 박해받는 종교가 아닌 가장 힘 있는 종교가 되었고 십자군 전쟁과 같은 비극적인 결과를 만들어내기도 했습니다. 십자군 전쟁 갈등의 불씨는 예루살렘이라는 공간의 특수성으로 시작됩니다. 7세기 그리스도교와 이슬람교 모두 성지로 여기는 이곳을 이슬람이 점령했기 때문에 그리스도인들이 순례를 가는 것에 어려움을 겪게 되어 동로마 제국 황제 알렉시우스 1세는 교황에게 도움을 요청했습니다. 교황 우르바노 2세는 이러한 요청을 활용하여 분리되어 있던 동방교회와 서방교회를 통일하려는 계획을 세우게 됩니다. 그 과정에서 가짜 뉴스가 큰 역할을 하게 되고 결국 그리스도인들은 분노하여 십자군 전쟁을 시작하게 되었습니다. 1차 십자군 전쟁을 통해 예루살렘을 되찾게 되고 그곳에 예루살렘 왕국과 3개의 공국을 세우게 됩니다. 또한 십자군은 포로들의 목을 잘라 투석기로 성채에 던져 넣는 만행과 같은 끔찍한 살육을 저질렀습니다. 8차까지 이어지는 그리스도인들의 십자군 전쟁은 모두 실패로 끝났고, 이슬람 세계에 그리스도교인들에 대한 엄청난 분노를 새기는 계기가 됩니다.

폭력은 폭력을 부른다고 이슬람의 그리스도교인들에 대한 학살도 이어집니다. 200년 동안 서로가 서로에게 준 상처는 지금까지 이어지고 있다고볼 수 있습니다. 처음에는 가혹한 박해를 받았던 그리스도교가 천 년이지난 후 가해자가 되어 잔혹한 전쟁을 시작했다는 사실은 혐오의 역사를돌아보면서 꼭 한번 생각해보아야 할 중요한 요소입니다. 혐오는 로마 황제나 교황처럼 권력을 가진 사람들의 책임이지 일반 사람들은 상관없다고 생각할 수도 있겠지만 유럽의 역사는 그렇게 간단하게 전개되지 않았습니다.

중세 말기에 찾아온 페스트는 혐오의 역사가 일부 소수의 문제가 아니라는 것을 보여주고 있습니다. 페스트라는 질병이 유럽 전역으로 확산되며 수많은 사람들이 죽었고, 소빙하기가 찾아오며 많은 사람들이 굶어 죽었습니다. 거기에 100년 전쟁이라는 전쟁이 발생했으며 기독교와 가톨릭의 30년전쟁까지 더해져 겨우 살아남은 사람들조차 죽음을 맞게 되었습니다. 사람들의 분노와 타인에 대한 혐오는 걷잡을 수 없이 커졌고 쾰른에서는 가짜뉴스로 인해 유대인들을 집단으로 화형시키는 학살이 이루어지기도 했습니다.

일반 사람들이 저지른 혐오의 대표적인 사건은 마녀사냥입니다. 오히려마녀사냥은 중세를 넘어 과학혁명과 계몽주의가 발생했던 근대 초기에 더많이 발생했습니다. 사람들은 소문만으로 마녀를 만들어내기도 했고 평소악감정을 가지고 있던 대상을 마녀로 만들기도 했으며 심지어는 재산 탈취나 기타 정치적 목표로도 마녀를 만들어냄으로써 결국 끔찍한 비극이 발생했습니다. 이런 마녀사냥과 같은 혐오와 폭력은 단순히 일시적으로 발생하는 감정이 아니라 집단적인 이데올로기로 인해 만들어지고 교육되고 학습되며 퍼져나갔음을 알아야 합니다.

혐오의 기억에는 유통기한이 없습니다. 과거에 일어났던 문제를 제대로 반성하고 돌아보지 않으면 반복될 수 있습니다. 역사적 사건에서 말해주듯 언제든 희생양이 만들어질 수 있다는 것을 기억해야 합니다. 단순히 혐오의 현상만을 바라보고 해결하려는 것이 아니라 눈을 똑바로 뜨고 과거의 모습을 돌아보며 진정한 공감의 세계로 나아가야 합니다.

09

강연 영상 보러가기

독일 반유대주의의 지성사

인종주의와 반공주의

전진성　　부산교육대학교 사회교육과 교수

• 고려대학교 사학과 학사 및 석사
• 독일 훔볼트대학교(Humboldt University of Berlin) 박사
• 전) 부산교육대학교 학술정보관장
• 현) 국가인권위원회 인권교육전문위원회 전문위원

저서: 『상상의 아테네, 베를린 · 도쿄 · 서울: 기억과 건축이
　　　빛어낸 불협화음의 문화사』,
　　　『보수 혁명: 독일 지식인들의 허무주의적 이상』 외 다수

지성사는 역사의 위대한 사건이나 인물들보다는 주로 문화와 사상의 역사를 다루는 분야입니다. 인류 문명사회에 뿌리 깊게 내재되어 있는 혐오의 문제도 지성사의 주제가 될 수 있습니다. 편견과 왜곡으로 점철된 혐오의 지성사에서 결코 빼놓을 수 없는 주제가 바로 독일 나치의 유대인 학살입니다. 많이 알려진 주제이죠.

나치의 유대인 학살에 대해 듣게 되면 대개는 그것을 아주 예외적인 현상으로 보면서 히틀러 일당을 비난하거나 그런 지도자를 숭배했던 독일 민족이 반성해야 한다고 생각합니다. 그러나 독일인의 유대인 혐오는 다른 혐오들과 마찬가지로 비도덕적인 행위로만 보기에는 너무도 뿌리 깊은 역사적 연원과 정치적 맥락을 지니고 있습니다. 이번 강연에서는 인류 문명에 내재된 혐오가 어떻게 구체적 현실 속에서 발현되고 또 새로운 혐오를 조장해가는지에 대한 생생한 사례를 보여드리고자 합니다.

인종주의는 근대 유럽의
식민주의에서 비롯된 산물

2차 세계대전 시기 독일인들의 유대인 학살을 가리키는 용어로 국제적으로 가장 흔히 사용되는 용어는 '홀로코스트(Holocaust)' 입니다. 그리스어를 조합한 일종의 합성어이죠. 우리말의 '번제(燔祭)' 에 가깝습니다. 제물을 불태워 신에게 공양을 드린다는 의미인데 나치 가 유대인을 가스실에서 대량 학살한 뒤 바로 화장터에서 불태웠다는 것을 생각해보면 이미지가 겹치기도 합니다.

그러나 너무 비유적이기 때문에 유대인들은 이 용어를 좋아하지 않 고 '쇼아(Shoah)'라는 히브리어를 선호한다고 합니다. '쇼아'는 대재앙 을 의미합니다.

아우슈비츠 강제수용소에서 희생당한 이들의 신발 더미

〈십자가에 못 박힌 그리스도〉(페테르 파울 루벤스, 1628년경)

독일인들의 유대인 학살이 인종적 편견에 근거를 두고 있음은 잘 알려진 사실입니다. 유대인에 대한 반감을 한마디로 안티 세미티즘(anti-Semitism)이라고 합니다. 이 개념은 말뜻 그대로는 서아시아의 종족들을 통칭하는 셈족에 대한 반감을 의미하지만 통상적으로 유대인에 대한 반감이라는 의미로 쓰입니다. 그럼 왜 독일인들은 유대인을 그토록 혐오했을까요?

우선 그리스도교 문명권은 원천적으로 유대인에 대한 호감을 갖기가 힘듭니다. 유대인은 예수님을 배신하고 십자가에 못 박혀 돌아가시게 한 장본인들 아닙니까. 물론 예수님도 유대인 아니냐고 반문할 수도 있겠으나 예수님은 신의 아들이니까 그리스도교적으로는 특정 민족에 속한다고 볼 수 없겠죠. 물론 이러한 종교적 적대감 외에도 좀 더 실제적인 이유가 있습니다. 유대인이 너무 눈에 잘 띄는 이방인 내지는 이교도였다는 점입니다.

잘 아시겠지만 유대인은 선민의식이 굉장히 강하고 유대교를 바탕으로 종족적 정체성을 유지해왔기 때문에 유럽 안에 살면서도 현지인들과 섞이지 못하고 따로 모여 살았죠. 이처럼 너무 가까우면서도 너무 먼 존재라는 점이야말로 혐오의 대상이 되기에 아주 적합했던 것입니다. 유럽 역사를 보면 서남부의 스페인에서 동북부의 러시아까지 전 유럽에 걸쳐 유대인에 대한 주기적인 학살이 자행됩니다. 흑사병이 돌거나 전쟁이 나거나 기근이 들 때마다 유대인은 늘 희생양이 되었죠. 하지만 이런 것은 인종주의적 편견과는 거리가 있습니다. 오늘 강연에서 다루어 보고자 하는 반유대주의는 전통적인 유대인 혐오와는 매우 다른 것입니다. 그것은 유럽 문명의 전통적 사고방식이 아니라 근대 유럽 사회의 산물입니다.

　여러분은 유럽 열강들의 식민 지배에 대해 익히 들어보셨을 겁니다. 아메리카 대륙에서 점차 구대륙인 아프리카와 아시아 지역으로 유럽의 지배권이 확장되어가면서 소위 '유색인종'에 대한 편견이 고착됩니다. 백인종에 비해 육체적으로나 정신적으로 열등한 존재라는 생각이 당연시되면서 인간 간에 등급을 나눠 차별하는 관행이 자리 잡게 됩니다.

　그렇지만 인종은 자연적으로 존재한다기보다는 근대의 과학적 발명품이라고 볼 수 있습니다. 인종을 뜻하는 영어, '레이스(race)'는 스페인어 '라사(raza)'에서 나왔습니다. 스페인은 포르투갈과 더불어 식민 지배에 맨 처음 나선 국가죠. '라사'는 동물 혈통이나 품종을 가리키는 말이었다고 합니다. 인간을 이처럼 동물 기준으로 분류하는 새로운 풍조는 무엇보다 근대 과학에 의해 정당화됩니다. 교과서에도 나오는 18세기 스웨덴의 자연학자 린네가 만들어낸 소위 분류학(taxonomy)이라는 것이 인종을 과학적으로 정당화한 대표적인 사례라고 할 수 있습니다. 린네는 1735년 『자연의 체계』라는 어마어마한 책을 써서 자연의 식물, 동물 전체를 분류했죠. 모든 자연계의 사물이 속명과 종명으로 분류되고 배치됩니다. 여기서 주목할 점은 놀랍게도 인간과 동물을 동일한 방식으로 분류했다는 것입니다. 그 이전에는 없던 방식이죠. 인간 분류의 기준은 바로 피부색이었습니다.

　호모 사피엔스라는 표현에서 호모는 '속'이고 사피엔스는 '종'이죠. 더 넓게는 이른바 영장류에 속하고요. 더 좁게는 네 부류로 나뉩니다. 피부색에 따라 백색의 유럽인과 홍색의 아메리카인, 갈색의 아시아인,

흑색의 아프리카인으로 나뉩니다. 이 책은 인류의 닮은 점보다는 차이를 부각시킵니다. 현재의 인류 공영, 세계 시민과 같은 생각은 조금도 찾아볼 수 없죠. 오히려 인간을 마치 자연적 사물을 다루듯이 과학적 대상으로 삼습니다. 여기서 소위 유색인종은 백인종과 달리 분류되죠. 친근한 이웃이 아니라 낯선 타자로서 표현되는 것입니다. 즉,『자연의 체계』는 자연을 길들인다는 관점에서 유색인종을 다뤘던 것입니다. 물론 이 책이 나온 것은 18세기로, 이때까지 인종주의라는 것은 아직 없었습니다. 린네는 인종주의자가 아니었죠. 그러나 19세기에 과학이 더욱 발전하게 되자 노골적인 인종주의의 색채를 띠게 됩니다. 소위 우생학(eugenics)이라는 것이 대표적인 사례입니다. 인간을 유전학적으로

〈프랜시스 골턴〉(찰스 웰링턴 퍼스, 1903년)

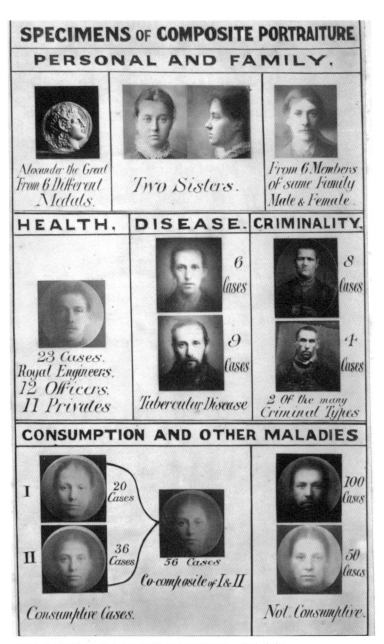

골턴의 저서 『인간의 능력과 발달에 관한 연구』에 견본으로 수록된 사진들
출처: Wikipedia(Public Domain)

개량하겠다는 새로운 과학입니다. 아주 악명 높은 과학이죠.

우생학이라는 용어를 만들어낸 사람은 프랜시스 골턴(Francis Galton) 입니다. 그는 인간의 두개골을 측량하고 수치화해서 지능, 계급, 인종을 나눴습니다. 그는 두개골을 통해 빈민, 범죄자, 유대인을 식별해낼 수 있다고 믿었습니다. 우생학이야말로 과학의 끝없는 만용을 보여주는 사례로, 소위 계급적 편견, 즉 못사는 사람들에 대한 멸시와 편견, 그리고 유색인종에 대한 인종적 편견을 과학의 논리로 정당화했습니다.

골턴은 독일 사람이 아니라 영국 사람이었습니다. 서구 사회 전체에 편파적 사고가 만연했었습니다. 과학의 외피를 띠었으나 아주 편파적이었던 골턴의 사고방식은 당시 유럽 지식 사회에 팽배하던 계급적 차별의식과 더불어 비유럽 세계에 대한 극도의 편견을 드러냅니다. 서양인들의 동양 세계에 대한 편견을 '오리엔탈리즘(orientalism)'이라 통칭합니다.

예컨대 영국 사람들에게는 자신들이 지배하던 인도를 보는 시각이 두 가지가 있었죠. 하나는 굉장히 멸시하는 겁니다. 피부가 까맣고 손으로 밥을 먹는, 그 손을 화장실에 가서 쓰는 아주 야만적인 인간들이라는 식의 멸시하는 이미지이죠. 그런데 이와는 상반된 이미지로서 인도 사람들은 뭔가 신비하다, 맨날 요가를 하고 있는 것 같고 나무 위나 구름 위에 떠다니면서 사는 것 같다고 여기는 경향도 있습니다. 두 가지는 서로 다른 것 같지만 사실은 통합니다. 즉, 인도인들은 영국인들에게 친근하게 다가갈 대화 상대자가 아니라 뭔가 이해가 안 되는 이상한 사람들이라는 거죠. 이런 것이 바로 오리엔탈리즘입니다. 잘 알

〈뱀 부리는 사람〉(장 레옹 제롬, 1879년경)

지도 못하면서 동방 세계에 대해 편견을 갖는 것이죠. 이 편견 가득한 관념을 좀 더 와닿게 감각적으로 정당화한 것이 바로 미학과 미술사라는 분과입니다. 이런 문제와 전혀 상관없는 순수한 분과처럼 보이죠.

독일의 저명한 미술사가 요한 요하임 빙켈만(Johann Joachim Winckelmann)이라는 학자가 있습니다. 그저 독일의 미술사가 정도가 아니라 사실상 미술사 분야를 처음 개척한 사람이죠. 그 이전까지는 기껏해야 미술가들의 전기를 서술할 정도였지만 빙켈만은 미술가 개개인이 아닌 미술의 양식적 변화를 역사적으로 연구한 아주 걸출한 학자인데요. 그런데 그는 무엇보다 고대 그리스의 조각을 이상화했습니다. 하얀 대리석을 통해 백인종의 아름다운 얼굴과 인체를 표현한 고대 그리스의 조각품이야말로 예술의 영원한 이상이라는 겁니다. 그래서 이런 말까지 합니다. "중국인과 여타 외딴 민족들의 납작하게 내려앉은 코는 하나의 탈구이다. 왜냐하면 그것은 신체의 나머지 골격을 이루는 형식의 통일성을 저해하기 때문이다."

참으로 놀라운 주장이죠. 전혀 사실에도 부합하지 않는 주장입니다. 원래 고대 그리스 조각에는 알록달록한 색채가 입혀져 있었다고 합니다. 다만 시간이 지나면서 색이 벗겨진 것뿐이죠. 백색

〈빙켈만〉(안톤 라파엘 멩스, 1777년경)

의 이미지는 그저 이데올로기일뿐입니다. 빙켈만은 독일 사람이었습니다. 그렇지만 인종주의는 독일인들만의 것이 아니고 해외 식민지를 지녔던 유럽 제국주의 열강들에 일반적인 현상이었습니다. 유럽의 열강들은 바다 건너의 식민지를 효율적으로 건설하고 관리하기 위해 다양한 관념과 기술, 행동 방식을 창출해 갑니다. 이를 통칭해 식민주의(colonialism)라고 합니다.

이러한 논의를 통해 우리는 이 강연의 첫 번째 명제에 도달합니다. '인종주의는 근대 유럽의 식민주의에서 비롯된 산물이다.'

왜 하필 독일이었나?

　　독일인들은 분명 유럽 인종주의의 성장에 한몫을 담당 했지만 영국이나 프랑스보다는 상대적으로 인종주의가 약했던 편이 었습니다. 19세기 후반에 가서야 통일된 민족 국가를 이룩했기 때문에 식민지 침탈 면에서 다른 열강들에 한참 뒤처져 있었지요. 독일 정치인들도 식민화에 그리 열을 올리지 않았습니다. 심지어 아프리카 식민지들에서는 아예 독일어를 가르치지도 않았다고 합니다. 제대로 식민화할 의지가 높지 않았던 것이죠. 독일이 뒤늦게 아프리카 케냐 일대를 차지했을 때 주변 열강들은 이를 두고 '킬리만자로산은 독일에서 가장 높은 산'이라면서 비꼬았죠. 이처럼 독일인들은 해외에 나가 비유럽인종들을 접할 기회가 상대적으로 적었습니다.

　　그런데 젊은 야심가였던 빌헬름 2세(Wilhelm II)가 1888년에 황제로 즉위하면서 모든 게 바뀝니다. 그는 구 정치인 비스마르크(Otto von Bismarck)를 퇴임시키고 독일 제국을 세계 으뜸의 열강으로 만들겠다며 적극적인 식민지 쟁탈전에 나섭니다. 그러면서 내세운 구호가 바로 '양지 바른 곳(Platz an der Sonne)'입니다. 독일과 유럽의 날씨가 좀 어둡잖아요. 그래서 밝은 세상으로 적극적으로 나가겠다는 의미로 이런 구호를 내세웠습니다.

　　하지만 무리수를 두면 늘 탈이 생기는 법이죠. 아프리카 남서부와 동부의 몇몇 지역을 급하게 차지하고 심하게 수탈을 하니까 원주민들이 봉기를 일으켰습니다. 서아프리카의, 지금의 나미비아 지역에서 원주민인 헤레로족과 나마족 등이 봉기를 일으키자 독일은 이들에 대한

〈헤레로족을 학살하는 독일군〉(리하르트 크뇌텔, 1904년경)
출처: Wikipedia(Public Domain)

대학살을 자행했습니다. 그래서 일부 역사가들은 나치 대학살의 전조가 이미 아프리카 식민지 학살에서 보인다고 해석하기도 합니다. 또한 독일은 19세기가 끝나기 직전에 동아시아로 진출해 중국 산둥반도의 칭다오를 조차지(租借地)로 삼습니다. 조차지라는 건 형식적으로 땅을 빌린다는 것인데 실제로는 빼앗는 겁니다. 99년 동안 빌리겠다고 하고 그곳을 자기네 세력권으로 만듭니다. 토지를 뺏다시피 강제 매수하고 경제적 수탈을 자행하고 인종적으로도 차별하니까 견디다 못해 의화단(義和團)의 난이 일어납니다. 중국 무인들이 격분해서 일으킨 것인데 아주 무참하게 진압되었죠. 독일의 무리한 공세는 결국 기존 열강들을 자극하고 이는 1차 세계대전으로 이어집니다. 그리고 1918년 독일 제

〈의회단 사건 당시 베이징성 공격 장면〉(토라지로 카사이, 1900년)
출처: Wikipedia(Public Domain)

국이 패망하고 아예 사라지게 됩니다.

이러한 역사적 경과를 보면 그 이후 왜 하필 독일에서 가장 극단적인 인종주의적인 반유대주의가 생겨났는지 오리무중입니다. 한번 생각해봅시다. 독일이 뒤늦게 식민지 쟁탈전을 위한 공세를 펼쳤지만 금방 패망했습니다. 즉, 식민주의가 독일 사회에 뿌리 깊게 파고들 시간이 별로 없었는데요. 그럼 왜 하필 독일에서 극단적인 인종주의가 생겨나게 된 것일까요?

사실 독일은 프랑스나 여타 유럽 국가들에 비해 유대인들에 대해서 훨씬 개방적인 편이었습니다. 19세기 초 계몽주의 사상의 영향을 받아 유대인 해방이 이루어져 유대인들이 시민권과 자유를 획득하게 됩니다. 곧 유대인들은 독일 사회에서 매우 중요한 역할을 수행하게 됩니다. 시민권과 자유를 얻는 데 그치지 않고 독일 문화의 전통을 이어가는 데 한몫했던 것이죠. 근대 독일의 핵심적 지식인들과 예술인 중에 상당수가 유대인입니다. 시인 하이네(Heinrich Heine), 철학자 레싱(Gotthold Ephraim Lessing), 음악가 멘델스존(Felix Mendelssohn), 화가 리버만(Max Liebermann), 정신분석학자 프로이트(Sigmund Freud), 물리학자 아인슈타인(Albert Einstein) 모두 다 유대인입니다. 그런데 이처럼 독일인들보다도 더 독일인적이었던 유대인들이 별안간 다른 인종으로, 사회를 좀먹는 쥐 같은 존재로 표현되기 시작합니다. 그러면서 쥐처럼 박멸해야 한다는 주장이 나오게 됩니다. 인종주의의 극단이죠. 그렇다면 그전까지 유대인에게 비교적 살기 좋은 환경을 제공했던 독일에서, 왜 하필 독일 땅에서 극단적인 인종주의적 반유대주의가 나오게 되었을까요?

이러한 급격한 변화의 이유는 다름 아닌 반공주의였습니다. 지금부터 오늘 강연의 초점을 이동합니다. 1차 세계대전이 한창이던 1917년에 러시아 볼셰비키 혁명이 일어납니다. 가망 없는 전쟁 상황과 배고픔 그리고 상부의 억압에 분노한 러시아 병사들이 유혈 혁명을 일으킨 것입니다. 당시 러시아가 독일과 싸우고 있었는데 경제적으로나 기술적인 수준에서나 상대가 되지 못했죠. 그래서 전쟁의 와중에 세계 최초의 전면적인 공산주의 혁명이 일어나게 됩니다. 그런데 1789년 프랑스 대혁명기에 그랬듯이 혁명의 열풍이 다른 유럽 국가들로 전파될까봐 유럽의 기득권 세력은 전전긍긍하게 됩니다. 결국 이 기득권 세력으로부터 역풍이 초래됩니다.

유럽의 근대사를 보면 프랑스 대혁명이 발발하자 주변국이 연합국

연설 중인 레닌(러시아 혁명 70주년 기념 우표)

을 결성해 프랑스로 쳐들어갔었습니다. 그리고 시간이 지나면서 보수적인 국가들, 즉 러시아, 오스트리아, 프로이센이 서로 힘을 합쳐 신성동맹(Heilige Allianz)이란 것을 결성했죠. 보수적이고 그리스도교적인 유럽을 저 불온한 혁명의 무리들로부터 지켜내겠다면서 이룬 동맹이었는데요. 러시아 혁명에 대해서도 유사한 역풍이 일어났습니다. 바로 파시즘의 등장입니다. 1920년대 이탈리아에서, 그리고 1930년대에 스페인과 독일에서 파시즘 또는 나치즘이 등장하게 되는 거죠. 파시즘(Fascism)이란 말은 이탈리아어로 '묶음(fascio)', 즉 강고한 단결을 강조하는 정치 이념입니다. 국가 전체를 군대 막사처럼 단일하게 만드는 체제입니다.

1920년대 독일에서는 패전의 상처가 아물기도 전에 좌우대립이 격화됩니다. 거리에서 공산주의자들과 극우 세력 간에 패싸움이 벌어지기도 했습니다. 그리고 1929년 세계 공황이 닥칩니다. 1929년 뉴욕 주식 시장이 주가 대폭락을 한 것을 계기로 전 세계로 공황이 확산되었습니다. 전쟁 배상금에 허덕이다 겨우 약간 회복되는 듯했던 독일에게는 아주 치명적인 타격이었습니다. 따라서 독일 기득권층이 느낀 위기의식은 대단했습니다. 공산당 세상에 사느니 차라리 나치당을 지지하겠다는 심리가 팽배하게 되고 결국 신생 정당인 나치당이 제1당으로 부상합니다. 나치가 무슨 의미인지 아시나요? 민족사회주의입니다. 독

국가 연주 중 나치 경례를 하고 있는 히틀러와 나치당원들

일어로 나치오날조치알리스무스(Nationalsozialismus)인데요. 영어로 내셔널 소셜리즘(National Socialism)이죠. 여기서 중간 말을 빼서 나치(Nazi)라고 부르는데 소련식 좌파 사회주의가 아니라 우파 사회주의를 의미합니다.

나치는 스스로를 소련 공산 세력으로부터 유럽을 지키는 십자군이라고 선전했습니다. 실제로 소련을 침공해 스탈린(Iosif Vissarionovich Stalin)과 한판 승부를 벌이기도 했습니다. 결국 스탈린이 승리하게 되죠. 바로 이러한 급박한 상황 속에서 민족공동체의 단결을 꾀하고자 유대인을 희생양으로 삼게 된 것입니다.

반유대주의는 인종주의와 반공주의의 결합

　　　　　왜 하필 유대인이었을까요? 독일 사회에서 유대인은 독일인의 돈을 빼앗아 자신들의 재산을 불리는 수전노, 악덕 기업가의 이미지와 함께 공산주의자라는 상반된 이미지가 있었습니다. 먼저 유대인이 악덕 기업가라는 이미지는 특히 영국의 로스차일드 가문(Rothschild family)의 행적에 기반을 두고 있었습니다. 이 가문은 원래 독일-유대계이지만 나폴레옹 전쟁 이래 전쟁 때마다 영국 정부의 자금줄 역할을 하여 막대한 부를 얻어왔습니다. 이러한 내력은 독일인들에게 유대인과 앵글로색슨 세력 간의 결탁으로 비치기에 충분했습니다.

　이와는 정반대로 유대인이 공산주의자라는 이미지도 현실적 근거를 가지고 있었습니다. 유대인들은 실제로 사회의 비주류였기 때문에 정치적으로 급진화되기가 쉬웠습니다. 카를 마르크스(Karl Heinrich Marx)를 비롯해서 카를 리프크네히트(Karl Liebknecht), 로자 룩셈부르크(Rosa Luxemburg), 레온 트로츠키(Leon Trotsky) 등이 다 유대인 혈통입니다. 나치는 악덕 자본가와 공산주의자라는 상반된 이미지들 중 두 번째 이미지를 좀 더 활용했습니다. 물론 어차피 비합리적인 편견이기에 이미지들은 그때그때마다 편한 대로 활용되었죠.

　그래서 우리는 이번 강연의 두 번째 명제에 도달합니다. 그것은 바로 '독일의 반유대주의는 인종주의와 반공주의의 교묘한 결합'이라는 것입니다. 통상적인 식민주의와 인종주의만으로는 독일에서의 극단적인 유대인 혐오를 설명할 길이 없습니다. 오로지 반공주의와의 결합을 통해서 반유대주의는 극단화되었던 것입니다.

〈1830년 7월 28일 시청 앞의 전투〉(장 빅토르 슈네츠, 1833년)

여기서 잠깐 알아볼 게 있습니다. 통상적으로 공산주의자들은 빨간색으로 표현됩니다. 우리나라에서도 '빨갱이'라는 용어가 한때 많이 쓰였죠. 빨간색의 이미지에는 역사적인 연원이 있습니다. 프랑스 혁명기에 급진 좌익 세력이던 자코뱅파(Jacobin)가 혁명을 위해 순교한 이들의 숭고한 피를 상징하고자 적색기를 들었습니다. 그 이후 붉은색은 급진 좌익을 상징하는 색이 되었습니다. 그래서 급진주의자들이 스스로를 표현할 때도 붉은색, 또한 반대편에서 그들을 비난할 때도 붉은색 이미지를 활용했습니다.

이에 반해 보수 우익 진영은 흰색을 선호했습니다. 흰색은 붉은 무리와 대비되는 순결함을 상징했죠. 앞서 논했던 빙켈만의 고대 그리스 조각 예찬을 다시 떠올려봅시다. 그에게 흰색은 고귀함, 아름다움, 그리고 역사적 전통을 상징했었습니다.

이러한 색채의 문제와 관련하여 독일 나치의 반유대주의에서 눈여겨볼 대목은 사실 혐오란 아무리 과학의 외피를 쓰거나 그럴듯한 정치적 명분을 내세우더라도 지극히 감정적인 것이므로 하나의 혐오는 다른 혐오로 쉽게 이어진다는 겁니다. 유색인종의 어두운 피부색에 대한 혐오가 특정한 정치적 상황에 직면하여 공산당의 빨간색에 대한 혐오와 오버랩되었던 것입니다.

독일에서 시작된 유색인종 혐오와 붉은 공산당 무리들에 대한 혐오의 결합은 2차 세계대전에서 나치 독일이 패망하면서 새로운 단계로 접어들게 됩니다. 승전국인 영국과 프랑스도 전쟁으로 피폐하여 유럽 열강이 쇠퇴하고 식민지들이 독립해가면서 인종주의는 자연스럽게 힘을 잃고 대신 미국 중심의 반공주의가 우세하게 됩니다. 그렇지만 이전의 인종주의와 새로운 반공주의는 연속된 측면이 있습니다. 이미지가 연속되는데요. 즉, 순결치 않은 유색에 대한 혐오가 이른바 '레드 콤플렉스(red complex)'로 전이되는 것입니다.

2차 세계대전이 끝나고 냉전(Cold War)이 시작됩니다. 미국이 먼저 원자폭탄을 개발해 일본의 히로시마와 나가사키에 투하하고 그 기술이 소련에 비밀리에 넘어가서 핵무기 경쟁이 시작되죠. 핵무기를 쏘면 인류 전체가 절멸될 위험이 있기 때문에 감히 쏘지는 못하고 핵무기 경쟁만 가속화되었죠. 그래서 차가운 신경전이라는 의미에서 냉전이란 용어가 사용됩니다.

그런데 이 냉전을 가장 상징적으로 표현하는 용어가 바로 매카시즘(McCarthyism)입니다. 1950년 2월 미국 공화당 상원의원인 매카시(Joseph McCarthy)가 '미 국무성 안에 205명의 공산주의자가 있다'라는 폭탄 발언을 한 후 붉은 세력을 소탕하자는 운동이 미국 전역에 파급됩니다. 이는 미국의 우방인 자유세계 전체로 파급됩니다. 매카시의 발언 후 머지않아 한국 전쟁을 겪은 대한민국에서 이러한 흐름은 더욱더 극렬화되었죠. 그런데 이런 매카시즘, 즉 냉전 반공주의의 문제점은 자유세계를 지킨다는 명분으로 실제로는 시민들의 자유를 억압한다는 것입니다. 자유를 위해 자유를 억압한다는 것은 아주 역설적이죠.

1989년 베를린 장벽이 무너지면서 전 세계적인 차원의 냉전은 종식되었습니다. 그러나 남북이 분단된 대한민국은 예외적인 경우입니다. 한국인들은 식민지의 설움을 겪으며 타민족으로부터 인종주의적 혐오에 시달린 과거를 지니고 있습니다. 소위 '조센징'이라며 멸시를 받았죠. 그런데 이런 우리가 타민족이나 타집단에 대해 또 다른 방식의 편견과 혐오를 지닌다면 이게 과연 옳은 일일까요? 유럽식 식민주의와 인종주의가 불러일으킨 타인에 대한 증오심이 부지불식간에 우리의 내면을 잠식해버린 것은 아닐까요.

지금까지 살펴본 역사적 경과를 통해 우리는 인간 사회에 만연된 혐오가 단지 도덕적인 문제만이 아니라 역사적인 원천을 지니고 있음을 알게 되었습니다. 유럽의 식민주의는 타문명 사람들을 유색인종이라는 밑도 끝도 없는 범주 안에 가두고 열등한 식민지 피지배층으로 착취했으며 그것은 냉전기에 또 다른 방식의 혐오로 이어졌습니다.

인간은 서로 다르지만 모두 동등하다

그럼 우리의 대안은 과연 무엇일까요? 앞으로 어떻게 사고해야 할까요? 제가 생각하는 대안은 꽉 막힌 식민주의적, 인종주의적, 냉전적 편견의 감옥을 벗어나는 것입니다. 21세기를 사는 우리는 서양 근대문명이 만들어낸 각종 이분법, 선진국 대 후진국, 우월함 대 열등함, 우리 대 그들이라는 이분법을 이제는 벗어나야 합니다.

사람은 저마다 다릅니다. 하지만 다르다는 점이 차별의 이유가 될 수는 없습니다. 우리는 당연히 서로 같지 않고 같아서도 안 되죠. 만약 모두가 같다면 얼마나 지루하겠습니까. 그럼에도 불구하고 우리는 동등합니다. 이때의 동등함은 공평함 내지는 공정함을 의미합니다. 모든 인간은 결코 서로 같지 않지만 그럼에도 불구하고 근본적으로 동등하

다는 자각이야말로 고질적인 혐오의 악순환에서 벗어나는 지름길일 것입니다.

오늘 강연은 인류 문명에 내재된 혐오가 어떻게 구체적인 현실 속에서 발현되고 또 새로운 혐오를 조장해왔는지를 독일의 사례를 통해서 검토해보았습니다.

오늘 강연의 세 번째 명제이자 결론은 다음과 같습니다. '인간은 서로 다르지만 모두 동등하다.'

강연 요약

인류 사회에 뿌리 깊게 내재되어 있는 혐오가 현실에서 어떻게 발현되며 또 새로운 혐오를 만들어가는지 알아볼 필요가 있습니다.

혐오의 역사에서 빠질 수 없는 홀로코스트는 그리스어를 조합한 합성어로 제물을 불태워 공양한다는 뜻을 가지고 있습니다. 유대인들은 '홀로코스트'라는 용어를 별로 좋아하지 않고 대재앙을 뜻하는 '쇼아'라는 히브리어를 선호한다고 합니다. 유대인들은 다양한 이유들로 희생양이 되어왔지만 인종주의적 차원의 혐오는 근대 유럽 사회의 산물입니다.

인종은 근대의 과학적 발명품입니다. 인종을 뜻하는 영어 레이스(race)는 스페인어 '라사(raza)'에서 나왔습니다. 스페인은 포르투갈과 더불어 식민 지배에 맨 처음 나선 국가죠. 라사는 동물 혈통이나 품종을 가리키는 말이었다고 합니다. 이처럼 동물학적인 인종의 구분을 통해 우생학이 창조되어 어떤 인종이 더 우월하고 열등한지에 대한 과학적 정당성을 부여했습니다. 이러한 심각한 편견은 미학과 미술사를 통해 사람들에게 감각적으로 자연스럽게 받아들여지게 되었고 결국 식민주의로 귀결됩니다. 인종주의는 근대 유럽의 식민주의에서 비롯된 산물로 볼 수 있습니다.

독일은 다른 유럽 국가들보다는 인종주의가 약했던 편이었으나 빌헬름 2세의 집권과 함께 식민지 침탈을 강화하면서 새로운 단계에 들어섭니다. 지나치게 무리한 공세가 1차 세계대전을 유발하고 독일 제국은 패망합니다. 이후 독일은 전쟁 배상금과 경제 대공황으로 인한 위기를 겪게 되면서 공산주의의 도래를 염려하는 기득권들이 일종의 방어막으로 나치를 지지하게 되고 나치는 민족공동체의 단결을 촉진시킬 수 있는 희생양으로서 유대인을 혐오하게 됩니다. 나치는 유대인이 1차 세계대전에서 영국을 도왔던 로스차일드 가문처럼 악덕 자본가라는 이미지와 유대인은 공산주의자라는 상반된 이미지를 동시에 활용하였습니다. 특히 반공주의와의 결합을 통해 반유대주의는 극단화되었습니다.

이러한 역사적 경과를 통해 우리는 인간 사회에 만연된 혐오가 단지 도덕적인 문제만이 아니라 역사적인 원천을 지니고 있음을 알게 되었습니다. 유럽의 식민주의는 타문명 사람들을 유색인종이라는 범주 안에 가두고 열등한 식민지 피지배층으로 착취했으며 냉전의 시대에는 자유를 지킨다는 이유로 자유를 박해하기도 했습니다. 우리는 이제 꽉 막힌 식민주의적, 인종주의적, 냉전적 편견의 감옥을 벗어나야 합니다.

서양 근대문명이 만들어낸 각종 이분법, 선진국 대 후진국, 우월함 대 열등함, 우리 대 그들이라는 이분법은 더 이상 우리의 시대정신이 될 수 없습니다. 이와는 달리 '인간은 서로 다르지만 모두 동등하다'라는 자각이야말로 인류 문명의 고질적인 혐오의 악순환에서 벗어날 수 있는 지름길입니다.

III 한 걸음 더 톺아보는 혐오

〈오필리아〉(존 에버렛 밀레이, 1851–1852)

토론

비뚤어진 공감이 만드는 혐오사회

진행　　황수경 아나운서

패널　　김민정 교수(한국외국어대학교 미디어커뮤니케이션학부)

　　　　이희수 교수(성공회대학교 석좌교수)

　　　　한건수 교수(강원대학교 문화인류학과)

　　　　홍성수 교수(숙명여자대학교 법학부)

3부 토론과 토크 콘서트에서는 교수님들의 대화체를
그대로 반영하였습니다.

해당 영상은 티앤씨재단 유튜브 채널에서 보실 수 있습니다.

강연 영상 보러가기

황수경 여러분 안녕하십니까. 티앤씨재단 컨퍼런스 토론 세션의 사회를 맡은 아나운서 황수경입니다. 반갑습니다.

사흘 동안 세계 역사 속에 참으로 잔혹했던 전쟁과 학살, 인종 청소 같은 가슴 아픈 사건들을 중심으로 해서 오늘날 우리가 현대 사회에서 직면하고 있는 혐오문제에 대해서 깊이 있게 생각하고 또 살펴보는 시간을 마련했습니다. 오늘은 컨퍼런스의 마지막 토론 세션으로 강연에 참여하셨던 교수님들을 모시고 혐오문제에 대해 보다 심도 있게 얘기 나누는 특별한 시간을 마련했습니다.

혐오 연구를 시작한 계기

황수경 열정적이고 뜻깊었던 강연에 이어 오늘 특별한 토론 자리에 함께 해주셔서 다시 한번 감사의 인사를 드립니다. 본격적인 토론에 들어가기 앞서 정말 여쭙고 싶은 게 있어요. 어떻게 세계 역사 속에서의 혐오, 아울러서 오늘날 우리 현대 사회에서 직면하고 있는 혐오에 대해 관심을 갖고 연구를 하게 되셨는지, 특별한 계기가 있으셨는지 궁금합니다.

한건수 저는 인류학자로서 아프리카 지역과 아프리카 문화를 연구하는데요. 인류학자들은 연구 지역에 가서 현지 조사를 장기간에 걸쳐서 합니다. 저는 1996년 나이지리아의 한 농촌 커뮤니티에서 1년간 현지 조사를 했습니다. 그런데 저와 아주 가깝게 지냈던 사람들 그리고 그 안에서 서로 결혼도 하고 이웃들이기도 하고 그러던 분들 사이에 제가

1년간 조사를 마치고 떠날 무렵에 분쟁의 기미가 보이기 시작했어요. 거리에선 청년들이 행진을 하기 시작을 했고요. 당시 예정된 조사 기간이 끝났기에 저는 유학하던 학교로 돌아왔는데요. 한 달 후에 가슴 아픈 소식을 듣게 됐어요. 저와 가까웠던 사람들이 200년 전에 있었던 역사적 사건 때문에 두 집단으로 서로를 구분하고, 서로에 대한 원한과 미움을 다시 현대적인 맥락에서 되살리게 되었다는 겁니다. 그 과정에서 많은 집들이 불타고 제가 아는 사람들 중에 피해를 본 분들도 생기고 그 소식을 나이지리아에서 나온 뉴스를 보면서 접하게 됐어요. 그래서 한편으로는 굉장히 안타까웠고 또 어떻게 200년 전 그 역사적 사건이 오늘날 이렇게 가까이 지냈던 사람들을 이토록 서로를 미워하고 혐오하게 만들었을까, 그런 것에 기본적인 질문을 갖게 됐습니다. 그 이후 전 세계에서 벌어졌던 여러 가지 혐오와 관련된 사건들도 주목을 했지만 제가 아프리카 지역을 연구하기 때문에 아프리카에서 벌어졌던 여러 사건들을 주목하게 됐었지요. 르완다에서 벌어졌던 인종 학살, 민족 학살의 비극은 이번 강연에서 다루게 되었을 정도로 기억에 남는 사건이었습니다.

황수경 이희수 교수님은 어떤 계기가 있으셨나요?

이희수 우리 사회의 대표적인 혐오 대상인 이슬람 문화를 전공하고 공부하는 저는 이슬람에 관련한 일상발언과 인터뷰, 칼럼들이 왜 혐오 대상, 혐오발언이 되는지에 관심이 있었습니다. 특히 9.11 테러를 기점으로 이슬람과 테러리즘이 동일시되면서 지구촌 4분의 1에 해당되는 많은 사람들이 믿고 있는 신앙과 신념이 왜 집단적인 혐오의 대상이 될까에 끊임없는 관심이 갔습니다. 좋든 싫든 이슬람 문화뿐 아니라 일상 속 혐오가 저를 공부할 수밖에 없게 만들었던 것 같습니다.

황수경 일상생활 속에서 늘 직접적으로 겪고 계시는 혐오네요.

이희수 강의를 제대로 못 하는 경우가 많았고요. 항의차 찾아오고 심지어는 정말 상상할 수 없는 모욕적 행위들이 있었습니다. 순수한 학문적 연구에 관련된 영역에까지 혐오가 침범해 오는 것을 보면서 이것은 도를 뛰어넘는 심각한 문제라는 생각이 들었고요. 이게 우리 사회에서 왜 이렇게 만연됐으며 이걸 어떻게 해결할까 하는 지금까지의 해답 없는 고민이 계속되고 있는 거죠.

황수경 그렇군요. 김민정 교수님은 어떻습니까.

김민정 저는 미디어 연구자인데요. 2000년도에 미국에 가서 표현의 자유에 대해서 공부를 시작했어요. 거기서 한 13년 정도 표현의 자유, 언론의 자유 이런 걸 공부하고 학생들을 가르치고 하다 보니 표현의 자유를 최우선시하는 미국적 가치가 자연스럽게 체화가 됐던 것 같아요. 그런데 2013년에 제가 귀국해서 표현의 자유 문제를 한국적 맥락에서 풀어보려고 들여다보니 당시에 일간베스트, 일베 사이트에서의 혐오표현이 많이 논란이 되고 있었거든요. 그래서 이 표현의 자유와 혐오표현의 충돌 등 이 주제에 대해 관심을 갖게 되었고 지금까지도 가장 마음 가까이 두고 있는 연구 주제 중 하나입니다.

황수경 네, 홍성수 교수님.

홍성수 저는 법과 인권을 전공하고 있고요. 사실 2010년대 초반에는 표현의 자유가 한국 사회의 큰 이슈였습니다. 그래서 표현의 자유를 강력히 옹호하는 입장에서 당시 여러 연구도 하고 활동도 해왔는데요. 그 과정에서 해외 사례들을 보니 특히 유럽 같은 경우에는 표현의 자유 중에 혐오표현이라는 것만큼은 일종의 예외라고 하는 논의가 있더라고요. 그래서 처음에는 이론적인 관심을 두고 연구를 진행해 왔는데 2012-2013년경부터 김민정 교수님이 언급하신 일간베스트 사건이 터지게 되고 그 이후 한국 사회에서 혐오에 대한 관심이 뜨거워지게 됐던 것 같습니다. 그래서 자연스럽게 그런 논의에 더 참여하게 되고 연구도 하고 발언도 하다 보니 이 자리에 참석하게 된 것 같습니다.

홀로코스트로 들여다본 혐오

황수경 그런 절실한 필요성이 있으셔서 연구에 참여하셨기에 이렇게 깊이 있는 토론을 할 수 있는 기회도 얻게 된 것이 아닌가 생각해봅니다. 본격적으로 여쭤볼 것이 많이 있는데요. 우선 역사 쪽으로 들어가서 앞서 강연 가운데 고려대학교 최호근 교수님께서 홀로코스트에 대해서 강연을 해주셨어요. 그런데 보통 홀로코스트를 생각하면 광적인 히틀러나 나치당원들의 모습만 먼저 떠올리기 마련인데요. 강연을 듣고 보니 이게 사실 당시 유럽 사회에 뿌리 깊었던 유대인에 대한 혐오인식도 있었지만 국민들의 묵인이나 방조, 용인이 있었기에 극단적인 비극이 가능하지 않았을까 하는 생각이 들어요. 그런데 그러면 당시에 이건 아니다 하는 저항의 목소리나 예를 들어 자성해야 된다 이런 목소리가 있었으면 이 비극이 막아질 수 있었을까요?

한건수 답변을 드리자면 실질적으로 독일 사회에서 그 저항과 비판의 목소리가 없었던 것은 아니에요. 예를 들어 최 교수님 강연에서도 언급을 하셨겠지만 이것이 독일의 특정 정치 지도자와 추종 집권세력이 만든 혐오와 차별일 수 있기도 했고, 또 그때 실질적으로 본회퍼(Dietrich Bonhoeffer)와 같은 기독교 신학자들은 물리적으로 히틀러에 저항을 했고 뜻을 같이 했던 대학생 운동 그룹 등의 저항은 분명히 있었습니다. 그럼에도 불구하고 이 목소리가 독일 사회의 전체 대중에 비추어 봤을 때는 여전히 작았다는 것이죠. 사실 역사 공부하시는 분들이 일찍부터 많은 문제 제기를 하셨어요. 왜 우리는 이런 비극적 사건에 대해 특정 지도자에게 책임을 전가할까, 그 시대에 함께 살았던 수많은 대중들의 성찰점은 무엇일까를 지적하셨고 그 부분에 저도 크게 동의를 합니다.

어쩌면 독일 국민들이 이것을 경험했기 때문에 종전 후 독일 사회가 홀로코스트에 대한 책임감과 이후의 조치들에 동의할 수 있었다고 봅니다. 그 역사적 사건과 관련해서 본인들의 과오에 대한 암묵적 인식, 동의 등이 작용했다는 생각이 들어요.

그래서 홀로코스트를 생각할 때 독일인들에 대한 비판, 그것도 반드시 있어야겠지만 한편으로 우리가 그 입장이었다면, 내가 그 대중의 한 사람이었으면 어떤 행동을 했을까에 대해 성찰해보는 게 중요할 것 같아요. 오늘 여러 사례에서 공통적으로 얘기하겠지만 이것이 특정 지도자와 몇 개인의 문제가 아니었고, 그 사회의 시민인 우리 모두의 책임이라는 생각, 그런 시민적 성찰이 반드시 언급되고 논의될 필요가 있다고 생각합니다.

홍성수 제가 좀 보충해서 말씀드리면 좋을 것 같은데요. 사실 홀로코스트는 혐오나 혐오표현 연구하는 사람들한테는 일종의 원형 같은 사건이라고 할 수가 있겠고요. 물론 그전에도 여러 사건이 있었습니다만 혐오라는 문제가 가장 극단적인 상황까지 치달았던 역사적인 사건으로 생각되고 또 그걸 가지고 연구도 활발히 이뤄지는 것 같습니다.
사실 홀로코스트라는 사건이 독일인들, 넓게는 유럽인들한테는 혐오라는 게 얼마나 위험한 것인가를 자각하게 만들었지요. 특히 나치가 집권하고 홀로코스트로 이어지기까지의 시간이 10년도 되지 않았을 만큼 정말 극단적인, 인류 최대의 비극적 사건이었거든요. 그래서 혐오현상이나 혐오표현이 발아됐을 때 조기에 진압하지 않으면, 재빨리 조치를 취하지 않으면 어? 하다가 집단학살까지 이어질 수 있다, 그런 경각심을 갖게 된 사건이고, 독일, 특히 유럽 지역이 혐오나 혐오표현에 대해 더 민감성을 갖고 더 선제적인 대응을 하게 된 계기라고도 말할 수 있겠습니다.

김민정 교수님들 말씀을 듣다 보니 제가 강연에서 얘기했던 것 중에 '침묵의 나선'이란 게 있었거든요. 당시 나치의 선전, 선동의 메시지가 지배적인 의견이 아니었을 수 있음에도 불구하고 지속적으로 전달이 되면서 많은 사람들이 이게 다른 사람이 생각하는 건가 보다, 사회 다수가 생각하는 것인가 보다 했을 듯합니다. 이견을 가진 사람들은 의견을 표명하지 않고 점점 목소리를 줄여가니 나치 선동은 점점 커지고 다수의 침묵하는 사람들 때문에 저항, 비판, 자성의 목소리는 작아져 버리는 현상이 아마 발생하지 않았을까 생각하게 됐고요.
덧붙여서 한나 아렌트(Hannah Arendt)라는 철학자가 홀로코스트 학살에 가담했던 아이히만이라는 사람의 전범재판을 지켜보고 책을 썼는데 그때 제시한 개념 중 하나가 '악의 평범성'이라는 것이었어요. 악이라는 것이, 유대인을 학살하는 것이 정말 나쁜 사람들에 의해 이루어지는 것이 아니라 질문하지도 생각하지도 않고 위에서 내려오는 지시를 그냥 따라하는 그런 것에서 악이 나온다고 지적한 바가 있거든요. 앞서 한 교수님께서 비극적인 사건이 정말 나쁜 사람들에 의해서만 일어나는 것이 아니라고 하신 말씀을 들으면서 이 '악의 평범성'에 대해 떠올려봤습니다.

혐오현상의 이해, 혐오의 패턴

황수경 역사 속에서도 그렇고 최근 현대 사회에서도 그렇고 혐오에 대한 감정이 생기고 그것이 확산되고 공격적으로 이어지고 이런 패턴이 반복되는 것 같아요.

이희수 그렇죠. 패턴은 개인적일 수도, 집단적일 수도 있겠지만 가장 중요한 것이 모욕과 모멸감, 자기 존재에 대한 부정이 개인화, 집단화 됐을 때 극단적인 혐오로 나타난 경우가 굉장히 많은 것 같고요.

한 예로 2011년 7월에 노르웨이에서 대형 테러가 일어났죠. 브레이비크(Anders Behring Breivik)라는 32세 청년이 많은 사람을 무차별 살상했던 끔찍한 일이었습니다. 이 사람에 대한 연구를 많이 하고 있는데 그가 젊을 때, 학생 때 왕따를 당하고 집단 폭행을 당했을 때 동료 누구도 거들떠보지 않고 방조하고 있었다고 합니다. 그때 이주민 학생이 곁에 와서 자신을 적극적으로 보호하면서 사랑과 연민을 보냈는데 브레이비크의 진술에 의하면 순간 모멸감과 충격을 받았다고 합니다. 자기가 그토록 증오하고 혐오했던 이주민으로부터 구원당하고 보호받았다는 것이 굉장히 깊은 트라우마로 작동했다고 밝혀졌고요.

두 번째로 여성들에 대해 끊임없는 관심이 있었는데 어느 여성도 가까이 와주지 않자 미국에 가서 성형 수술까지 하고 왔다고 해요. 만났던 여성이 자신을 떠나자 여성 혐오, 자기 존재의 부정감 같은 것을 느꼈고 그것이 끔찍한 혐오의 배경이 되었다는 인류학자, 심리학자들의 후일 연구들도 있거든요.

미국과 이란이 극단적 대치를 하고 있는 현 상황, 이란에 대한 혐오 정책의 배경도 사실은 1979년 이란 혁명 이후 미 대사관이 점거당하면서 444일 동안 전 세계 앞에서 대국 미국이 모욕을 당했던 그런 기억이 사실상 정책으로 나타난다고 전문가들이 입을 모아 얘기하지요.

따라서 이런 모멸감과 자기 존재의 부정이 어마어마한 혐오로 나타날 수 있음을 이해해야 하겠습니다. 정치와 관련해서 혹은 일상생활에서 함부로 내뱉는 모욕적인 언사, 막말이 일시적으로 지나가는 것이 아니라 부메랑이 되어 돌아오고, 엄청난 뇌관 같은 혐오의 뿌리가 된다는 걸 염두에 둘 필요가 있겠습니다.

황수경 자기 존재가 부정당했을 때도 마찬가지고 혐오가 나타나는 어떤 원인 배경으로 본다면 사회 경제적으로 위기가 왔을 때 특히 질병이 발생하거나 재난이 있을 때 그런 특별한 상황에서도 혐오가 잘 드러나지 않습니까?

홍성수 사실 혐오는 굉장히 복잡한 현상이고요. 단순하게 몇 가지로 분석하기는 쉽지 않습니다만 역사적 사례들을 보면 대부분 사회 경제적 위기에 빠졌을 때 혐오가 더 극단화되는 경향이 늘 있었습니다. 말씀하신 것처럼 경제가 많이 어렵거나 재난이 닥쳤거나 이런 극단적인 상황에서 누구나 이 위기를 탈출하고 싶어 하거든요. 그런데 대부분 탈출하거나 극복하기 어렵기 때문에 긴 호흡으로 문제를 하나하나 해결해야 되는 게 맞습니다. 하지만 사실 많은 사람들이 손쉬운 해법에 유혹을 느끼기 마련이거든요. 그래서 혐오를 선동하는 사람들은 '문제의 원인이 저들한테 있다', '저 집단 때문에 우리가 이렇게 된 거다', '저들을 물리치지 않으면 우리가 죽는다' 이런 식으로 표현합니다. 많은 이들이 처음에는 아닌 줄 알면서, 저런다고 해결될 일이 아니지 않을까라는 생각도 하지만 사실은 굉장히 손쉬운 해법을 찾게 되는 경향을 또 갖고 있거든요. 그런 것들이 어우러지면서 혐오가 확산되고 극단적인 차별과 폭력으로 이어지는 경우까지 나타납니다. 이것이 혐오현상이 발생되는 중요한 요인 중 하나라고 이해할 수 있겠습니다.

김민정 사회적으로 충격적인 사건이 있으면 말씀하신 사례처럼 사람들은 답을 찾고 싶어 하잖아요. 그런데 그 답을 찾는 건 사실은 되게 어려운 일이지요. 사실관계와 왜 이런 동기에서 이것이 발생을 했는가도 다 따져봐야 되는데 사람들은 두려움과 분노 같은 감정을 빨리 해결하고 싶으니까 쉬운 답을 빨리빨리 찾고 싶어 합니다. 그러다 보면 일반화하고 성급한 결론을 내리게 되고요. 제가 심리학자는 아니지만, 인간 심리를 설명하는 개념 중에 '인지적 구두쇠'라는 것이 있습니다. 한마디로 사람들은 게으르다는 거죠. 정신적인 에너지도 구두쇠처럼 되게 아껴 쓴다는 거예요.

개별 사건이나 사람을 일일이 알아보고 판단하기 너무 힘드니까 과거의 경험이나 편견 등에 기반해서 빨리 결정을 해버리는 거죠. 저 사람은 혈액형이 A형이니까 꼼꼼하겠구나 이런 식이지요.

그렇게 편견에 근거해 결정을 내리게 되는데 아주 복잡하고 충격적인 사건을 만나면 자기 편견에 부합하는 손쉬운 설명에서 심리적인 만족을 얻고 그게 맞다고 성급하게 결론을 내리게 되는 경향이 있는 것 같아요. 현대 사회에서 정말 사람들이 바빠졌잖아요. 경쟁도 심화되고 정보가 또 너무 많아요. 그러다 보니 모든 걸 다 개별적으로 알아보고 판단하긴 힘들어지고 하면서 인지적 구두쇠 경향이 더 강화되고 기존의 편견이 더 강화되는 현상도 나타나지 않는가 생각해봅니다.

황수경 그러면 같은 맥락에서 인지적 구두쇠이기 때문에 가능했을까요? 인터넷상에서 확인되지 않은 가짜 뉴스가 생성되고 퍼졌을 때 사실관계를 바로잡으려는 노력도 분명히 있고 아닌 건 아니라고 얘기하는 목소리도 있는데, 사람들은 이 팩트는 별로 궁금해하지 않고 그냥 허위 정보를 그대로 믿는 경향이 있어요. 그래서 사람들이 사실관계를 궁금해하기는 할까

하는 의문이 들 때가 많거든요. 이게 심리적인 원인이 있는 건가요? 아니면 성향상 인지적 구두쇠, 그게 딱 적용되는 경우인 건가요?

김민정 지금 말씀하신 부분은 인지 부조화와 연결이 되는 것 같아요. 레온 페스팅거(Leon Festinger)라는 심리학자가 사이비 종교 집단을 관찰하고서 인지 부조화 이론을 설명했습니다. 특정 날짜가 되면 세상에 종말이 온다고 믿던 사람들이 있었어요. 그런데 예언했던 날 세상이 끝나지 않는 거예요. 그랬더니 아, 이 종교를 믿지 말아야지 하는 게 아니고 우리가 열심히 기도를 했더니 종말이 오지 않았구나, 더더욱 열심히 이 사이비 종교를 믿어야겠다 이렇게 됐다는 거죠. 그러니까 인간은 합리적인 존재가 아니고 합리화하는 존재라고 결론을 내렸다고 하거든요.

아무리 새로운 정보를 접하고 그게 알고 있던 신념이나 정보와 배치되면 정정해야지 하는 게 아니고 그게 너무 하기 싫은 거예요. 그 스트레스를 감당하느니 그냥 이 정보를 무시하고 계속 기존의 생각을 고수해 나가겠다는 게 개인차는 있겠지만 모든 사람이 가지고 있는 성향이라고 하고요. 조금 더 극단적이신 분들은 가짜 뉴스를 너무 맹신하신 나머지 본인과 주변 사람들에게도 위협이 되는 불행한 일을 만들고 계신 것 같습니다.

한건수 가짜 뉴스가 말씀하신 것처럼 100% 가짜가 아니거든요. 분명히 사실이 섞여 있어요. 그런데 섞여 있는 사실이 어떤 맥락 속에서 해석되지 않고 단편적으로 혹은 원하는 대로 새로운 의미를 그 팩트에 부여하는 거죠. 예를 들어 통계 자료가 굉장히 객관적이고 합리적인 것 같아 보이지만 자료 해석을 어떤 의도로 하느냐에 따라 달라질 수 있습니다. 결국 말씀하신 대로 인간은 합리적 존재가 아니라 합리화하는 존재라는 얘기고요. 집단도 마찬가지 같아요.

우리는 현재 그 집단이 가진 필요에 의해 과거를 재해석하거든요. 그 과정에서 때론 역사적 사실보다는 그것을 어떤 서사를 만들어서 사람들에게 전달하냐는 문제인 거죠.

강연 시간에 소개했던 르완다의 사례를 예로 들겠습니다. 벨기에 식민 통치 이후 오랜 역사적 과정 속에서 소수자가 다수자를 지배하는 권력 구조가 만들어졌고 독립 이후에는 다시 다수자들이 자기들이 다수임에도 불구하고 지배당해온 현실에 대한 해답을 찾는 거죠. 우리는 왜 지배당했을까, 이것을 어떻게 해결해야 할까. 그 과정에서 오랜 갈등이 다시 싹 트는 거예요.

그런데 여기서 제가 말씀드리고 싶은 것은 그 갈등 속에서 르완다에 있던 후투나 투치나 시대에 따라 인접 국가로 피신을 갑니다. 난민이 되는 거죠. 그래서 투치 같은 경우는 인접 국가 난민 캠프에서 태어나 그곳에서 30년간 지낸 사람들도 존재해요. 그러면 이들은 한 번도 가보지 못한 고국, 자국의 역사에 대해 난민 캠프에서 교육받는 거예요. 그 과정에서 세상을 바라보는 눈이 형성되는 거죠. 그게 역사에 대한 해석이 되고, 해석은 곧 실천을 요구하거든요.

실질적으로 르완다에서 100일 동안 100만 명에 가까운 사람들을 학살하도록 선동한 것은 합리적으로 선택된 답안들이었습니다. '우리가 이런 삶을 살았던 것은 저 소수자, 침입자인 투치 때문이다. 저들만 제거하면 우리의 역사는, 우리의 삶은 다시 복원될 것이다'라는 거예요. 이런 의미 부여, 특히 아주 단순화되고 극단적인 서사가 자기 명분을 합리화시켜 줄 때 사람들은 굉장히 쉽게 거기에 빠져든다는 것이죠.

황수경 이것도 확증편향에 해당되는 건가요?

김민정 강연에서 확증편향을 설명하면서 스탠퍼드대 학생들을 대상으로 한 실험을 소개했습니다. 사형 제도에 찬성하는 학생들과 반대하는 학생들이 있었어요. 이들에게 두 가지 상반된 연구 결과를 보여줍니다. 하나는 사형 제도가 범죄를 줄이는 데 효과가 없다는 것, 다른하나는 효과가 있다는 것이었는데 똑같이 완벽하게 조작된 연구 결과였음에도 결국 두 그룹 모두 본인 의견에 부합하는 연구는 정말 훌륭한 연구라고 평가했고, 상반된 자료에 대해선 뭔가 데이터가 잘못된연구라고 평가 절하를 했습니다.

즉, 기존 신념과 부합하는 정보만 선택적으로 받아들이면서 그 신념을 확증하는 경향을 확증편향이라고 하는데요. 인터넷상에서 퍼지는 가짜 뉴스를 정정하기 힘든 이유 중에 하나가 그것일 겁니다. 정보가 너무 널려 있으니까 본인 신념에 부합하고 받아들이기 편안하고 인지 부조화를 일으키지 않을 정보만을 취사선택해 받아들이면 되거든요.

또한 개인화된 미디어 서비스가 발달하다 보니 취향에 맞는 것들만 보여주지요. 뉴스도 그런 식으로 계속 소비하다 보면 점점 확증편향이 강화될 수밖에 없지요. 어르신들이 카카오톡을 통해 소식을 받으시고는 이건 맞고 텔레비전에 나오는 얘기는 사실 잘못된 것이라고 믿는 그런 현상도 편향적 정보 습득과 확증편향의 예가 아닐까 생각합니다. 2016년 미얀마에서 로힝야족이 인종 학살을 당한 그런 슬픈 일이 있었어요. 그런데 그 이면에 페이스북이 아주 큰 역할을 한 것으로 밝혀져 지금도 조사가 계속 진행되고 있습니다. 배경 설명을 드리자면 미얀마는 버마족이 지배적인 인종이고 88% 정도가 불교를 믿는 나라인데요. 로힝야족은 소수민족이고 이슬람교를 믿습니다. 그래서 미얀마 군부에서 페이스북을 통해 700여 명 정도의 군 요원들이 연예인이나 유명한 사람을 사칭한 가짜 계정을 만들어 지속적으로 로힝야족에 대한 혐오 메시지를 확산시킨 거죠. 벌레 같은 사람들이다, 쫓아내야 된다, 이슬람이 불교를 위협하고 있다, 이슬람 남성이 여성 불교 신자들을 강간하려고 했었다 등 전형적인 혐오 메시지 유포를 군부에서 했습니다. 그 결과 2016년 만 명 이상의 로힝야족이 살해되고 400여 개의 마을이 전소가 되어 방글라데시로 피신하는 슬픈 일이 벌어집니다. 혐오 메시지로 얼마나 쉽게 여론이 조작될 수 있는가 혹은 이렇게 극단적인 행동을 하도록 내몰릴 수 있는가를 잘 보여주는 것 같고, 그런 위험성은 역사 속에 상존해왔다는 생각을 하게 됩니다.

정당한 분노와 폭력적 혐오의 차이

황수경 요즘 인터넷 발달의 영향도 있겠지만 젊은 층들은 사회를 변화시키기 위해 자기 목소리를 내야 한다, 내가 움직여야 된다는 생각이 굉장히 확고한 것 같아요. 그런데 정보를 찾아 무엇이 맞는지를 판단하기 전에 분노와 울분, 적개심이 가득 모아져서 '화가 나 있는 사회' 같은 양상도 있거든요. 정당하고 건강한 비판, 사회적 공분은 필요하지만 이런 것과는 분명히 구분돼야 되지 않나 생각은 들어요. 이 부분에 대해 우리 학생들에게 해주실 말씀이 혹시 있으실까요?

한건수 사회적 공분에서 시작된 비판적인 코멘트나 댓글, 의도도 굉장히 좋고 뭔가 바로잡기 위한 노력이라고 생각을 해요. 그런데 그 논의 과정을 보면 서로 감정의 격화라고 할까요? 어떻게 보면 잘못된 정보나 주장, 혐오표현을 바로잡기 위해 옳은 내용으로 설명을 하는데 그때 감정이 격화되면서 의도는 좋음에도 불구하고 동일한 수준의 폭력적 언어 또는 상대방의 존재 자체를 무시하는 그런 표현들이 생기기 시작하면 혐오의 문제를 해결하기가 굉장히 어려운 것 같아요.

그래서 사회적인 공분, 올바름의 문제에 대해 발언하면서 우리 사회가 악화되는 것을 막아야 하지만, 그 의견을 드러내는 언어나 표현에서 적어도 지켜야 할 것은 지켜야 되지 않을까 합니다. 오히려 품격을 지키면서 상대방을 설득하는 것이 진정 설득한 결과를 낳는 거지, 같은 수준에서 논쟁이 돼버리고 서로를 비아냥하고 서로를 무시해버린다면 결과는 의도하지 않은 쪽으로 갈 것 같아요. 그래서 학생들에게 정말 사회적 공분은 중요하고 필요하지만 그 발언의 내용과 형식에 대해서는 조금 더, 한 번 더 성찰해보는 것이 중요할 것 같습니다.

황수경 사회적인 공분이나 비판을 표시할 때 혐오적인 표현, 폭력적인 혐오와는 엄연히 달라야 된다는 것, 그리고 사실 말의 힘은 품격을 갖춘

언어에서 나올 수 있거든요. 그게 더 설득력 있고 영향력을 행사할 수 있는데 순간적으로 판단하기에는 아주 공격적이고 직설적인 언어가 더 힘이 있을 거라고 생각하는 거잖아요. 품격 있는 언어로 자기의 의견을 표현해 주셨으면 좋겠어요. 또 다른 의견이 있으신가요?

홍성수 조금 다른 측면에서 말씀드리면 혐오의 원인이 되는 사회 경제적 문제라든가 개인의 불만이나 분노 이런 데에는 정당한 부분도 분명히 있거든요. 그 정당한 분노에서 시작했던 것들이 엉뚱한 방향으로 가는 게 혐오이기 때문에, 문제 해결을 위해서 혐오로 가선 안 된다는 이야기도 해야겠지만 한편으로는 근본적인 원인을 해결할 필요도 있거든요. 그래서 이런 분노, 불안에서 정당한 부분이 어디까지고 문제 해결에 전혀 도움이 되지 않고 정당화되기 어려운 혐오가 어디까지인지 구분하는 것이 일단은 필요하지 않을까 합니다. 혐오에 반대하는 것 못지않게 사회적, 경제적 위기와 여러 문제를 해결하려는 사회적 노력이 병행되어야 궁극적으로 해결될 수 있을 거라고 생각합니다.

황수경 교수님, 구분하는 방법이 너무 어려울 것 같아요.

홍성수 사실 구분하는 방법이 어렵기 때문에 오늘 우리가 이런 토론을 하는 거죠. (웃음) 이게 쉬우면 이렇게 장황하게 토론할 필요도 없는데 지금까지 나눈 얘기지만 사실 혐오로 가는 건 너무 쉽거든요. 그런데 그게 아니라 진짜 원인은 여기서 찾아야 된다라고 이야기하는 건 그만큼 어려운 일입니다. 우리 사회에서도 코로나 때문에 굉장히 많은

분들이 고통받고 있는데 어떻게 해결해야 되냐 하면 사실 답을 찾기 쉽지 않거든요. 그럼에도 불구하고 그 답을 찾아야지만 문제가 해결되는 건데 그게 아니라 얘 때문이야, 쟤 때문이야 이렇게 자꾸 희생양을 찾고 혐오하는 방식으로 귀결되게 되면 문제를 해결하지도 못하고 공전만 계속되는 현상들이 벌어지는 거고요.

혐오에 반대하는 것, 정당한 분노를 해결하는 방향으로 가는 것 모두 결코 쉬운 일은 아니라고 생각합니다. 그래서 쉬운 해법을 찾기보다는 조금 어렵지만 가야 할 길을 가야 된다고 하는 쪽으로 자꾸 여론을 형성하는 것도 굉장히 중요한 부분이 아닐까 합니다.

이희수 제 전공과 관련해서도 우리 사회가 가지고 있는 고정관념의 화석화, 편견의 일상화는 쉽게 해결될 수 있는 문제는 아니거든요. 한건수 교수께서 오랫동안 제주 예멘 난민 문제에도 관여하시고 인터뷰도 하셨지만 저도 몇 차례 인터뷰를 했습니다. 그때 만난 여성단체들이 난민 입국을 반대하는 입장에서 예멘 20대 남성들이 와서 성범죄의 위험이 있고 밖에 나가지도 못하고 불안해서 살지 못하겠다고 했습니다. 오랫동안 대담을 하다가 전쟁 난민에 관련해서 제가 '나이 든 아버지를 돈 벌러 보냅니까? 아이 안고 있는 어머니를 보냅니까? 가장 젊고 생명력이 강한 20대 남성들이 가족을 책임지는 것은 인류 역사 속 난민과 전쟁의 일반적인 현상이다'라는 설명을 했을 때 이분들의 마지막 대답이 '그들은 이슬람이잖아요'였습니다.

즉, 모든 가치도 부정하고 역사적 사실보다도 그 사람들이 이슬람이라는 한마디로 그 사람들을 그렇게 경계지었습니다. 너무나 큰 절망감이었습니다. 우리 사회가 가지고 있는 확증적 편향감이라는 게 지난 60여 년 동안 한쪽 얘기만 듣고 가져왔던 고정관념, 그것이 세대 간 반복되면서 지식의 화석화가 돼 있는 현상입니다. 이게 바로 혐오로 이어지니까 이걸 어떻게 해결해야 될까 끊임없는 고민을 하게 됩니다.

한건수 좀 전에 이희수 교수님이 언급하신 내용에 추가로 말씀드리고 싶은 것이 있습니다. '결국은 이슬람이잖아요'라는 말에 대해 제가 역으로 드리고 싶었던 질문은 예멘 난민이 입국하기 전에 이미 한국 사회에는 무슬림 청년들이 이주 노동자로 굉장히 많이 와 있었어요, 제주도도 마찬가지죠. 그런데 그 당시에는 이분들이 여성의 안전 문제를 심각하게 느끼지 않으셨고 공론화하지 않았거든요. 그런데 예멘 난민이 오게 되면서 여성의 안전 문제가 수면 위로 부상이 되는데요.

그것 역시 어떻게 보면 이슬람 신자라고 하는 개념도 오로지 중동 지역 이슬람에 대해서 고정관념이 있는 것이 아닐까 합니다. 인도네시아가 세계 최대의 이슬람 국가 중에 하나거든요. 그러니까 이슬람 남성 이주 노동자들이 한국 사회에서 오랫동안, 정말 10여 년 동안 우리와 함께 생활하고 있는데 그분들에 대해서는 크게 위협감이 없었다는 거죠.

여성의 안전 문제가 이토록 심각하다는 문제를 제기한 것 자체는 굉장히 중요하고 의미 있다고 생각해요. 다만 그 원인이 중동에서 온 남성 무슬림에게 딱 초점이 맞춰지는 것에 대해 고정관념이 아닌지 다시 생각해봐야 되지 않을까 합니다. 우리 사회에서 여성의 안전을 위협하는 것은 사실 굉장히 다양하거든요. 그리고 이주민들이나 난민 지위를 신청한 사람들을 막음으로써 여성의 안전을 도모할 것이 아니라 한국 사회에 뿌리박혀 있는 수많은 위험 요소들을 개선하고 고쳐나가는 것이 우선입니다. 다른 아시안 이슬람 신자들에 대해서는 동일한 문제를 제기하지 않는 것도 특정 인종, 민족 집단의 이슬람 신자에 대한 고정관념이 아닐까 하는 생각이 들고요.

홍 교수님이 얘기하셨던 사회적 공분과 혐오를 어떻게 구분할 것인가에 관련해서는 이렇게 생각합니다. 르완다나 남아프리카 공화국에서 서로 죽고 죽이고, 그 갈등이 가장 극단적인 사례까지 갔지만 진실과 화해 위원회에서 추구했던 것은 우리가 함께 살아야 한다는 사실이거든요. 함께 살기 위한 노력, 그 과정에서 정의를 추구하는 것이 회복적 정의라는 개념으로 많이 분석되는데 그것이 혐오를 벗어나는 길이 아닐까 생각합니다. 사회적 공분, 사회적 정의로써 정의를 구현해야 하지만 그 비판 대상인 사람들과도 함께 살아야 한다는 것, 그런 차원에서 공분을 표현하고 정의를 추구하는 것이 혐오를 피하는 길이 아닐까라는 생각이 들었습니다.

김민정 말 한마디가 사람한테 미칠 수 있는 영향이라는 게 말하는 사람은 잘 깨닫지 못하는데 피해를 받는 사람은 뼈저린 고통을 받게 됩니다. 사회적으로도 최근 인터넷 포털 등이 연예 뉴스, 스포츠 뉴스의 댓글창을 닫기로 결정한 결정적 이유 중 하나는 댓글 표현의 상처로 극단적인 선택을 한 불행한 사건들이 있었기 때문이잖아요. 그래서 분노를 표출하는 데 있어서 이렇게까지 표현해도 되는 것인지, 정말 영혼의 살인이라고 하는 혐오표현 혹은 악플 같은 것을 해도 되는가라는 것은 또 방향의 문제와는 별개로 따져볼 수 있지 않을까 하고요.

그리고 저는 사람들이 진정으로 분노해야 할 대상이나 문제에 대해서는 별로 목소리를 내지 않는데 연예인에 관한 것이나 어떤 사소한 일들에 대해서는 오히려 너무 쉽게, 너무 강한 강도로 분노를 표출한다는 생각이 들거든요. 사회적으로 이런 경향을 되돌아보고 되짚어보는 문화가 형성될 필요가 있다고 봅니다.

자신도 모르는 사이 혐오의 주체가 되다

황수경 저는 이번에 강연을 들으면서 굉장히 크게 느끼고 이건 정말 내가 생각지 않았던 것이다 하고 배웠던 것이 아까 교수님께서도 여러 차례 말씀하셨지만 사실 혐오라는 감정이 어떻게 보면 자기 집단에 대한 애착 그리고 생존 본능, 사랑 이런 것들이 굉장히 지나쳐서, 그러니까 오작동을 해서 생길 수 있는 기저라는 것입니다.

어떻게 보면 혐오라는 것이 의협심이나 도덕심 같은 좋은 의도에서 시작될 수 있다는 거잖아요. 그러니 본인은 다른 사람에 대해 지금 혐오표현을 하고 있는지, 혐오의 감정을 갖고 있는지 못 느낄 수 있겠다는 생각도 들었어요. 적극적으로 성찰해봐야 되고 생각도 깊이 해봐야 되는 거 아닌가요? 이런 사례들이 많이 있겠죠? 본인도 못 느끼는 사이에 다른 집단에 대해 혐오를 표출하는 사례들이요.

김민정 그게 내가 옳다고 생각하기 때문에 그런 말을 하게 되는 거잖아요. 그것이 출발점일텐데 오류가 없다는 확신, 즉 무오류성이라는 개념을 좀 경계해야 되지 않을까 합니다. 자기 확신에 가득 차서 나는 오류가 없다고 믿고 있는 사람이 너무 많아졌다는 생각을 하게 되거든요. 이 개념은 존 밀턴이 쓴 표현의 자유에 관한 고전 『아레오파지티카(Areopagitica)』라는 책에서 나왔습니다. 1644년에 쓰여진 이 책은 검열제도에 반대하는 이야기를 하는데 당시 교황이 절대적인 진리에 대해 얘기하고 오류가 전혀 없다고 얘기하는 존재였다는 거죠. 존 밀턴은 이에 대해 '오히려 그것이 그리스도의 정신에 반(反)하는 것이다'라고 비판하면서 절대적인 진리는 있을 수 없고 언제나 선과 악은 혼재되어 있다고 합니다. 아까 가짜 뉴스에 사실관계가 섞여 있다고 하신 것처럼 선과 악은 늘 혼재하니 항상 내가 틀린 것은 아닌가 하고 의문의 가능성을 열어놓고 있어야 된다는 거죠. 그런 여지없이 확신에 찬 사람들은 나는 맞고 타인은 잘못됐다고 생각하기 때문에 무차별적으로 무자비하게 공격하게 되는 게 아닌가 하고요.

그 맥락에서 개인의 감정이나 신념이 객관적인 사실보다 더 중요한 것을 '탈진실 시대'라고 규정합니다. 철학자 리 매킨타이어(Lee McIntyre)

는 탈진실 시대를 과학을 부인하는 사람들에서 출발했다고 봅니다. 원래 과학자들은 결론에 도달하기 전에 가설을 세우고서 증거를 수집하는데, 가설에 상반되는 정보가 수집되면 가설을 변경해서 결론을 내리게 되거든요. 확증편향에 빠지지 않으려고 하는 게 과학자의 자세인 거죠. 그런데 과학을 부인하는 사람들은, 가령 지구 온난화 현상을 인정하지 않는 사람들은 지구의 온도가 올라가고 있다는 과학 연구를 부인하는 것에서 멈추지 않고 그 연구 자체가 잘못됐다고 하는 거예요. 데이터를 수집하는 과정이나 통계를 해석하는 과정 자체가 오염됐다고 공격한다는 거죠. 그러면 결론에 대해 반대하는 것과 그런 탐구 과정 자체를 반대하는 건 또 다른 문제거든요.

황수경 너무 합리화하는 거 아닌가요?

김민정 그런 거죠. 그러다 보니 앞서 말씀드린 그런 무오류성에 빠진, 나는 틀릴 리가 없다는 확신에 찬 사람들은 우리가 세상을 바라보고 문제를 이해하는 과정에서의 태도 자체를 부인하는 것이 아닌가, 마땅히 견지해야 될 시민적 태도 자체를 부인하고 있는 게 아닌가 싶습니다. 이것은 정말 위험한데요, 안타깝게도 지금 그런 시대에 접어들고 있는 듯한 혹은 이미 접어들었다는 징후가 많이 나타나고 있기는 한 것 같습니다.

황수경 말씀 듣고 보니까 그러면 우리 사회에 팽배한 편견이나 차별이나 혐오 이런 문제들의 출발점은 나는 옳고 너는 틀리다, 나는 맞고 너는 아니다 이런 마인드겠습니다. 있는 그대로의 존재를 인정하라고 아까 교수 님께서 말씀하셨잖아요. 그게 굉장히 필요한 것 같은데 이런 마음가짐을 다 바꿀 수도 없고... 이게 문제의 시작 아닐까요?

한건수 다시 역사 속으로 돌아가 보면 무오류성의 원칙, 그것도 연관 이 되지만 어떻게 보면 혐오와 차별의 가장 극단적인 표출은 전쟁인 것 같아요. 사실 유럽에서 세계대전이 두 차례나 벌어졌잖아요. 그래 서 1차 세계대전이 지나갔을 때도 유럽에서는 그 문제의식이 싹텄어 요. 왜냐하면 인류 역사에서 가장 앞선 문명의 최정상에 서 있다고 자 부했던 유럽이 전쟁을 치르고 그 과정에서 엄청난 인명이 피해를 봤으 니까요. 그래서 고민을 하는 거죠. 어떻게 하면 전쟁을 막을 수 있을까. 그래서 유럽에서 리그 오브 네이션스(League of Nations), 그 당시 국제연 맹에서 위원회를 만듭니다. 유럽 각국 최고의 지식인 또는 과학자를 대표로 보내서 전쟁을 막을 길을 찾아보자고 얘기를 해요. 프랑스 대 표로 퀴리 부인(Marie Curie)이 참여했고 독일 대표로는 당시 독일 국적 이었던 아인슈타인이 참여를 했습니다. 그리고 토마스 만(Thomas Mann) 과 같은 문학자, 소설가, 철학자 등 유럽에서 인정받는 지식인들이 모 여 회의를 했는데 그 회의 결과가 제대로 나오기도 전에 또 한 번의 세 계대전이 벌어진 거죠.

그래서 2차 세계대전이 끝나고 전쟁을 정리하면서 이 문제로 다시 돌 아간 겁니다. 그 결과 UN 산하에 유네스코라는 기구를 만들게 돼요. 유네스코의 창립 헌장을 보면 '전쟁은 인간의 마음에서 시작되는 것이 니 평화의 방벽을 쌓을 것도 인간의 마음이다', 이렇게 선언하면서 시작을 해요. 그래서 아까 말씀하신 것처럼 사실 그것이 혐오든 국가 간의 전쟁이든 그 전쟁을 막을 길은 어디에도 없다는 거예요. 오로지 인간의 마음에 있는 것이고 그렇다면 인간의 마음을 어떻게 바꿀 것인가. 그래서 유네스코가 결국은 그 창립 목적인 평화의 문화를 구축하고 전쟁을 막기 위해서 힘썼던 것이 교육과 문화예요. 국가 간의 서로에 대한 무지와 편견, 거기에서 발생한 혐오가 전쟁으로 이어졌음을 교육하고, 전쟁 과정에서 독일 나치가 자행한 수많은 인종주의 교육에 반하는 반인종주의 교육 등을 시작한 거죠.

혐오든 전쟁이든 단기적으로 그 사안에 대응하고 거기에 맞는 정책들을 취해야 되지만 궁극적으로 우리가 믿을 것은 인간의 마음에 담겨 있는 선함이라고 할까요. 그 조금의 가능성을 기대하면서 끊임없이 교육하고 개혁해야 하지 않을까 합니다. 그런 의미에서 오늘날의 혐오문제도 교과 교육만이 아니라 정말 시민으로서, 민주 시민 교육이든 세계 시민 교육이든 또는 유네스코가 처음 시작했던 국제 이해 교육이든 서로에 대한 오해와 편견을 극복해가는 교육의 힘에 기대야 하지 않을까 생각합니다. 홀로코스트뿐만 아니라 수많은 비극적인 학살 사건들 속에서 싹 트고 있는 인간의 가능성이 보이거든요. 르완다에서 투치족을 보호하기 위해 희생했던 사람들, 홀로코스트 과정에서 유대인을 보호하고 지키려 했던 선한 사람들… 그들이 결국 희생했지만 그런 가능성에 초점을 맞추면서 혐오의 문제도 그런 노력을 해야 하지 않을까 생각이 들었습니다.

홍성수 조금 덧붙여서 말씀드리면 인간의 선한 마음에 호소하는 건 대단히 중요하다고 생각하는데요. 이것을 조금 바꿔서 보면 이게 더 확산되기 위해서는 사실 그렇게 하는 것이 우리 모두를 위해 더 바람직하다는 점을 강조하고 싶습니다. 그래서 종종 어떻게 말씀드리냐면 '이기주의라는 게 합리적으로만 발현이 돼도 사실 문제를 대부분 해결할 수 있다', 이렇게 이야기하기도 하는데요.

예를 들면 전쟁에서 어떤 집단을 학살했을 때 그 학살에 가담했던 집단은 더 행복해졌느냐? 대부분 그렇지 않거든요. 학살이 학살을 낳고 혐오가 혐오를 낳고 그래서 모두를 정말 나락으로 빠뜨립니다. 지금 문제가 되고 있는 코로나도 마찬가지죠. 어떤 집단에게 자꾸 책임을 묻고 책임을 전가하고 희생양으로 만드는 것이 문제 해결에도 전혀 도움이 되지 않거든요. 어떤 분들은 한국이 잘하고 있으니까 하고 자부심을 갖는데 이게 조금 더 합리적으로 발전하려면 다른 나라도 코로나가 확산되지 않아야 우리에게도 사실은 이득이 오는 거지요.

한국 사회에서 어떤 분들은 이주자에게 재난지원금 주는 것 등을 반대하시는데 그런 반대는 윤리적으로도 나쁘지만, 우리 공동체를 더 안전하게 만들 방법을 찾는 합리적인 이기주의 측면에서도 타당하지 않습니다. 재난지원금을 대한민국에 있는 모든 사람에게 지급하고 모두가 안전해지게 하는 것이 나와 내가 생각하는 집단의 안전을 위해서도 사실은 더 바람직한 거거든요.

그래서 선한 마음에 대한 윤리적인 문제를 제기함과 동시에, 비윤리적인 태도나 혐오하는 마음 자체가 심지어는 개인이나 집단의 이익에도 반한다는 사실까지 동시에 얘기된다면 이런 문제들이 조금 더 풍부하게 논의될 수 있지 않을까 생각합니다.

위기 시에 희생양을 찾는 움직임

황수경 코로나가 수그러들지 않는 상황에서 사실은 누군가에게 책임을 묻기 위한 갈등 상황이 계속되고 있는데 역사 속에서도 흑사병 같은 전염병이 돌거나 했을 때 누구에게 책임을 묻고자 하는, 희생양을 삼고자 하는 그런 움직임이 있었죠?

홍성수 그렇죠. 실제로 사회적 재난이나 자연 재난 상황에서 혐오가 더 확산됐던 일들이 많이 있었습니다. 예를 들어 1900년대 초반 발생한 스페인독감이 최근 코로나 사태와 관련해서 재조명되고 있거든요. 그때도 독감의 책임을 이주자한테 떠넘기거나 하는 혐오가 확산되기 시작했고, 그런 것들이 나치의 출현으로 이어졌다고 하는 분석도 재조명되었고요. 홀로코스트 같은 경우에도 독일이 당시 처한 사회 경제적 위기와 1차 대전 패망의 책임을 누구한테 돌릴 것이냐 하는 문제들이 어우러지면서 자꾸 희생양을 찾았던 것입니다. 그런 점에서 본다면 IMF 사태 이후 계속 저성장 상태에, 코로나라는 새로운 문제가 출현하게 되면서 우리도 지금 위기 상황이 아닌가 싶습니다. 문제 해결이 너무 힘든 상황에서 손쉬운 핑곗거리를 찾으려는 그런 흐름들을 어떻게 물리칠 것인지, 또 어떻게 진짜 문제 해결을 위한 길로 나아갈 것인지에 대한 고민이 필요한 시기가 아닌가 싶습니다.

황수경 전 세계적으로 코로나로 인해 고통받고 여러 불편을 겪는 힘든 시기인데요. 중동에서부터 아프리카, 유럽, 각국 역사 속에서의 혐오문제를 살펴보고 돌아보면서 오늘날의 혐오문제를 어떻게 해결할 수 있을까에 대해 고민을 함께 나누는 시간이었는데, 어떤 노력이 필요할까요? 사실 누군가를 혐오하는 것으로는 어느 누구에게도 득이 되지 않는 현실 속에서 하나하나 차근차근 해결해가야 하잖아요. 어떤 노력을 할 수 있을까요?

이희수 쉽지 않은 문제죠. 그런데 왜 신경을 써야 하냐면 혐오나 증오 문제는 피해자가 어느 순간 가해자가 되는 경우가 굉장히 많아요, 이게 트라우마로 남아서 혐오나 증오를 빨리 끊어주지 않으면 엄청난 사회적 파급 효과가 있습니다. 홀로코스트 얘기를 많이 했는데 아우슈비츠의 처절한 피해자가 지금 또 다른 방식으로 가해자가 돼서 세계의 지탄을 받는 그런 경우도 있듯이요.

그런 면에서 역시 교육이죠. 아까 유네스코 말씀도 하셨지만 아주 쉬운 것부터 출발해야 될 것 같아요. 다르면 틀렸다고 생각하고 틀린 것은 받아들일 수 없다고 생각하는 것을 바꿔야 합니다. 다르면 다를 뿐이다, 다름이 오히려 사회의 창조적 발전에 도움이 된다는 인식을 갖는 것이 중요합니다.

유학을 마치고 돌아올 때 지도 교수께 인생을 살아갈 교훈을 하나 달라고 하니까 '천적 관리'를 잘하라고 하셨습니다. 자기 또래 마음 맞는 사람 백 사람을 많이 거느리는 것보다 마음에 맞지 않는 한 사람을 잘 관리하는 것이 훨씬 중요하고 세상에 보람이 있다, 어느 사회나 집단에서 자기와 맞지 않는 사람이 있는 것은 정상이고 인류가 아무리 발달해도 이 구도는 바뀌어지지 않을 거라는 얘기입니다. 자기 취향과 이념과 철학에 맞는 사람과 함께하는 것은 당연하지요. 자기와 다른 사람을 극단적으로 혐오하거나 증오하지 않는 훈련을 '천적 관리'라고 하는데 사회적으로도, 일상에서도 이것은 굉장히 중요한 것 같고요.

최근 코로나에 대해 정말 많은 글들이 나왔는데 제가 읽었던 가장 인상적인 글은 문명철학자 신일희 교수가 썼던 셈페르 아우구스투스 철학입니다. 강연 때도 얘기했듯이 이 튤립종이 바이러스에 감염이 되었는데 죽어버리지 않고 이 바이러스를 받아들여 결합해 제3의 유전자 변형을 일으킨 겁니다. 그 결과 인류가 상상하지 못했던, 가장 아름다운 튤립이 된 것입니다.

바이러스라는 것은 인류가 퇴치할 수도 없고 퇴치되지도 않는 것이죠. 인류 역사가 질병과 함께 살아왔고요. 그처럼 다른 생각과 다른 가치를 가진 맞지 않는 사람을 배제해버리고 혐오하는 것이 아니라 그걸 받아들이고 함께하면서 더 아름다운 세상을 만들어내는 게 코로나가 주는 인문학적 가르침이 아닐까 하는 생각도 강하게 해보고요. 다른 것이 부딪히는 모순 속에서 인류는 항상 새로운 사회를 만들어왔기 때문에 다름은 틀린 것이 아니고 나쁜 것이 아니고 소중한 것, 또 다른 자기 발전을 위한 창이라고 얘기하고 싶습니다.

김민정 누구나 상황에 따라서는 혐오의 대상이 될 수도 있는 것이고, 그런 경험이 사람을 변화시킬 수 있겠다는 생각을 저는 좀 했습니다. 개인적인 경험에 기반해서 말씀드리면 제가 2000년에서 2013년까지 미국에서 지냈는데, 대학원 생활을 할 때 동료 대학원생이나 교수님 중에 성소수자 몇 사람이 있었어요. 그 사실을 나중에 알게 되고 보니 그분들이 전혀 다르지가 않은 거예요. 뭐랄까요. 우리 일상생활에서 성소수자를 친구로 갖게 되는 경험을 하는 사람이 많지는 않잖아요. 그러다 보니 미디어에서 전하는 성소수자에 대한 편견이라든가 고정 관념에 기반해서 판단하게 되는 경향이 있는데, 개인적으로 누군가를 만나서 알게 되면 기존의 그런 생각들이 얼마나 잘못됐는지를 알 수가 있죠. 하지만 모든 사람이 그걸 다 경험할 수는 없으니 간접 경험을 제 공하는 미디어의 역할이 되게 중요한 것 같습니다.

그래서 미디어에서 특정 집단에 대해 일반화된 편견을 강화시키는 메 시지를 내는 것을 아주 주의해야겠다고 생각하고요. 혐오표현의 피해 자가 되는 사람들의 목소리를 좀 더 많이 들을 수 있는 기회도 미디어 가 제공해줬으면 좋겠어요.

마지막으로 저의 강연 주제가 인터넷과 혐오였는데 네이버나 카카오 같은 플랫폼 사업자들이 수행하는 역할도 상당히 중요하다고 생각을 합니다. 앞서 미얀마 군부가 혐오 메시지들을 페이스북상에서 무차별 확산시켰던 사례를 말씀드렸는데 지금 인터넷이 정말 혐오의 온상이 되고 있잖아요. 그래서 플랫폼 사업자들이 좀 더 적극적으로 혐오표현 에 대해 문제의식을 가질 수 있도록 캠페인도 하고 극단적인 표현들은 걸러내는 작업도 해서 사회적인 문화를 변화시키고 바꿔나가야 되지 않을까 생각합니다.

황수경 너무 와닿는 말씀입니다. 직접 경험해보는 게 중요하고 나도 혐 오의 대상이 될 수 있다는 것, 꼭 내가 늘 주류는 아니잖아요. 나도 소수가 될 수 있다는 사실을 생각해보는 마음 자세도 굉장히 필요할 것 같고요.

혐오를 딛고 함께하기 위한 노력

홍성수 저도 덧붙여서 말씀드리면 교육이 중요하다고 많은 분들이 말씀하시고 저도 교육이 중요하다고 생각하는데 이때의 교육을 초중고 교실에서 교사가 학생들한테 가르치는 것에 한정해서 생각하면 안 될 것 같고요. 우리가 경험하는 모든 것들이 교육이 될 수 있지요. 또한 초중고에서의 교육도 선생님이 앞에서 가르치는 것뿐만 아니라 어떤 교육 환경을 조성하냐도 굉장히 중요합니다.

예를 들어 요즘 대학생들한테 성소수자 혐오에 대해 물어보면 그런 감정을 가지고 있는 친구들이 거의 없거든요. 어떻게 그런 생각을 갖게 됐냐 물어보면 많은 학생들이 초중고 때 친구가 있었던 거예요. 친구를 어떻게 혐오하냐, 이렇게 반문을 하거든요. 지내보니까 그냥 똑같은 친구더라. 사실 그 경험은 말로 하는 어떤 교육보다 굉장히 강한 교육이었다고 생각을 하는데요. 그래서 우리가 교실에서의 구성을 어떻게 할 거냐, 얼마나 다양한 사람들과 섞여서 할 수 있는 경험들을 제공하느냐. 이런 것도 혐오가 확산되는 것을 막는 중요한 계기가 될 거라고 생각을 하고요.

또 하나, 아까도 간단히 말씀드렸듯이 혐오라는 것이 그 자체로도 참 나쁘다는 점, 혐오 대상이 된 사람들을 괴롭히고 책임이 없는 사람들한테 책임을 전가한다는 면에서 그 자체로 참 나쁜 일이기도 하지만 사실은 나의 안전과 행복을 위해서도 궁극적으로는 나쁜 길로 가는 것이라는 점을 분명하게 인식한다면 더 좋은 방향으로 갈 수 있는 계기가 될 수 있을 거라고 봅니다. 왜냐하면 혐오감정에 여러 이유가 있지만 정당한 부분도 있거든요. 내가 불안하다, 내가 더 안전해야겠다, 또는 내 경제적 지위가 더 올라갔으면 좋겠다 이런 것 자체가 나쁜 건 아니지요. 다만 그것이 진정으로 해결되기 위해선, 자기가 원하는 걸 얻기 위해선 혐오보다는 다른 방향으로 길을 찾아야 된다는 것에 대한 논의가 확산될 수 있다면 혐오로 귀결되는 여러 길목을 차단할 수 있지 않을까 합니다.

한건수 아까 차이에 대한 인정과 존중이 혐오를 피할 수 있는 하나의 방법일 수 있다는 말씀을 하셨는데 그것에 덧붙이겠습니다. 차이를 존중하고 차이가 갖는 의미를 제대로 이해하자는 이야기를 할 때 항상 다양성과 차이만 얘기해요. 그런데 사실 다양성과 차이는 공유점과 보편성이 있기 때문에 생기는 거거든요. 그래서 우리가 무엇을 공유하고 있는지를 확인하는 것이 중요한 것 같아요. 인류학에서 설명할 때 그토록 다양한 문화를 갖고 있는 사람들이 어떻게 서로 소통할까 의문을 던집니다. 그 답은 인류로서 갖고 있는 공통성, 보편성에 있습니다.
그래서 혐오문제에서도 나와 다른 저 사람이 실제로는 굉장히 많은 것을 나와 공유하고 있다는 사실을 강조하고 싶습니다. 보편성을 공유하고 있다는 확신이지요. 홍 교수님이 얘기했듯이 정말 친구로서 지냈던 사람들은 서로를 혐오하지 않거든요. 친구로서 가진 공통의 기억이나 가치 체계 등을 확인했기 때문인 것 같아요. 그래서 사회에서 혐오문제를 해결하기 위해 단순히 차이를 존중하는 것뿐만 아니라 겉으로는 차이가 있지만 우리가 많은 것을 공유하고 나누고 있음을 끊임없이 확인할 필요가 있을 것입니다.

황수경 여기서 한 가지 얘기하고 싶은 건 김민정 교수님 강연을 들으면서 저 스스로도 침묵하는 다수이기에 반성을 참 많이 했는데요. 어떤 혐오 표현에 대해, 그런 행동에 대해 대항하는 목소리, 이건 아니다 하고 적극성을 띠고 얘기하는 노력들도 필요하지 않을까 싶어요.

다들 나는 점잖으니까 내지는 침묵의 나선 이론처럼 다수가 이미 형성됐으니까 하는 소극적인 자세가 혐오를 더 부추기고 방치하는 것이 아닌가 생각도 했거든요.

김민정 네, 정말 중요한 지적을 하셨는데요. 혐오표현에 대항하는 가장 좋은 방법은 대항표현인 것 같아요. 왜냐하면 국가가 나서서 혹은 플랫폼 사업자가 나서서 이건 잘못된 표현이야 하고 삭제하기 시작하면 그 기준이 사람에 따라 너무 달라질 수 있기 때문에 표현의 자유가 어쩔 수 없이 위축될 수밖에 없는 측면이 있거든요. 그래서 강연에서 대항표현의 중요성과 방식에 대해 몇 가지 말씀을 드렸고요. 가장 강조하고 싶은 건, 이 강연을 들으시는 대학생, 청소년 여러분께서 대항표현을 꼭 해 봐주십사 하는 것도 있지만 공적인 주체가 혐오표현은 정말 잘못된 것이라는 목소리를 분명하게 내줬으면 좋겠어요. 혐오표현의 피해자들한테 직접 대항표현하라고 요구하는 건 부담감을 추가적으로 지우는 것이거든요.

그렇기에 혐오표현은 잘못된 것임을 명확하게 공적으로 선언하는 것이 필요합니다. 일본의 헤이트 스피치(hate speech) 금지법은 국가 시책으로서 혐오표현은 금지한다고 명확히 밝히고 있거든요. 그런 방식이 될 수도 있겠고 혹은 정치인, 고위공직자, 사회적으로 영향력 있으신 분들이 '혐오표현은 정말 잘못된 것입니다'라는 메시지를 지속적으로 공적인 공간에서 내주시는 것이 중요합니다. 혐오표현을 아무 생각 없이 하거나 일부러 하는 사람들이 좀 위축될 수 있는 긍정적인 결과가 도출될 수 있으므로 공적인 주체의 대항표현을 강조해 드리고 싶고요. 물론 개개인의 대항표현을 통해 우리의 목소리가, 평등의 목소리가 침묵의 나선에 빠지지 않도록 하는 것이 정말 중요할 거라고 생각합니다.

혐오문제 관련 영화, 책 추천

황수경 끝으로 컨퍼런스와 토론을 지켜보신 분들을 위해 교수님들께서 인상적으로 보신, 혐오문제를 잘 다루고 있는 영화나 도서가 있으면 추천해주시겠어요?

한건수 저는 영화를 한 편 소개하겠습니다. 난민과 관련한 좋은 영화들이 많이 있는데 제가 강연 시간에 소개했던 아프리카 르완다의 사례를 직접 다룬 작품을 추천합니다. 〈호텔 르완다〉라는 2004년에 제작된 영화입니다. 이 영화를 추천하는 이유는 100일 동안의 비극적 현장에서 평범한 호텔 매니저가 자신이 일하는 호텔로 피신한 1200명이 넘는 투치족과 학살을 반대하는 후투족들을 보호하는 노력을 보여주기 때문입니다. 인류 역사상 다시는 벌어지지 않아야 할 비극적인 상황에서 한 평범한 시민이 어떤 일을 할 수 있었는지 거기서 어떤 희망을 찾아야 하는지에 대해 생각해볼 수 있으실 겁니다.

이희수 저는 아마르티아 센(Amartya Sen)이 쓴 『정체성과 폭력』이란 책을 추천합니다. 학생들에게 항상 필독서로 읽히는데요. 저자가 노벨 경제학상을 받은 경제학자인데 케임브리지대학 트리니티 칼리지 학장이셨고 인도 출신이시죠. 하루는 인도에 여행을 갔다가 영국으로 돌아오는데 아마 이중 여권자여서 실수로 인도 여권을 냅니다. 그런데 케임브리지대학 학장 관사를 주소로 쓰고 하니까 공항 직원이 그 사람과 당신이 무슨 관계냐며 취조가 시작돼서 입국도 하지 못하는 상황이 있었습니다. 누구나 존경하는 노벨 경제학상을 받았던 사람이 단순히 인도 사람이라는 이유 하나 때문에 자기 정체성이 매우 헷갈렸다는 겁니다. 최고의 존경을 받는 학자로서 대학 캠퍼스 내에서는 주류와 다수의 정체성이지만 또 다른 바깥에서는 주변인 취급을 받은 것이지요.

모든 인간은 다중적 정체성을 가지고 있으므로 하나의 직업, 하나의 종교, 이념을 가지고 그 사람을 판단하지 말아야 한다는 겁니다. 스스로 어떤 상황에서는 주류가 될 수도 있고 어떤 때에는 주변부가 될 수 있다는 사실을 명심해야 합니다. 그래서 그 글을 읽고 저는 종교적으로, 이념적으로 모든 종교를 수행하는 만신교가 되기로 결심했고요. (웃음) 좌파와 우파의 생각을 모두 아우르는 무이념국적자가 되기로 했던 이유가 되었습니다. 『정체성과 폭력』은 다양성을 이해하는 데 매우 좋은 책 같습니다.

김민정 저는 홍성수 교수님의 저서 『말이 칼이 될 때』를 우선 추천해 드리고, 다음으로 김지혜 교수님이 쓰신 『선량한 차별주의자』라는 책을 말씀드리고 싶습니다. 스스로 자신이 타인을 차별한다고 생각하는 사람은 아무도 없잖아요. 그런데 그 책을 읽고 나면 내가 차별을 하는 사람이구나라는 걸 깨닫게 되거든요. 그래서 추천하고요. 영화 중에는 〈가버나움〉이라는 작품이 있는데...

황수경 네, 너무 인상 깊게 봤어요.

김민정 레바논 수도의 슬럼가에 사는 열두 살 소년 자인의 이야기인데 이 영화가 실제로 난민들을 캐스팅해서 찍은 영화였고요. 배우가 아닌, 영화에 출연한 이 친구들이 프랑스 영화제에서 상을 받아야 되는데 여권이 없어가지고 영화제 일주일 전에야 간신히 받아서 갈 수 있었다고 하는 얘기도 있었는데요. 이런 상황에서 가장 고통받는 게 어린아이들이라는 사실이 절절하게 느껴지는 영화거든요. 넷플릭스의 다큐 중에서는 제가 아까 미디어에서 재현되는 이미지에 대해 말씀드렸는데 트랜스젠더에 관한 내용으로 〈디스클로저〉를 추천하고요. 여성이 얼마나 외모나 성적 대상화로 계속 미디어에서 재현되는가 하는 주제로 〈미스 리프리젠테이션〉이라는 다큐멘터리를 권하고 싶어요.

황수경 영화도 보고 책도 보려면 바쁘네요.

홍성수 저는 한 권 딱 추천해 드리자면 누스바움이 쓴 신작 『타인에 대한 연민』이라는 책입니다. 우리말로 번역이 됐는데 미국에서도 베스트셀러였습니다. 누스바움은 혐오에 관련해 여러 분석을 내놓은 철학자인데 사실 저서들이 굉장히 두꺼워요. 여태까지 두껍고 접근성이 좀 떨어지는 편이었는데 이 책은 자신의 생각을 200페이지 정도의 짧은 대중서로 정리해서 많은 분들이 쉽게 접할 수 있게 냈고요. 단순히 혐오는 이런 것이다에 그치지 않고, 이분은 미국 사람이다 보니까 미국 사회에 정말 간절하게 호소를 해요. 혐오가 아니라 사랑과 연대만이 미국 사회가 안고 있는 문제를 풀 수 있다, 제발 혐오하지 말고 연대로 풀자 이런 제안을 합니다. 미국 사회를 대상으로 쓴 책임에도 불구하고 한국에도 맞는 부분이 많기에 이 책이 한국 사회에도 많은 울림을 줬으면 하는 그런 기대에서 소개해 드리고 싶습니다.

황수경 책과 영화의 제목들 기억하셨다가 꼭 한번 찾아보셨으면 좋겠습니다.

사흘간 진행된 강연과 토론을 통해 역사 속에서 정말 많은 사람들을 가슴

아프게 했던 혐오사건을 중심으로, 또 혐오가 현대에서 어떤 모습으로 반복되고 있는지, 그리고 오늘날 혐오문제를 우리가 어떻게 해결할 것인지를 진지하게 토론했습니다. 지금 내가 품고 있는 분노가 정말 정당한 것인지, 내가 지금 갖고 있는 확신에 대해 한번 경계해보는 그런 자세가 필요하지 않을까 생각합니다. 우리 사회의 혐오문제에 대해 보다 심도 있게 그리고 진지하게 고민해보는 특별한 시간이 되셨기를 바랍니다.

토크 콘서트 1부

우리 안의 혐오:

중세 유럽 마녀사냥부터
놀이가 된 온라인 혐오까지

토크 콘서트 2부

혐오에 맞서라:

최근 혐오 이슈, 그리고
혐오에 맞서는 용기에 대하여

진행

황수경 아나운서

패널

박승찬 교수(가톨릭대학교 철학과)

이은주 교수(서울대학교 언론정보학과)

전진성 교수(부산교육대학교 사회교육과)

최인철 교수(서울대학교 심리학과)

최호근 교수(고려대학교 사학과)

강연 영상 보러가기

우리 안의 혐오

중세 유럽 마녀사냥부터
놀이가 된 온라인 혐오까지

황수경 여러분 안녕하십니까. 티앤씨재단 컨퍼런스 Bias, by us의 토크 콘서트 진행을 맡은 아나운서 황수경입니다. 티앤씨재단에서는 지난 10월 '공감의 또 다른 얼굴, 혐오'라는 주제로 각 분야의 교수님들을 모시고 강연과 토론 세션을 진행했습니다.

극단적인 혐오가 빚어낸 참혹한 전쟁과 학살 등 세계사 속의 혐오범죄에서부터 현대 사회의 가장 큰 화두로 떠오르고 있는 온라인 혐오발언까지 혐오의 원인과 현상을 깊이 있게 살펴보고 함께 고민하는 시간을 가졌습니다. 재단 장학생과 사전 신청자를 대상으로 마련됐던 컨퍼런스는 더 많은 분들과 함께 고민을 나누기 위해서 11월 일반인을 대상으로 전체 공개되기도 했는데요. 많은 분들께서 이번 컨퍼런스에 뜨거운 공감과 함께 다양한 의견과 질문을 보내주셨습니다.

이에 따라서 티앤씨재단은 다시 한번 교수님들을 모시고 지난 컨퍼런스를 통해 깊어진 고민과 성찰을 함께 나누는 시간을 마련했습니다. 오늘 어려운 걸음 해주신 교수님들께 감사 인사드리고요.

첫 번째 세션에서는 '우리 안의 혐오: 중세 유럽 마녀사냥부터 놀이가 된 온라인 혐오까지'라는 주제로 얘기를 나눠볼 예정입니다. 지난 강연 이후 정말 많은 분들께서 질문을 보내주셨는데요. 그만큼 혐오문제에 대해서 관심과 고민이 깊기 때문이 아닌가 싶습니다. 그 많은 질문들 가운데 중복되는 내용을 취합해서 핵심적인 질문만 지금부터 드려볼 텐데요. 첫 번째 질문입니다.

Q. 서유럽을 휩쓴 혐오의 역사

황수경 다음은 한 대학생이 올려준 질문입니다. '근대 이성의 틀을 기초한 서구 유럽에서 왜 이렇게 잔혹한 박해가 발생했는지 여전히 이해가 되지 않습니다. 마녀사냥, 홀로코스트 같은 이런 범죄들이 서유럽에서 더 강력하게 드러난 이유는 과연 무엇일까요?'

박승찬 근대 이성 개념에서 얘기하는 것처럼 서구 문명 같은 경우 두 가지 뿌리가 있다고 할 수 있는데요. 그리스 로마 문화, 특히 그리스 철학의 경우는 논리적으로 주체와 객체를 구별하고 아주 뚜렷하게 남들과 구분하는 부분들이 있었습니다. 그리고 또 다른 근원이 그리스도교입니다. 사랑과 자유, 평등과 같은 것을 가르쳤던 그리스도교는 논리적으로 뚜렷한 구별을 좀 중화해줄 수도 있었을 것 같은데 사실은 그런 형태로 작용하지 않습니다. 콘스탄티누스 대제 이후 서서히, 392년부터 그리스도교가 로마 제국의 국교가 되면서 가장 중요한 중심으로 들어오게 됩니다. 그러면서 그리스도의 십자가와 부활이라는 요소들 중 특히 고난과 십자가보다는 부활 이후의 영광을 강조하는 쪽으로 로마 제국과 서구 전체 사상을 이끌게 됩니다. 이 두 전통 요소와 문화사상적 요소가 합쳐지면서 상당한 서구 우월주의가 시작된 것 같고요. 타문화보다 서구문화가 우월하다는 생각에서 주체의식을 가지고 구별하면서부터 아마 혐오가 더 강하게 나타난 것이 아닌가 그런 우려와 생각을 합니다.

Q. 저항의 목소리가 확산되지 못한 이유

황수경 네, 다음 질문입니다. '유대인에 대한 차별과 학살에 반대하고 비판했던, 저항했던 사람들도 분명히 존재했다고 말씀해주셨는데 왜 그 목소리가 확산되지 못했는지 그리고 사회적인 연대로 이어지지 못했는지 궁금합니다.'

최호근 영화 〈작전명 발키리〉를 보신 분들이 계실지 모르겠는데 톰 크루즈가 연기한 주인공이 실존 인물인 슈타우펜베르크(Claus von Stauffenberg) 백작이에요. 이 백작과 후방군 사령부 몇몇이 함께 1944년 7월 20일 히틀러 암살 계획을 세우고 폭탄을 설치했는데 실패로 돌아갔지요. 수십 명이 다음 날 바로 교수형을 당했는데, 이 일이 벌어졌던 현장인 오늘날의 베를린 국방부 청사 한쪽에는 독일 저항기념관이 만들어져 있죠. 여기 보면 나치에 저항했던 디트리히 본회퍼(Dietrich Bonhoeffer) 목사, 히틀러 체제 타도를 외쳤던 뮌헨대학교 백장미단 사건 등이 담겨 있습니다. 그런데 아무리 생각해봐도 저항했어야 마땅함에도 당시 실제 행동에 나섰던 인물들이 너무 적었죠. 그 이유가 뭘까요?

저는 세 가지 정도로 봅니다. 첫째, 독일 사람들이 국가주의 영향을 너무 받았어요. 그래서 국가 명령이면 거부할 줄 몰라요. 이 전통이 깊은데 마틴 루터 이후 독일 교회 목사의 대부분은 공무원이죠. 그리고 대학들이 모두 국립대입니다. 그러다 보니 국가의 틀 안에서 벗어나기 어려웠습니다. 이 분위기를 단적으로 보여준 철학자가 셸링(Friedrich Wilhelm Joseph Schelling)인데요. '국가 안에서 왕과도 같이 충만한 자유를 누리라'고 선포했죠. 이 말은 국가 명령에 저항하지 말고 비껴가지도 말고 그 틀 안에서 질서를 지키라는 얘기죠. 이게 사오백 년 이상 지속된 깊은 전통이었고요.

둘째, 나치 체제가 너무 폭압적이었죠. 반대 목소리를 내는 야당 지도자, 노동운동 지도자, 지식인들을 본보기처럼 강제수용소로 끌고 갔죠. 이들이 목숨을 희생하는 모습을 보거나 들었는데 어떻게 저항할 수 있을지 암담했겠죠.

마지막으로 1930년대 어린이들, 청소년들은 학교에서 인종학 수업을 듣고 컸어요. 그래서 그것 외에 어떤 생각도 해본 적이 없죠. 학교에 가면 '이리 와볼래?' 해서 인중까지 길이를 재요. 그러면서 '이 길이가 전형적인 아리안족이야. 구별할 수 있지?' 하는 식으로 가르쳐요. 그 공기를 호흡하고 그 저수지 속에서 자란 친구들이 다른 생각을 할 수가 없어요. 누가 유대인을 숨겨줬다는 게 우연히 보이면 바로 신고해요. 부모님이 그랬어도 신고하죠. 이런 세뇌된 분위기에서는 어떻게 할 수가 없죠. 그러다 보니 굉장히 적은 비율의 저항과 반대가 있었는데 당시의 상황을 고려하면 이게 적은 수만은 아니었을 거 같아요.

황수경 그런데 홀로코스트뿐만 아니라 지금까지 생겼던 역사적 혐오범죄에서 항상 저항의 목소리가 있었겠죠, 약할지라도?

최호근 있었죠. 그런데 기대보다 너무 약했지요. 독일의 경우 슈타우펜베르크 백작과 일행을 기념하기 위해 베를린 한복판 티어가르텐 대로를 '7월 20일 거리'라고 이름 붙였고, 주요 도시마다 슈타우펜베르크 슈트라세라는 거리 이름이 다 있어요. 많지 않았던 저항의 움직임도 이제는 크게 부각하고 가르치고 싶다는 간절한 그런 합의죠.

이은주 역사 전문가는 아니라서 조심스럽기는 한데, 지금의 연대라든가 참여 같은 부분이 현재 우리 시각에서 과거 행동을 평가하거나 재단하는 게 아닌가 하는 생각이 들기도 하거든요. 지금은 모두가 모두에게 연결이 돼 있는, 소위 초연결 시대를 살고 있다 보니 의견들을 활발히 공유하는 편이죠. 게다가 조심스러워서 사람들이 잘 드러내지 않는 소수 의견조차 파악할 수 있는 과학 기술이 존재합니다. 하지만 당시에는 그런 인프라가 없는 상황이어서 사람들이 자기 생각을 공유하고 그걸 기반으로 해서 행동에 옮기는 일들은 굉장히 어렵지 않았을까 하는 생각이 들어요. 현재의 기술이나 행동 양식 등에 근거해서 과거를 평가하기가 쉬운데 사실은 당시의 역사적 맥락과 상황으로 봐주는 태도도 중요하지 않을까 생각합니다.

전진성 저도 이은주 교수님과 조금 다른 초점에서 잠깐 말씀드리겠습니다. 혐오를 막고자 저항하고 연대한다는 것이 생각보다 굉장히 힘든 일인 거 같아요. 슈타우펜베르크 백작 무리의 경우에도 행위 자체는 의로울 수 있지만 사실 그분들은 나치였거든요. 그 전에 약자들을 위해 행동했던 분들이 아니었고 사실상 패전이 분명해지니까 군사적인 판단에 의한 것이었거든요. 그렇다고 이분들을 폄하할 수는 없는데 피해자와 가해자라는 것이 실제 역사 속으로 들어가면 불분명합니다. 그래서 분명 거악과 싸워야 되는데 그걸 위해 연대하는 행위들이 참 쉽지 않다는 것이죠. 절대적인 선이 있는 것이 아니기 때문에 결국 항상 고민하고 얘기하는 열린 과정이 필요하다는 생각이 듭니다.

Q. 죄의식과 죄책감이 결여된 가해자들

황수경 피해자, 가해자 말씀하셨으니 이 질문을 드리고 싶은데요. '역사적 사건의 가해자는 물론이고 최근 혐오 관련한 표현, 악성 댓글 등으로 피해자를 극단적인 상황에까지 놓이게 하는 가해자들의 경우는 참 죄의식이나 죄책감이 없는 것 같다'라는 이런 글이 올라왔어요. 왜 이렇게 반성과 후회도 없고 어떤 죄책감 없이 이런 행동을 할까. 어떻게 생각하세요?

이은주 사실 사람들의 기본 성향 중 하나가 인지 부조화를 피하고 줄이고 싶어 하는 것이거든요. 그리고 기본 욕구 중에는 자아에 대해, 본인에 대해 긍정적인 이미지를 유지하고 싶어 하는 것도 있단 말이죠.

본인이 도덕적·윤리적인 기준에서 비난받아 마땅한 행동, 예를 들어 악성 댓글을 달아 누군가를 자살에 이르게 했다면 인지 부조화가 발생하는 거예요. '내가 왜 그런 나쁜 행동을 했을까?' 그런데 이미 일어난 행동은 되돌릴 수가 없기 때문에 내 행동과 그 결과라고 할 수 있는 불행한 결과 간의 연결을 희석시키거나 부정하는 것이 될 수밖에 없거든요. '아마 그 사람이 다른 이유가 있었을 거야'라고 믿거나 혹은 책임감을 여럿에게 나눠 잘못을 희석시키는 거예요. '나만 댓글 단 것도 아니고 수십만 명이 같이 한 건데. 한강에 물 한 바가지 더 퍼넣은 거밖에 안 될 거 같은데.' 원인과 결과 사이에 즉각적인 대응이 있고 시공간적으로 밀접한 경우에는 인과관계를 부정하기가 어렵지만 그렇지 않은 경우 본인 행동이 가져온 부정적인 결과를 부인할 여지들이 많습니다. 역사적 맥락에서도 '나는 그냥 명령에 따랐을 뿐이다. 내가 개인적으로 판단하고 내가 원해서 한 그런 행동이 아니라 군인으로서 상사의 명령에 복종했을 뿐이다' 같은 식으로 자기 행동에 대한 원인을 외부 요인으로 돌린 사례가 많습니다. 상대적으로 어떤 불편함, 내가 큰 잘못을 했구나 하는 도덕적인 죄의식에서 상대적으로 좀 자유로워질 수 있는 거거든요. 그렇게 자아를 유지하고자 하는 전략적 선택으로 해석할 수 있을 거 같아요.

황수경 그런데 교수님, 궁금한 것이 그게 사실 대외적으로 자기가 죄책감에서 벗어나기 위한 자기 합리화고 변명 같은 거잖아요.

이은주 그런데 그것이 외부로 표현되고 드러나는 것뿐만 아니라 내부적으로도 갈등 요소가 있으면 굉장히 불편하거든요. 그런 심리적 불편을 해소하기 위해 자기 최면처럼 신념으로 가지게 될 수 있는 거예요. 합리화, 정당화라는 게 겉으로 드러나고 남한테 보이기 위한 것만이 아니라 그런 설명을 만들어내면 스스로 믿게 되는 겁니다. 옳지 않은 행동이었구나 알게 되면 굉장히 마음이 불편하거든요. 그렇기 때문에 말씀드린 것처럼 내 행동이 그런 결과를 가져온 건 아니라고 해석하거나, 적극적으로 제3의 다른 원인을 찾아낸다거나 하게 되죠.

최인철 기본적으로는 동의하는데요. 자기가 한 안 좋은 행위를 인식한 뒤에 그것을 정당화하려고 계속해서 같은 걸 반복하는 그런 면이 있는데 혐오의 문제에서는 사실 그런 것조차 느끼지 못하면서 하는 경우인 것 같습니다. 잘못했다고 느끼지 못해서 그런 행동을 하는 경우이기 때문에 사후에 자기를 정당화하기 위한 수단으로 이것을 지금 무마시키는 게 아니고 자기가 혐오하는 대상이 혐오받아 마땅한 대상이라는, 동등한 수준의 인간이 아닌, 인간 이하의 존재로 본다고 생각됩니다. 지금의 생각이나 발언, 행동을 정당화할 필요조차 없는 그 수준에까지 이른 단계인 것이죠.

황수경 정당화하려고도 안 한다?

최인철 그렇죠. 일반적으로 타인에게 한 못된 행동에 대해 인지 부조화하는 것은 당연히 있는데 지금 우리가 살펴보려는 '정말 어떻게 한 개인이 다른 개인에게 혹은 다른 집단에게 이렇게까지 할 수 있을까' 하는 이 혐오의 경우는 다르다는 것입니다. 이 집단은 우리와는 다르다거나, 예를 들어 저 대상은 우리와 대등한 수준의 인지 기능이나 정신세계를 가지고 있지 못하기 때문에 이런 대접을 받는 게 마땅하고 어쩌면 우리가 살고 있는 세상에서 사라져도 좋겠다고까지 생각하기 때문에 그런 행동을 하는 게 아닌가 합니다.

황수경 어떻게 그런 생각을 하게 될까요?

박승찬 역사적으로 나치의 경우도 아리안족의 혈통 순수주의 같은 것이 나타나거든요. 십자군 전쟁도 그리스도교만이 진정한 종교라고 생각하면서 타종교를 빼앗는 것이었고요. '우리만이 진정한 종교, 진정한 문화'라고 하는 순수주의적 배경이 있기 때문에 오히려 자기와 다른 사람들을 판단하는 데 양심의 가책을 느낄 필요가 없었던 겁니다. 더 무서운 것은, 종교인들이나 정치가들이 이런 것을 정당화하는 얘기들을 할 때 순종에 익숙한 사람들이라면 더더욱 아무런 가책 없이 가해자들이 될 수 있다는 것이죠. 사실은 틀린 사상이 아니라 좋은 내용에 대한 과도한 강조가 오히려 가해자들의 반성의식을 막을 수도 있다 그런 생각이 듭니다. 전체적 측면과 개인적 측면을 아울러 생각한다면 가해자들의 도무지 납득하기 힘든 행위를 좀 더 잘 이해할 수 있을 것 같네요.

황수경 약간 선민의식 같은 건가요? 나는 다르다?

박승찬 그렇죠. 순수 국가, 종교처럼 자기는 더 뛰어나다는 의식에서 점차 그 존재를 규정하는 딱지를 붙이는, 특정한 용어까지 사용하는 식으로 나아갈 수 있죠. 강연에서 예로 들었던 벌레라든지, 쥐 같은 혐오표현들이 나타나게 되면 당연히 이것은 마치 우리도 해도 되는 행위, 이런 것들로 강화될 수 있다고 생각합니다. 그런 것이 무섭기도 하고요.

Q. 혐오는 사라질 수 있는가

황수경 한 고등학생의 질문입니다. '지난 역사를 살펴봐도 강력한 혐오에 비해 혐오에 대한 저항과 연대는 상대적으로 그 힘이 미약해보입니다. 지금 인터넷 공간에서 역시 강력한 혐오표현에 비해서 저항표현은 상대적으로 너무 약하다고 생각이 되는데요. 혐오감정이라는 게 과연 사라질 수 있을까요?'

최인철 사라졌으면 좋겠습니다. 당연히. 그리고 이 질문은 꼭 혐오에만 해당되는 것 같진 않아요. '인간이 가지고 있는 안 좋은 것들은 왜 사라지지 않고 이렇게 지속되고 있고 심지어 그걸 하는 사람들이 잘 되고 있을까'라는 질문을 우리가 오랫동안 가져왔기 때문에... 그러면 여러 이유가 있을 수 있겠는데 하나는 그것 때문에 보는 이득이 있는 경우가 있는 것 같아요.

황수경 이득이요?

최인철 네. 현실적으로 혐오는 다른 집단에 대해 갖는 아주 강력한 미움의 감정인데 그 이면에는 자기 집단에 대한 강한 집착, 연결의식 이런 게 있거든요. 타집단을 혐오하는 것을 통해 결국 내가 속한 집단에게 충성을 다하면서 얻는 이득 같은 게 있을 수가 있고요. 개인의 정체성이 본인이 속한 집단 정체성하고 맞물려 있기 때문에 그것이 자기 자신을 확인시켜준다는 그런 이득도 일부 있다고 봅니다.

또 하나의 이유는 상대 집단을 혐오하는 것이 아주 당연한, 도덕적으로 정당화되는 일이라는 생각이 있어서, 이것이 안 좋은 일임에도 불구하고 마지못해 한다는 생각보다는 마치 마땅히 해야 된다는 일종의 소명의식 같은 것을 느꼈던 면도 있습니다.

마지막으로 심리학적 측면에서 혐오의 가장 근본적인 본질은 다른 사람을 자기와 비슷한 정신적인 존재로 보지 않는 것입니다. 나 자신은 깊이 있는 사고를 하고 내면에 여러 복잡한 심리적 욕구들을 가지고 있지만, 저 사람은 그저 먹을 것만 제공되면 되는 동물 같은 존재라고 여기는 것입니다. 그런 시각에서 혐오가 일어난다고 보거든요. 이렇게 타인에 대한 깊이 있는 성찰의 결핍도 혐오가 사라지지 않는 하나의 이유가 아닐까 합니다. 사라지기를 모두가 염원하면서도요.

황수경 궁금한 것이 그것은 인간 본성의 문제인가요? 아니면 교육의 문제인가요? 왜, 어떻게 다른 사람이 나하고 전혀 다른 존재일 거라고 보게 되는 것일까요?

최인철 글쎄요. 최근 세계 최고 대학 중 하나로 손꼽히는 미국 시카고 대 학생들에게 비슷한 조사를 했습니다. 시카고대 학생으로서 동료 대학생들을 어떻게 생각하는지를 물었죠. 저 학생은 어떤 것 같으냐, 어떤 욕구를 가지고 있는 것 같으냐, 내면과 외면의 욕구들이 평균적인 시카고대 학생들에게 얼마나 중요할 것 같은지와 같은 판단을 시켰습니다. 그러자 똑같은 명문 대학에 다니고 있는 동료에 대해서조차도 '저들은 나보다는 조금 단순한 존재고, 나는 좀 더 복잡하고 오묘한 존재'라는 생각을 가지고 있다고 나타났거든요. 그래서 본능이라고까지 말하기는 참 슬픈 일이긴 하지만 그 정도로 우리에게 조금 깊게 자리 잡고 있는 경향이 아닌가 생각합니다.

전진성 최 교수님 의견에 덧붙이자면 상대방을 너무 낮춰보는 것도 문제지만 너무 쓸데없이 올려다보는 것도 문제인 거 같아요. 예를 들어 한 작가가 '인도에 가면 거지도 성자다' 이런 말을 했는데 정말 놀라운 얘기죠. 사실 인도는 지금 극단적인 힌두교 중심주의 국가거든요. 얼마 전 국경선을 두고 중국과 충돌한 폭력 사태도 있었고 사회 내부적으로도 종교적 · 사회적 이유로 엄청나게 갈등을 겪고 있는 곳인데 관광객의 시선으로 가서 자기가 보고 싶은 것만 보는 거죠. 그러니까 저는 혐오의 원인 중에 하나가 타인을 똑바로 보지 않고 자기 마음대로 보는 것, 너무 낮춰보는 것도 문제인 동시에 쓸데없이 자기가 바라는 무엇인가를 투사해서 보는 것도 똑같이 문제가 아닐까 생각해 봅니다.

이은주 최인철 교수님께서 사람들이 나와 타인을 구분하고 그중에서도 나는 저들보다 좀 더 낫다고 여기는 부분에 대해 말씀하셨는데요. 사실 인류가 진화하면서 생존에 있어 가장 핵심적이었던 판단이 바로 우리와 그들(us vs them), 이게 굉장히 중요했거든요. 왜냐하면 나랑 비슷한 존재들은 같이 있어도 괜찮고 접근해도 안전한 대상이 되는 거고, 나랑 다른 존재들은 사실은 어떻게 생각하고 행동하는지 알기도 어려울 뿐만 아니라 조심해야 되는 상대로 분류했죠. 우리끼리 있으면 안전하고 그들과는 거리를 두거나 조심하는 게 좋고 이런 판단이 생존하는 데 굉장히 필요했던 거거든요.

구분 자체는 최 교수님도 말씀하신 것처럼 본능적으로 인류 진화 과정에서 어느 정도 내재가 된 그런 속성이 아닌가라는 생각은 하는데요. 분류가 그들에 대한 차별이 되고 하는 정도는 환경의 변화와도 관계가 있는 것 같아요. 가장 공감하는 속담 중 하나가 '곳간에서 인심난다'라는 말이거든요. 동서고금을 막론하고 인간 행동을 설명하는 데 잘 적용되는 얘기 같아요. 본인 배가 불러야 주변을 돌아볼 여유가 생기는 거죠. 예를 들어 우리나라에서도 난민 문제가 대두됐을 때 난민에 대한 증오표현, 혐오표현이 사실은 온라인에서 많은 공감을 받았거든요. 그 바탕에는 우리 삶이 굉장히 팍팍해지고 힘들어지고 경제적인 여건이 어려워진 것이 있지 않았나 합니다. 타인을 포용하고 수용할 수 있는, 우리가 가진 얼마를 내줄 수 있는 여유가 없어졌기 때문에 그런 게 아닌가 하는 생각이 들더라고요. 그러니까 그들과 우리를 가르고, 그들보다는 우리한테 팔이 안으로 굽고 하는 것들은 어쩔 수 없는 본성이라고 하더라도 그런 것들이 얼마나 강력하게 배제와 차별, 혐오로 나타나는가는 이런 환경적 요인하고 맞물려 진행되는 것 같습니다.

최인철 어쩔 수 없는 면이 있다는 말을 자칫 오해해서 정당화될 수 있다고 오해할 수도 있을 것 같아요. 그건 아닙니다. 혐오의 감정이 일어날 만한 조건들이 우리 내부와 외부에 충분히 있다는 걸 의미하는 거지 그렇다고 이것을 어쩔 수 없다 혹은 정당화할 수 있다 하는 얘기는 아니라는 점을 강조하고 싶고요.

이은주 교수님 말씀에 동의하는 것이, 미국에서도 흑백 간 갈등이 굉장히 심했고 특히 남부에서 흑인들에 대한 백인들의 린치 같은 게 많이 있었습니다. 그 빈도를 보면 주된 산업으로 재배했던 목화가 불황으로 값이 떨어지게 되면 린치 횟수가 굉장히 올라가요. 그러니까 집단과 집단의 갈등은 그냥 우리 안에 있는 본성의 자연스러운 반응이라기보다는 어떤 맥락적 요인과 결합됐을 때 폭발적으로 나오는 특성도 있다는 거죠. 우리 안의 본성을 개선하는 것도 필요하지만 내면의 좋지 않은 면을 더 악화시키는 환경적 요인들을 알아내고 그것을 개선하거나 예방하게 될 때 더 좋은 길이 열릴 수도 있을 것입니다. 그래서 한편으로는 부정적인 측면이지만 그게 우리에게 길을 찾는 통찰도 주는 것 같습니다.

황수경 지금 우리가 맞닥뜨리고 있는 문제이기 때문에 교수님들께서도 굉장히 조심스럽게 의견을 피력해주고 계신데요. 강연 내용 중에서 인상적이었던 것이 자기가 속한 집단에 대한 애정, 애착, 집착, 도덕심 이런 것이 강하게 발동될 때 그게 다른 집단을 향한 혐오감정으로 나타날 수 있다고 말씀하셨잖아요. 자신도 모르는 사이에 내가 속한 집단에 대해 좋은 감정을 느끼고 행동을 하면서, 다른 집단에 대해서는 굉장히 부정적인 행동과 말로 표출되는 걸 내가 못 느낄 수도 있는 거잖아요.

최인철 그래서 이번 주제가 공감의 어두운 면이잖아요. 흔히 혐오는 악마 같은 사람들만이 보이는 특별한 감정, 극소수의 사람들이 가진 문제라고 생각했지만 사실 우리 모두가 우리가 속한 집단을 지나치게 배타적으로 사랑하게 되면 그게 일종의 파편이 튀어서 다른 집단에게는 이렇게 극단적인 혐오까지도 보이는 일을 할 수 있다. 그 점이 이 컨퍼런스에서 우리가 강조하고 싶었던 부분일 겁니다. 우리 스스로 겁나는 거죠. 나도 그럴 수 있구나. 저 못된 사람들만 처벌하면 된다고 생각했는데 알고 보니까 진짜 선한 사람이라고 생각했던 나 자신조차 내집단을 너무 좋아하다 보면 다른 집단 사람들에 대해서 나도 모르게 차별하고 때론 극단적 행동도 할 수 있구나 하는 인식을 갖는 게 정말 중요한 거 같아요.

Q. 혐오의 놀이터가 된 온라인 공간

황수경 현재를 살아가면서 혐오문제로부터 결코 자유로울 수 없습니다. 특히 인터넷 공간에서 벌어지는 일들에 대해 우려가 굉장히 깊은 게 사실인데요. 컨퍼런스에 참여했던 학생은 물론이고 선생님들께서도 비슷한 맥락의 질문을 해주셨습니다. 아마 많은 분들이 아주 뜨겁게 공감하는 그런 주제가 아닐까 싶어요. 한 선생님께서 이런 질문을 보내주셨어요. '아이들이 온라인상의 혐오표현을 마치 놀이처럼 여기는 경우가 굉장히 많습니다. 온라인 공간이 아이들에게는 혐오의 놀이터가 되어 있는데요. 이 아이들에게 무엇을 어떻게 가르쳐야 할까요?'

이은주 온라인 혐오표현 관련 강연을 한 사람으로서 책임감을 느끼고 말씀을 좀 드리자면요. 저는 사실 온라인과 오프라인을 두 개의 완전히 분리된 다른 세상처럼 다루는 게 좀 조심스럽습니다. 온라인이라고 하면 가상이라고 생각하는데 이 말은 진짜 현실하고는 구분되는, 그다지 의미가 없는, 그래서 거기서 발생하는 일들은 현실적으로는 사실 존재하지 않는 것과 마찬가지인 식으로 해석될 여지가 있거든요. 사이버 스페이스, 가상 공간 등으로 얘기해서 거기서 발생하는 일들을 오프라인 경험과 분리해서 보고 온라인 공간만의 규범이나 별도의 행동양식이 적용되는 걸로 생각하는 경향이 많거든요. 물론 온라인이 오프라인하고 같다는 얘기는 아니고요. 문제가 되는 지점은 이것입니다. 온라인 커뮤니케이션의 가장 두드러진 속성 중 하나가 바로 익명성 아닙니까? 그런데 그 익명성은 양쪽으로 갈 수 있는 거거든요. 예를 들어 소수 의견을 가진 사람들이 다수의 핍박이나 부정적인 편견 같은 것을 염려하지 않고 목소리를 솔직하게 낼 수 있는 보호장치로 기능할 수 있는 점도 분명히 있습니다. 반면 익명성의 보호 아래에서 자신이 누군지를 드러내고는 감히 할 수 없을 그런 말들을 거리낌 없이 하게 되고 그 안에서 마치 일반 세상의 규범과 구분되는, 그 안에서 활동하는 집단의 자체 규범이 따로 정립되고 그 규범에 아주 충실한 양상이 있기도 합니다. 가장 부정적이고 폭력적이며 파괴적인 혐오를 드러내는 발언을 하는 것이 해당 집단의 규범에 제일 충실한 게 돼버리고 그 특정 커뮤니티 안에서 나름 인정과 격려를 받는 식이 되는 것을 현실에서 봅니다.

'온라인에서는 다 그래'라는 잘못된 규범의 인식이 먼저 바뀌어야 합니다. 온라인에서도 그런 행동은 용납될 수 없다는 것, 온라인도 실체를 가지고 있는 오프라인의 다른 한 면이라는 점, 현실로 존재하는 사람들이 현실적인 결과를 가져오는 대화를 나누고 메시지가 교환되는 곳이라는 인식이 필요해요.

그렇기 때문에 저는 아이들한테 디지털 리터러시(digital literacy)를 가르쳐야 된다고 생각합니다. 마치 아이들이 디지털 테크놀로지를 이용하는 에티켓 같은 것을 잘 몰라서 잘못된 행동을 한다고 생각하는 잘못된 경향이 있습니다. 디지털 리터러시는 좁게 말하면 디지털 기기를 이용하여 스스로를 표현하는 문해력 같은 것을 말하는 거지만 넓게 봤을 때는 그 안에서 어떻게 행동하고 사고해야 되는가를 통틀어서 말할 수 있는 부분일 텐데요. 더 나아가 근본적인 시민 교육이라든가 인성 교육이 필요한 것입니다. 온라인이든 오프라인이든 우리가 다른 사람을 어떻게 대해야 되고 어떤 표현들은 용납이 되고 되지 않는 것인지를 본질적으로 가르쳐야 온라인에서도 우리가 기대하는 변화들이 발생할 수 있지 않을까 하는 생각이 들어요.

황수경 교수님 말씀대로 사실 학교에서 온라인, 인터넷을 건강하게 사용하는 방법에 대한 교육은 이루어지고 있거든요. 그런데 그것과 전혀 다른 세상의 얘기 같아요. 온라인에서 혐오댓글을 다는 것에 대한 죄책감이나 죄의식 같은 건 찾아보기 너무 힘들고 그저 재미로 가볍게 여기면서 어떻게 가르치겠냐고도 하고요.

이은주 아까 말씀드린 것처럼 온라인상에서 통용되는 규범이 뭔가 인식 자체가 다르다는 거죠. 사람들이 교육을 받고 성장하면서 내가 하고는 싶지만 그래도 이것을 참고 억제해야 된다는 점을 학습하는데 다른 사람에 대해 악의적인 얘기를 한다거나 다른 사람을 나쁘게 평하는 말들을 하거나 하는 것은 우리가 생각은 하지만 겉으로 드러내지 않는 부분도 분명히 있거든요. 그런데 그런 것들이 익명성 때문에 탈억제 현상으로 이어지는 거라고 보는 것입니다.

일단 그런 것이 결코 놀이나 장난으로 해석될 수 없다는 것에 대한 인식을 분명하게 해 줄 필요가 있습니다. 모두가 온라인이라고 아무 말이나 해도 되고 아무 행동이나 해도 된다고 생각하지는 않음에도 금지된 장난, 금지된 과일에 대한 욕망 같은 것은 이미 아담과 이브 때부터 있었던 거 아닙니까. 그런 부분에 대해 단호하게 인식시킬 필요가 있고요. 일베를 비롯한 몇몇 사이트, 커뮤니티들에서 보듯이 어린 학생들뿐 아니라 전 연령층에서 심각성이 높기에 시민 교육, 기본 소양 교육이 굉장히 필요하다는 생각을 합니다.

Q. 과거 역사에 대한 반성과 성찰

황수경 기성세대로서 할 게 참 많네요. 그런데 다시 과거 얘기로 돌아가서 사실 과거에 대한 반성이 있어야 오늘날 발전이 있는 거니까요. 몇몇 유럽 강대국들의 역사는 그야말로 혐오범죄의 역사라고 해도 과언이 아닐 만큼 과오를 많이 저질렀는데 그럼 과거에 했던 가해, 일에 대한 반성과 성찰 같은 게 제대로 이루어지고 있는 건가요?

최호근 제가 얘기를 하면 좋겠는데 독일 하면 과거에 대해 굉장히 성찰했고 책임감을 보였다고 생각하잖아요. 그런데 중간중간 과정을 보면 그렇게 간단치가 않죠. 특히 1945년 독일이 패했는데 그로부터 정확히 40년 후인 1985년에 치열하게 논쟁이 벌어졌어요. 독일을 대표하는 보수 역사가가 우리만 그랬냐, 캄보디아 봐라, 어느 다른 나라도 그렇다, 그러고는 이전의 소련 스탈린이 한 것, 스페인이 쿠바에서 한 것 보고 따라한 건데라는 식의 주장을 합니다. 잘못이었지만 그 속에 진실이 있어요.

영국의 경우 남아프리카 공화국에서 캠프를 만들었죠. 그다음에 독일이 나미비아를, 그리고 벨기에는 부룬디와 르완다를 지배했죠. 이렇게 어느 나라가 빠질 것이 없는데 그중 최악이 사실 프랑스였죠.

옛날 얘기도 아니고 1960년대의 일인데 프랑스가 알제리를 지배하면서 봉기가 일어나니까 알제리 식민지 사람들 가운데 충성스러운 사람들한테 학살을 시켜요. 프랑스 군대가 직접 하지 않고요. 그리고 약속하죠. 일이 잘못되면 프랑스 국적을 주고 들어오게 해주겠다며 약속했는데 안 지켰어요. 그러다 보니까 가해자도, 희생자 유가족도 거기 있고 하다 보니 알제리에 감당할 수 없는 엄청난 비극을 심어놓은 거죠. 이런 사례를 보면 홀로코스트 얘기를 할 것이 아니라 사실은 열강이 직접 가해자가 돼 있던 아프리카, 동남아시아, 아메리카에서 한 일을 얘기해야 되는데 이런 얘기를 할 때 왜 소리를 줄일까. 이유는 두 가지 같아요.

하나는 그걸 시인하게 되면 책임, 그리고 경제적인 배상, 보상 문제가 있지요. 비용이 많이 들어요. 두 번째는 백인 대상으로 한 것은 범죄고 다른 인종의 경우는 잘 몰라서 상황 파악이 안 된 상태에서 그랬다며 상황을 탓해요. 그래서 프랑스의 문호 빅토르 위고(Victor Marie Hugo)가 이런 말을 했어요. '서유럽에서는 한 사람만 죽여도 살인이 되는데 동쪽에서는 수천 명을 죽여도 사건이 된다'고 얘기하죠. 여기서 동쪽은 아르메니아나 터키를 가리킵니다. 유럽 내에서 벌어지면 심각한 화재가 난 거고 바깥에서 벌어지면 강 건너 불구경인데 그 불을 누가 냈는가 생각하면 책임 소재가 명확하죠. 그래서 이런 생각이 들어요. 생각 속에 위계서열이 있어서 다른 데서 예전에 벌인 일은 가장 밑바닥에 있고 그건 상황 때문이고 그들 탓이었고 잘해보려고 하다 보니까 헛발질했다 이 정도로 무마하죠. 증거도 없고 연구도 집요하게 안 하니까요. 그런데 이제 센 상대(피해자)를 만났을 때, 유대인을 만났을 때는 악착같이 이 문제를 규명하고 그다음에 사이먼 위젠탈(Simon Wiesenthal)처럼 끝까지 범죄 사냥하고 하면서 부각시키니까 거기에 대해서는 부인을 잘 못하죠.

황수경 그럼 진정한 성찰은 아닌 거죠?

최호근 그렇게 말하면 모든 걸 말한 것은 아닌데요. 동아시아에서 일본이 이렇게 애매한 태도를 취하거나 변명을 많이 하죠. 일본 국민 전체가 그런 건 결코 아니에요. 우파 정치인들이 그렇죠. 그런데 사실 상대가 누구냐에 따라서 달라져요. 유대인을 대상으로 한 범죄는 그들이 언론에서 계속 얘기하고 최고의 연구 결과를 쏟아내고 하니까 부인하기가 어렵죠. 그런데 동아시아에서도 중국이 약하고 한국이 경제적으로 힘들던 시절, 차관(借款)이 필요할 때는 일본의 과거 잘못을 얘기 안 했거든요. 일본은 약한 상대를 만나서 지나가버린 거죠. 그러니 이후에 과거사 반성을 요구하자 일본 입장에서 그때는 뭐했고 지금 와서 갑자기 그러느냐고 하는 변명거리가 생겨난 것이죠. 독일의 경우 상대가 만만하지 않음을 알고, 피하는 것보다는 차라리 정면돌파해서 도덕적인 책임을 지는 것이 유리하다고 판단했죠. 독일 사회가 그것을 합의했고 덕분에 통일의 가도를 마련할 수 있었던 거죠.

박승찬 똑같은 먼 과거의 사건이라고 해도 어떤 관점에서 바라보는지에 따라서 다른 시각을 얼마든지 열어줄 수 있을 것 같습니다.
최근 역사학이 발달되면서 십자군 전쟁을 단순히 서구의 시각으로만 바라보는 것이 아니라 이슬람의 시각에서 바라보는 경우가 많이 등장했어요. 그들이 얼만큼 공포를 느꼈는지, 어디서 분노를 느꼈는지 이렇게 다른 시각에서 역사를 바라보는 것이 보편화되면서 최근 독일과 프랑스가 같이 역사책을 쓴다는 걸 듣고 깜짝 놀랐습니다. 이처럼 한국과 일본 양국이 역사적으로 동의할 수 있는 것을 역사학자들이 쓸 수 있을 정도로 성숙해진다면 역사로부터 진정한 교훈을 얻을 수 있을 것 같고요.

독일 생활하면서 구체적인 역사 교훈으로 느낀 점이 있습니다. 10년 유학 때도 못 봤던 것인데 연구년에 가서 처음 눈에 띈 것이었습니다. 길바닥에 튀어나온 황동판에 슈톨퍼슈타인(Stolperstein)이라고 써있는 겁니다. 프라이부르크에도 있고 여러 도시에 있는데 유대인이나 독일 장애인들이 죽었던 장소에 이름과 연도가 거기 써있습니다. 깜짝 놀랐습니다. 이게 뭔가 하고 물어봤더니 말 그대로 '걸려 넘어지는 돌(걸림돌)'이라는 뜻의 슈톨퍼슈타인이 공식 명칭이었습니다. 자신들의 우월의식을 걸려 넘어뜨리게 하는 산증거로 놓은 것인데 이것을 초등학생이 역사 시간에 제안했답니다. 홀로코스트로 600만의 유대인이 죽었는데 이는 한 단위의 그룹으로서가 아닌 600만에 달하는 유대인 개개인의 희생을 의미하죠. 그래서 지금 내가 살고 있는 이 동네 어느 집에서 유대인이 살았는지를 찾아내서 표시하는 것이 전 독일적인 운동으로 있었습니다. 이렇게 역사를 가르칠 때 그저 과거에 일어난 일이 아니라 지금 현재 구체적으로 개인들에 연결시켜, 우리가 사는 공간에서 현실화시켜서 가르쳐 주는 것이 중요합니다. 특히 다음의 두 가지, 첫째 역사를 다른 시각에서 바라보는 것, 둘째, 피해자들을 하나하나의 고유성과 대체 불가능성을 지닌 개인으로 바라봐주는 것이야말로 역사로부터 얻을 수 있는 교훈이 아닐까 생각합니다.

최호근 제가 독일이 어떻게 과거를 기념했는지 공부하면서 본 것이 바로 그것입니다. 기념물을 박물관에 만들고 아우슈비츠 같은 역사적 장소에 만드는 것도 중요한데, 사실은 비극적 사건이 벌어졌던 곳은 나치에게 끌려가는 유대인을 숨어서 지켜보며 방관하거나 동조하던 이웃들이 살던 평범한 장소였던 것이죠. 즉, 베를린이었고 잘츠부르크였고 파리였죠. 거기서부터 이미 죽음이 예견돼 있었던 것인데 최종 죽음을 당한 곳이 아우슈비츠 비르케나우이니 거기만 얘기를 합니다. 잘못된 걸 일깨워주는 게 바로 성경에 나오는 걸림돌이에요. 걸리적거리는 돌, 슈톨퍼슈타인.

그런데 제가 잘츠부르크에서 자세히 살펴보니 집집마다 이렇게 써 있어요. '극작가 누구가 1942년까지 여기 살다', 그 옆집에 가면 '미술을 좋아하던 누구가 이 집에 1939년 언제까지 살다' 이상해요. 집집마다 그게 보여요. '그럼 뭐지? 왜 39, 40, 41, 42 이렇지?' 의문이 들었습니다. 알고 보니 선생님들이 학생들을 데려가 자기 동네에서 수업을 하는 겁니다. 이 집 주인이 어떻게 됐을까? 하고 인터넷 검색하면 그 집에 써 있는 그 인물에 관련한 연도들이 나오죠. 그러니까 삶 속에서 벌어진 일을 삶 속에서 가르치게 되면 우리 일로, 우리 할아버지 때의 일로, 과거의 일을 지금의 느낌으로 여기서 벌어진 일로 생생하게 배울 수 있을 거 같아요. 그래서 집집마다 그렇게 정보를 표시해 둔 프로젝트에 신선한 충격을 받았고요.

그리고 유럽의 길에는 주로 10센티미터 크기의 박석들이 깔려 있습니다. 그런 길에서 슈톨퍼슈타인은 보통 박석 하나가 들어갈 자리에 하나씩 있습니다. 그런데 어떤 곳에는 무려 7개나 있어요. 그 집에 살던 일곱 식구가 모두 끌려갔다는 거죠. 단순히 한 단위의 숫자 600만이 아니라 희생자 한 사람 한 사람을 생각하게 하는 것입니다. 하나하나의 우주로서의 인간을 존중하려는 느낌이 그대로 전해져서 인상 깊었습니다.

전진성 독일이 홀로코스트를 대하는 자세 그리고 유대인과 화해하는 과정은 정말 굉장히 아름다운 사례인 거 같아요. 세계적으로 그만한 사례가 흔치 않은데요. 달리 보면, 너무 삐딱하게 보는 건지 모르겠는데 정치적인 측면이 있거든요. 최 교수님이 말씀하셨듯이 유대인이란 대상이 아니었다면 그렇게 하기 쉽지 않았을 거 같아요. 냉전 시대에 들어서면서 서독과 이스라엘이 같이 서방 세계에 편입되면서 선린 관계를 맺지 않을 수 없는 그런 상황이었죠.

그런데 제가 볼 때 나치의 유대인 학살이 나쁜 것은 유대인을 학살했기 때문에 나빴다기보다는 사회적 약자를 괴롭혔기 때문에 나쁜 거 아닙니까? 그렇다면 지금 시점에서 독일인들이 제대로 반성한다는 것은 무조건 유대인 편을 드는 게 아니라 지금 누가 약자인지를 판단하는 것이죠. 그렇다면 오히려 팔레스타인 쪽을 지지하는 것이 과거를 제대로 반성하는 그런 노선이 아닐까 하는 생각이 들거든요. 무조건 유대인이기 때문에 편을 든다는 것은 무조건 유대인이기 때문에 학살돼야된다는 그 논리와 굉장히 닮아 있죠. 물론 뒤집혀진 형태지만.

물론 독일의 과거 청산을 폄하할 수는 없어요. 굉장히 배울 게 많고 한 명 한 명 진지하게 기억하겠다는 건 아주 중요한 건데 또 다른 측면도 있다는 것이죠. 그래서 우리가 어떤 나라를 꼭 모범 사례로 삼아서 똑같이 한다고 되는 문제는 아닌 것 같고 그분들의 문제의식을 우리가 이 땅에서 어떻게 받아들여서 적용할 것인가 이런 고민이 필요할 것 같습니다.

최호근 전진성 교수님께서 오늘 영감을 많이 주셨는데요. 말씀하신 대로 타깃이 옷을 바꿔 입는 거 같습니다. 마치 움직이는 거 같아요. 과거 독일 땅에서 제일 약했던 대상은 개신교도들이었잖아요. 그다음 시간이 흘러서 유대인이 약자가 되었죠. 지금은 그곳에서 누가 약자일까요? 동남유럽에서 온 이주 노동자들일 수 있고, 아시아에서 살기 위해 간 사람들일 수 있지요. 그래서 이런 의문이 들죠. 반유대주의를 척결한다고 문제가 끝날까요? 유대인에 대한 태도를 죄책감으로 바꾸면 끝날까요? 그게 아니라 교훈은 마이너리티, 즉 소수자들인 것 같습니다. 우리와 다르다고, 필요해서 불렀으면서도 이주 노동자라고 멸시하는 식의 현실에 있는 그들이죠. 그때그때 시대에 따라 색깔을 달리해서 나타나고, 옷을 바꿔 입고 나타나는 그런 연약한 대상을 우리와 동등하다는 마음과 시각으로 바라보는 것이 중요하겠죠.

황수경 동등하게 바라볼 수 있는 시선, 시각이 필요하다.

최호근 교훈은 단순하죠.

최인철 굉장히 다른 분야에서 C. S. 루이스(Clive Staples Lewis)라는 인물이 있습니다. 『나니아 연대기』 저자이기도 하고 기독교 변증가이기도 한데요. 그가 쓴 재밌는 책 중에 『스크루테이프의 편지』라는 아주 위트 있는 글이 있는데요. 원래 목적은 그 시대의 자기 나라 사람들을 교회로 데려올 수 있는 내용으로 글을 써달라는 부탁을 받은 거예요. 그런데 C. S. 루이스가 생각하니까 사실 너무 지루하잖아요. 많이 들었던 얘기니까. 그래서 이걸 뒤집어요. 그래서 어떻게 하면 사람들을 타락시킬 수 있을까라는 발상을 합니다. 악마의 관점에서, 선배 악마가 후배 악마에게 사람들을 타락시키기 위해서 네가 이런 일을 하고 있는데 이건 잘하고 있는 거고 이건 못하고 있는 거야 하는 내용으로 쓴 편지를 모은 책이에요.

거기 보면 지금 우리가 나누는 것과 비슷한 얘기가 나오는데요. 사람을 타락시키는 방법 중 하나가 뭐냐면 교회 다니는 사람들이 모여서 이웃들을 위해 기도하고 인류를 위해 기도해요. 불쌍한 영혼들을 위해. 그런데 교회 갔다 온 다음에는 정작 자기 엄마한테 화내고 나쁘게 행동하는 거죠. 그렇게 내버려 두면 타락하게 돼 있다. 무슨 얘기냐? 사람을 개념으로만 생각하도록 놔두면 된다는 거예요. 이웃을 사랑해야 되고 인류를 사랑해야 되고 다른 민족도 똑같이 대접해야 되고 소수 집단을 사랑해야 되고 하는 거죠.

아까 교수님이 말씀하신 것처럼 개별적인 존재, 나랑 같이 살고 있는 특정한 그 사람, 그 사람을 사랑하도록 가르쳐야 되는데 평화를 사랑하라는, 관념의 수준에만 머물러 있으면 우리는 타락하게 돼 있다고 C. S. 루이스가 얘기하거든요.

그러니까 혐오의 해결책이 어떤 민족이나 집단에 대해 범했던 과오를 반성하는 수준에서 끝나는 게 아니라 아주 보편적 인간, 한 개인을 보편적 인간으로 볼 수 있도록 가르치고, 그런 시스템을 만드는 게 조금 더 나은 해결책이 아닐까 생각해봅니다.

이은주 사실 우리가 어떤 사람을 볼 때 그 사람이 속해 있는 집단의 일원으로 보는 경우와 정말 대체 불가능한 고유한 개인으로 보는 두 가지 관점이 있을 수 있잖아요. 그랬을 때도 어떤 집단의 일원으로 보는가, 예를 들어 그리스도교인으로 보는가 아니면 두산 베어스 팬으로 보는가, 아니면 교수 중 하나로 보는가 굉장히 다양한 차원이 있을 수 있잖아요.

사람이 가지고 있는 정체성이라는 게 다측면적이고 다차원적인데 지금 많은 경우에 특정 집단이나 민족에 대한 혐오나 차별 같은 것들은 그 사람들이 가진 고유한 개인성들을 다 무화해버리고 그냥 그들 중 하나로 보기 때문에 벌어지는 현상이라고 이해가 되거든요.

최인철 교수님이 말씀하신 내용에서 저는 그 사례가 생각났어요. 최근 미국도 코로나19로 굉장히 어려움을 겪고 있지 않습니까? 그런데 한 번은 제가 기억하기로는 신문 1면을 다 할애해서 사망자들 이름을 하나씩 다 적었어요. 사망자가 몇 명 나왔다 숫자로만 얘기할 때와 희생된 사람들 한 명 한 명의 이름을 적어주는 것과는 저희가 느끼는, 실감하는 문제의 심각성이라든가 고통이라든가 아픔이라든가 비교할 수가 없거든요. 그런 점에서 공통적으로 한 사람 한 사람의 고유성, 보편적인 존재에 대한 말씀을 하셨는데 사실 그 부분을 보게 하는 게 어쩌면 학생들한테 가르쳐야 되는 교육 중 큰 핵심이 아닐까 생각이 드네요.

최호근 사실 집단하고 개인하고 같이 기억하도록 해도 된다고 봅니다. 예를 들어 용산 전쟁기념관에 학생들하고 갔다고 합시다. 거기 보면 디귿 모양 회랑에 왼쪽은 유엔군, 미군 사망자들 명단이, 오른쪽은 국군과 경찰 사망자 명단이 새겨져 있죠. 그 자리에 서서 한 명 한 명 이름을 손으로 짚어가면 그날 교육이 안 끝나요. 그렇게 한 10분 정도 진행하다가, 그룹별로 명단을 나눠서 하나하나 이름을 기억하도록 수업을 해보니까 학생들이 느낌이 다른가 봐요. 그리고 일주일 뒤까지 그 이름을 기억하는지 메일로 보내달라고 했습니다. 제가 전쟁기념관 관장이면 그 앞에 이렇게 써두고 싶어요. '이 희생자들, 한국전 희생자들의 이름을 다 부르기 위해서는 7일 12시간 14분 43초가 걸립니다.' 이런 문장을 보면 느낌이 다르죠. 개인 개인이 집단과 함께 동시에 보이게 되죠. 지금 이은주 교수님 말씀을 들으니까 그렇게 해야 되겠다는 확신까지 드네요.

Q. 나와 너를 가르는 일에 관하여

황수경 여러 추모 행사 가운데서도 희생자들의 넋을 기릴 때 위로한다는 단순한 표현에 그치지 않고 희생하신 분들의 존함을 한 분 한 분 다 불렀을 때 우리가 느끼는 감동이 있고, 정말 이것이 제대로 누군가를 위로하는 거구나 느껴지는 그런 마음이 아닐까 싶어요.

다음으로 한 고등학생의 질문인데요. 어떻게 이런 생각을 할 수 있을까 하고 저는 굉장히 놀랐어요. '유대인 학살과 차별 등은 남과 나를 나누고 다르게 생각하는 인식에서부터 시작됐다고 생각이 되는데요. 홀로코스트와는 다르게 누군가와 자신을 갈라서 생각하는 인식에서부터 나타나는 역사적 사건 중에 긍정적으로 바라볼 수 있는 사건이 있었나요?'

최호근 원래 역사가들이 사건, 사고를 기록하죠. 예컨대 어떤 화재도 나지 않고 평온하게 살아가는 것은 절대 신문 기삿거리도 안 되고 역사도 기록하지 않는 거죠. 그래서 가끔 헷갈립니다. 이 기록이 정말 과거를 있는 그대로 보여줄까? 아니면 소위 악마의 편집처럼 악마 같은 짓만 골라서 기록해서 이런가 하고요. 그래서 그런지 지금 생각해봐도 나와 타인을 가르고 집단을 구분해서 좋다고 할 만한 일은 없을 거 같아요.

다만 일제 강점기에 나라를 뺏기고 언어를 뺏겼을 때 단재 신채호, 박은식, 최남선 선생님이 얼, 혼, 정신, 문화를 얘기했죠. 이게 우리 민족으로 하여금 '해는 다시 뜬다. 그 빛은 이 땅에 비치리라' 하면서 아픈 현실을 견디게 했거든요. 그래서 소수민족, 즉 문화적·인종적으로 소수인 집단, 약자 집단, 한때 탄압받던 약자였던 개신교도 등 이 사람들한테 참고 견딜 수 있는 이유를 제공해주죠. 거기까지가 분리하는 인식의 아름다운 역할인 것 같고요.

그런데 문제가 2차 대전 이후의 국가 간 비교 연구를 해보니까 주목해봐야 할 부분이 있습니다. 아일랜드가 얼마 전까지 슬픈 아일랜드라고 그냥 국민들이 다 슬퍼했어요. 세상에서 가장 탄압받은 피 흘린 민족이라고 했는데, 폴란드에 가서 사람을 만나니까 세상에서 우리 같은 민족은 없다, 아마도 신께서 이런 아픔 속에 정금같이 연단시키는가 보다라고 해요. 한국 사람들은 980여 차례의 외침을 받았다 얘기하면서 우리처럼 아픔을 가진 민족이 없다고 하잖아요. 그러니까 저 위에서, 위성 위에서 이렇게 바라보면 서로 우리가 제일 슬프다고 겨루고 있거든요.

그런데 이제 아일랜드는 1인당 국민소득이 굉장히 높아지고 IT 강국이 됐죠. 한국은 세계 10-12위 사이의 경제대국이죠. 하지만 지금도 우리는 슬퍼, 우리는 탄압받았어. 저들은 반성하지 않는다 이러는 것 같죠. 마치 어른이 유치원 때 옷을 입고 있거나, 건장한 청년이 마냥 슬픈 표정을 짓고 있는 듯하다고 할까요. 말하자면 그때는 이유가 있었는데 지금은 구별 짓고 백의민족, 순혈주의 얘기하고 있는 게 어색하기도 하고 조금 우습지 않나 싶죠. 그래서 구분하는 인식이 긍정적인 기여를 한 사례는 특정 시점과 상황에만 국한되지 않을까 그런 생각이 드네요.

황수경 우리는 한의 정서를 승화시키는 걸 굉장히 자랑스럽게 생각하는데 그럼 이것도 자제해야 할까요?

최호근 우리는 같은 우물에서 같은 우물물을 길어먹고 같은 별만 쳐다보고 살았거든요. 그런데 제가 서양사를 공부하니까 1년에 몇 번씩 출장을 가요. 비행기를 타고 저쪽에 딱 떨어졌을 때 거기서는 제가 낯선 자가 돼요. 인천공항에 돌아오면 냄새도 새로워요. 우리의 친숙한 냄새가. 그러니까 이상하게 변경에 선 사람처럼 어디도 속하지 못하고 비교하면서 관찰하거든요. 슬픔을 너무 과장하고 피해를 너무 드러내면서 그다음 우리가 했던 일에 대해서는 둔감하고, 이유가 있었지라고 변명하기 바쁜 것이 세계 공통이더라고요. 그래서 비교를 해보면서 배울 것은 '유럽 강국이 제국주의 때 저래놓고 지금 입 씻고 있네?'라고 얘기할 것이 아니고요. 독일에서 우리가 배워야 할 성찰은 일본을 비판할 때 쓰거나 우리를 변명할 때 쓰지 말고 우리 스스로가 가해자가 되었던 상황을 돌아보거나, 혹은 다른 대상을 겨냥해 피해를 입혔던 것을 돌아보는 데 적용해야 한다고 봅니다. 즉, 한국 전쟁 때는? 그 후에는? 지금은? 이런 식으로 우리 자신을 돌아보는 데 적용하면 답이 나올 것이라 생각합니다. 역사 교수로서 그렇게 하지 않고 엉뚱한 오답을 내는 역사 교육은 꼭 지양했으면 합니다.

황수경 그럼 이 학생의 질문에 답을 드리자면 사실 너와 나를 갈라서, 다르다고 생각해서 긍정적인 사건은 없었다?

최호근 제한적으로만 의미가 있었다, 그런데 그걸 무한 적용하려고 하거나 아니면 어떤 사건으로 결실을 맺은 걸 얘기하자면 저는 없는 거 같아요. 생각하시는 다른 사례가 있으면 다른 교수님이 말씀해주셔도 좋겠네요.

황수경 문화적인 면에서는 다르다는 걸 강조하는 게 조금 독창성이나 경쟁력이나 이런 면에서는 좀 긍정적일 수 있겠다?

최호근 그것도 어느 순간부터는 해롭죠. 중국이 중화민족주의를 얘기하잖아요. 제국을 갖고 있는 나라는 민족을 자꾸 얘기하면 안 되죠. 가령 체격이 아주 큰 사람이 버스 안에서 백팩을 메고 막 움직이면 그것 자체가 다른 사람한테 굉장한 불편을 주죠. 본인은 폐를 끼치는 걸 느끼지 못하고 그저 나는 좀 행동이 커, 반경이 넓지 할 수 있죠. 그런데 관성이나 습관조차도 다른 사람한테는 피해를 야기할 수 있거든요. 그래서 나라가 발전한 뒤에는 어느 정도 민족의 우물, 좁다란 식견, 과거의 알리바이 같은 것은 버릴 줄 아는 지혜가 필요할 것 같아요. 편협한 역사 교육은 지양해야 하겠습니다.

황수경 심도 있는 질문을 해주신 고등학생분께 충분히 답이 됐을 것 같은데요. 좁은 역사 교육이 아닌 넓은 관점의 역사 교육이 절실하지 않나, 그런 생각을 해봅니다. 첫 번째 세션은 여기서 정리하도록 하겠습니다.

혐오범죄로 이어진 참혹한 역사를 통해 뉘우치지 못하고 여전히 지금도 왜곡된 시선으로 누군가를 손가락질하고 혐오하는 우리에 대해 통절한 반성의 시간이었을 것 같은데요.

다음 세션에서는 우리 시대에 벌어지고 있는 혐오문제 그리고 우리가 가져야 할 시선과 태도 등에 대해서 좀 더 폭넓은 얘기를 나눠보도록 하겠습니다.

혐오에 맞서라

최근 혐오 이슈,
그리고 혐오에 맞서는 용기에 대하여

황수경 두 번째 세션에서는 '혐오에 맞서라: 최근 혐오 이슈 그리고 혐오에 맞서는 용기에 대하여'라는 주제로 교수님들께 좀 더 폭넓은 질문을 드리고 자유롭게 말씀을 듣고자 합니다. 혐오문제는 과거에 박제된 역사가 아닌 현재진행형으로 계속되고 있는 우리들의 역사, 그리고 지금 이곳에 살아가고 있는 우리가 만들어가는 역사이기도 합니다. 우리 모두가 피해자이면서 또 가해자가 될 수도 있는 것이 바로 이 혐오문제이기도 한데요. 그런 점에서 교수님들의 경험이 굉장히 궁금한 시점입니다.

Q. 직접 경험한 혐오와 차별

황수경 어느 분께서 이런 질문을 주셨는데요. 교수님들 모두께 드리는 공통 질문입니다. '교수님들께서는 사회 지도층이자 여론 주도층이시면서 굉장히 안정을 획득하고 있는 기성세대이십니다. 교수님들은 혐오나 차별을 경험할 일이 없으셨을 것 같은데 이런 주제를 왜 연구하시나요? 그리고 혹시나 혐오나 차별을 당해보신 적이 있으신가요?' 이렇게 질문을 주셨어요.

이은주 질문을 들으면서 재미있었던 게, '교수님들은 사회 지도층이고 여론 주도층이고 기성세대'라고 하셨는데 저희도 날 때부터 기성세대는 아니었잖아요. (웃음) 지난날을 돌이켜보면 유학하신 분들 대부분은 소수로서의 경험을 하는 기회가 있지 않았나라는 생각은 들어요. 이 경험을 나누면서 조금 조심스럽긴 한 것이, 차별이라든가 배제, 편견에 제가 얼마나 무지했나를 보여주는 사례가 2개 정도 있는 것 같아요. 미국에서 학위를 마치고 미국 대학에 교수로 임용이 됐는데 저는 전공이 커뮤니케이션이잖아요? 그러니까 정말 커뮤니케이션을 잘해야 되는 거예요. 커뮤니케이션 교수니까. 그런데 제가 한국에서 나고 자라고 대학까지 나오고서 유학을 간 사람이니까 사실 영어로 강의하는 건 지금도 굉장히 부담스럽거든요. 그래서 수업할 때 예를 들어 백인 학생들이 자기들끼리 귓속말을 하거나 키득거리거나 하면 굉장히 기분이 나쁜 거예요. 기분이 나쁜데, 제가 아까 무지라고 말씀드린 것이, 그것을 동양인에 대한 편견, 이런 쪽으로 생각하기보다는 '내가 영어를 못하는 커뮤니케이션 교수라서 이렇게 무시를 당하는구나'라는 개인 능력의 문제로 치환해서 생각했어요. 그러니까 어떻게 보면 그런 경험이 트라우마가 되지 않게 하는 데는 도움이 됐을 수 있겠는데, 그만큼 그룹 간의 관계역학이나 인종차별 이런 부분에 대해 민감하지 못했다는 방증이 될 수도 있을 것 같아요.

또 하나의 사례는, 증오, 차별까지 얘기하기는 너무 가볍거나 해당하지 않는 것일 수도 있는데요. 정부 관련 외부 위원회 소속이 돼서 다른 분들과 같이 일할 기회가 있었습니다. 그런데 위원회 회의를 마치고 식사 자리에 가면 유일한 여성 위원인 저를 꼭 위원장님 옆에 앉게 하는 겁니다. 옆 아니면 앞자리로요. 그때 저는 '내가 여성이어서 이렇게 위원장님 다음으로 대우를 해주는구나' 생각할 정도로, 요즘 얘기하는 소위 젠더 감수성이 없었던 거예요. 그래서 요즘 보도되었던 사례들, 지역 기관장이 회식하면서 여성 직원들을 옆에다 쭉 배치시켜놓고 이런 부분이 문제가 됐지 않습니까? 그런 걸 보면서 새삼 깨달았던 건데, 그래서 교육이 정말 중요하다 이런 생각을 했습니다. 왜냐하면 어떤 면에서는 제가 굉장히 운이 좋았던 거죠. 그런 것을 차별로, 편견으로 느끼지 않을 만큼 사실은 보호를 받으면서 그런 경험을 안 하고 살았던 건데, 그런 의미에서도 개인적인 경험에 토대를 둔 인식이 아니라 학습을 통한 이런 인식이 굉장히 중요한 것 같습니다.

황수경 또 다른 교수님께서 혐오문제를 연구하게 된 계기를 말씀해주시거나, 혹은 차별이나 혐오의 시선을 느끼거나 경험해보신 적이 있으신지요?

박승찬 저도 한국에서 계속 생활할 때는 감사하게도 28년 동안 그런 체험을 할 기회가 없었더라고요. 낯선 독일 사람들한테 가서도 처음에 한 1년 반, 2년 정도를 도움을 청하면 항상 도움을 받는 그런 생활을 하고 있었고요.

1988년에 유학을 갔던 상황에서 이듬해 독일이 통일되면서 스스로 독일에서 분위기가 바뀌는 것을 체험한 적이 있었습니다. 서독이 그전까지는 굉장히 경제적인 자신감도 있었어요. 당시 헬무트 콜(Helmut Kohl)이라는 수상이 아무런 추가 세금을 걷지 않고 자기네가 통일을 모두 다 해결할 수 있다고 얘기했었는데 사실 그렇지 않았거든요? 경제 위기가 나타나게 되자 그때 처음으로 외국인들 나가라는 표현이라든지, 아시안을 비하하는 동작으로 '눈 찢어진 애들' 같은 표현들을 사용하는 것을 보았습니다. 이전에 서독 형편이 좋을 때는 잘 체험해보지 못했던 것들을 실제로 느끼게 되었고요.

또 하나의 사례는, 독일에 외무청(Auswärtiges Amt)이란 기관이 있습니다. 비자를 연장하러 이곳을 갔을 때 마치 모든 외국인들이 독일인의 일자리를 뺏는 것처럼 대하는 태도가 매우 불쾌할 정도였습니다. 박사 학위를 받으면 고국으로 돌아갈 건지, 아니면 여기에 남을 건지를 자존심이 상하도록 물어보더라고요. 자신들의 문화와 경제 수준에 대한 굉장한 자부심 같은 것을 가지고 있었지만 경제적인 형편이 어려워지게 되자 외국인들에 대해 자국민의 일자리를 잠재적으로 뺏는 자들로 바라보는 위험성이 있었고요. 그런 체험들이 있었기 때문에 우리나라 사람들이 다문화 가정이나 외국인들한테 하는 태도를 봤을 때 역지사지로 생각하는 계기가 되었습니다.

최인철 아주 극단적인 혐오의 경험은 많지는 않은데요, 일상적 편견, 차별은 경험해봤어요. 그런데 그런 것보다 제가 이 문제에 대해 관심을 갖게 된 계기는 여기 교수님들 말씀하고 관계가 있는데요.

우리가 어떤 집단의 사람들을 나보다 못한 사람, 정신적으로 못한 사람이라고 여기는 게 문제라고 말씀드렸을 때 한편으로 우리보다 훨씬 더 나은 사람이라고 보는 것도 문제라고 말씀하셨었죠. 사실은 아까 그 학생의 질문 속에 녹아 있는 약간의 냉소적인 뉘앙스가 있잖아요. 교수님들은 지도층이고 안정을 획득한 기성세대라는 등의 표현이요. 그런데 보니까 제가 대학교수로서 누리는 혜택이 은근히 많은 거예요. 내가 적극적으로 추구한 건 아니었지만. 오래전 어느 모임에 갔는데 집이 어디냐고 물어보셔서 답을 했는데요. 제가 근무하는 대학 근처에 살았던 시기였어요. 그 지역이 옛날에는 아마도 부유한 동네가 아니었기 때문에 약간 그런 낙인이 있었던 모양이에요. 그러니까 강남에 사실 것 같은데 그런 생각을 하셨던 것 같아요. 약간 당황하셔서 '아, 거긴 공기가 좋죠?' 이러는 거예요. (웃음)

그러니까 공기가 좋아서 자발적으로 제가 그 지역에 사는 것처럼, 이렇게 암묵적으로 제가 갖는 어떤 지위 때문에 남들은 누리지 못하는 어떤 혜택, 그럴 만한 이유가 있겠지라는 그런 것을 너무 누리고 사는 것 아닌가 싶었어요. 그래서 제가 경험하는 편견, 차별도 굉장히 관심의 대상이지만 부당하게 내가 누리고 있는 이득들은 뭐가 있을까 살펴봐야겠구나 싶습니다. 그런데 참 교묘하게 어떨 때는 그걸 누리고 싶기도 하고 어떨 때는 이러면 안 된다고 줄타기를 하고 있지만 그런 문제에 조금 관심을 가지고 있습니다.

이은주 최 교수님 말씀을 들으면서 생각하게 되는 것이, 아까 제 경험을 나누면서 염려가 됐던 부분이 있어요. 마치 지금 '네가 편견을 겪고 싶지 않으면 지위를 갖춰라, 거기에 걸맞은 능력을 갖춰라', 이렇게 편견이나 차별에 대응하는 방식으로 '네가 잘나면 되는 거야'라는 식의 생각을 심어줬을까 염려되기는 해요. 마치 제가 차별당한 게 동양인이어서 혹은 여성이어서 이런 이유가 아니라, 예를 들어 영어를 좀 잘하게 되면 괜찮은, 없어지는 문제처럼 이렇게 봤다는 것으로 들렸을까 봐서요. 혹시라도 만약에 그렇게 전달이 되었다면 그건 전혀 아니었고요. 그만큼 문제에 대한 저의 인식이 부재했다는 것을 반성하는 그런 내용으로 이해해 주시면 좋겠습니다.

Q. 정당한 분노와 혐오의 구분

황수경 앞선 강연에서 많은 분들이 지적해 주신 것이 혐오로 인한 갈등과 차별의 문제는 사회적인 재난 상황에서 더더욱 심각해진다는 점입니다. 아무도 예상하지 못했던 코로나 바이러스로 2020년이 그야말로 재난, 위기 상황이었다고 할 수 있는데요. 이런 생각과 고민을 하신 분들이 더 많아지시지 않았을까 싶어요. 그래서 한 분이 올려주신 질문을 드리자면, '코로나 바이러스가 시작된 우한에서 맥주 축제를 열었다는 기사를 봤을 때 엄청난 혐오감정이 생겼습니다. 정당한 분노와 혐오, 어떻게 구분할 수 있을까요? 이 분노가 아닌 혐오를 스스로 자각하고 성찰할 수 있는 방법이 있나요?' 이렇게 물어보셨어요.

최인철 저는 본질적으로는 굉장히 다른 경험, 혹은 감정이라고 보는데요. 우리가 경험할 때는 두 가지가 중첩되는 것 같아요. 분노를 느끼다가 그 분노의 대상이 더 이상 내가 인간으로 여길 만한 사람이 아니라는 생각이 들면 그게 혐오로 바뀔 수 있기 때문에, 이 감정들은 연결돼 있지만 본질적으로는 굉장히 다른 것이죠. 분노의 경우는 원하는 것을 방해하는 장애물이 나타나면 인간이 자연스럽게 나타내는 감정적인 반응이죠. 그리고 그 자체로 긍정적인 면이 있거든요. 목표를 달성하려는데 방해한다거나, 줄을 서 있는데 새치기를 한다거나 그럴 때 내 안에서 분노를 느껴야만 그걸 바로잡을 수 있기 때문에요.

그런데 혐오는 아까도 말씀드렸듯이 이건 대상을 동등한 인간으로 보지 않는 걸 전제하고 있기 때문에 본질적으로는 굉장히 다르다는 겁니다. 그래서 혐오가 어떤 공감의 부산물로 나타나는 것이지만 정당화하기는 거의 불가능한 것이라면, 분노는 사실 굉장히 긍정적인 기능도 있을 뿐 아니라 정당화가 될 만한 여지도 많이 있죠. 의분(義憤)이라고 부르는 것도 있고 울분(鬱憤)도 있지요. 그래서 경험상 혐오와 분노가 맞물려 있긴 하지만 본질적으로는 굉장히 다르다, 그래서 내가 느끼고 있는 감정이 분노인지 혐오인지를 알고 싶으면 내가 상대방을 나와 동일한 정신적인 존재로 보느냐, 아니면 나보다 못한 존재로 보느냐를 스스로 물어보면 아마 그 안에서 답을 찾을 수 있지 않을까 합니다.

이은주 저는 최 교수님께 여쭤보고 싶은 것이, 예를 들어 성경에서 예수님이 성전에서 비둘기 같은 걸 팔고 있던 장사꾼들을 향해 분노하셨잖아요? 그래서 그 좌판을 다 뒤집어엎으셨잖아요. 그런데 저는 성경에 명시적으로 쓰여 있진 않지만 예수님께서 그 상인들, 장사치들을 혐오하셨을까? 이런 의문이 들어요. 예수님은 그들의 행위에는 분노하셨지만 그래도 그들을 용서하시고 사랑하시지 않았을까 하는 생각도 들거든요. 이런 것이 분노와 혐오를 구별하는 데 도움이 되는 생각일까요? (웃음)

최인철 (웃음) 제가 심리학자로서 주님의 생각을 알 수는 없는데.

박승찬 예수님이야말로 용서와 사랑과 화해의 화신이신데 스스로 채찍을 들고 막 이렇게 하신 것에 대해서 굉장히 낯설게 느껴지는데요, 제가 공부하는 토마스 아퀴나스(Thomas Aquinas)가 그것을 분석하면서 이렇게 얘기합니다. '가장 두려운 것은 이미 저질러진 악에 대해 분노할 줄 모르는 것'이고, 이것이 굉장히 큰 악이라는 것을 강조한 적이 있었어요. 모든 것들을 용서하고 다 괜찮은 것이 혐오를 없애는 거라고 생각하기 쉬운데, 그것은 근본적으로 다르다고 한 것이죠.
적극적으로 저질러진 악에 대해 분노해야 하는 것이 맞는데, 혐오와 정당한 분노를 구별한다면 이렇습니다. 혐오의 경우 대상이 되는 사람을 무슨 벌레, 나치가 유대인을 쥐로 표현한 것처럼 저급한 존재로 끌어내리는 것이 되겠고요. 이 교수님께서 질문해 주신 것처럼 정당한 분노는 부당한 행위에 대한 분노이지 그 존재 자체에 대한 것 같지는 않아요. 그렇기 때문에 잘못한 행위에 분노하다가 자칫 잘못하면 그들 존재 자체를 부정하는 혐오로 변질될 수 있다는 생각도 합니다.

최호근 요즘 의분의 문제에 매달려서 고민 중인데요. 분노하는 모양새, 행동은 비슷한 것 같아요. 그런데 그 동기와 파급 효과는 어떤 것과 연결돼 있는가에 따라 차이가 있는 것 같습니다. 의분의 경우 두 가지가 갖춰져야 합니다. 첫째 보편적인 가치입니다. 평화, 공생, 관용, 이런 것을 지향하는데, 누가 노골적으로 그걸 막게 되면, 부딪치면서라도 가려는 길을 뚫고자 하죠. 그때 분노의 감정이지만 목적, 이유가 보편적인 무언가와 연결이 돼 있는 것 같고요.

둘째로, 의분이라고 인정하려 할 때 경계선상에 서 있는 난처한 경우가 있습니다. 대표적인 예가 안중근 의사(義士)의 경우죠. 의로운 일을 위해 분노했고 이토 히로부미를 저격했죠. 우리 민족 해방의 논리로 보면 당연히 상찬받아 마땅하고 그것보다 더한 용기가 없죠. 그런데 그걸 바꿔서 이토 히로부미의 가족, 일본 국민, 국가 단위에서 보게 되면 둘이 부딪쳐요.

이 비슷한 문제가 종교관으로 벌어진 테러에도 있습니다. 신의 이름으로 이걸 행했다고 하잖아요. 그래서 신이 어떤 신이든 그건 중요하지 않은 것 같고요. 안전판, 최후의 보장은 아닌 것 같고 결국 함께 살고자 하는가, 함께 살 것을 허용하는가, 배려하는가, 연대할 준비가 돼 있는가, 이런 가치에 저촉이 되면, 또는 가치와 부합해도 폭력적 언어나 폭력 행동을 쓰겠다고 하게 되면 그 경우는 의분의 범주에서 바깥에 서 있거나 밀릴 것 같습니다. 또 의분은 상황이나 이웃에 따라 다르겠고 해석의 여지는 있지만 형식적으로 보면 이 두 요소가 들어가면 그래도 이건 의로운 분노라고 할 수 있지 않을까 싶어요.

황수경 의로운 분노도 표현하는 방식이 폭력적이면 안 된다는 말씀이시죠.

최호근 위험하죠. 상대방, 그 폭력을 당하는 사람과 그가 속한 집단이 이를 용인할까요? 1960년대 미국에서 인권운동이 펼쳐질 때 마틴 루터 킹은 수단도 비폭력적이어야 된다고 얘기했고, 다른 흑인 조직은 어느 세월에 하면서 간디와 같은 그 노선을 거부했었죠. 그런데 결국 인권운동이 1차 결실을 맺은 건 강을 건너는 그 단계에서 일방적으로 맞고 채찍에 맞고 쓰러지는 장면이 TV에 중계됐기 때문이어서, 만약에 거기서 의용결사대를 조직하고 주공, 조공, 이런 식으로 반응했다면 과연 1960년대 미국에서 변화가 있었을까 의문이 있거든요.

황수경 의로운 분노는 어떻게 표출이 돼야 될까요?

최호근 가장 확실한 건 선한 방법으로, 고상하고 절제된 방법으로 표출되면 되는데요. 이 경우 고민에 빠지는 게 의열단이나 만주에서의 투쟁과 같은 것인데 민족 간 투쟁이 벌어질 때 의(義)라는 말이 보편적인 가치는 아니거든요? 딱 중간 가치죠. 그러다 보니 경계선이 흐릿한 게, 안개 지대처럼 중첩되는 데다가 이게 상황과 시대에 따라 워낙 이동을 하니까 칼같이 잘라서 이게 바로 그거야라고 말은 못 할 것 같고요.

황수경 교수님 말씀을 듣다 보니 생각나는 사건이 있는데요. 최근 프랑스에서 있었던 프랑스인 교사 참수 사건, 굉장히 충격적이었거든요. 이게 이슬람포비아로도 이어질 수 있고요. 그런데 이것이 굉장히 뿌리 깊은 원한, 신념, 이런 데서 비롯되는 거잖아요? 한 대학생도 이 질문을 올려주셨는데요, 이렇게 개인 신념으로까지 연결되는 혐오현상을 어떻게 극복할 수 있을까요? 역사적으로 굉장히 뿌리가 깊은 갈등과 원한 이런 것은 어떻게 극복을 해야 될까요?

박승찬 역사적으로도 그렇고 종교적으로, 특히 이슬람과 연관이 됐기 때문에 가장 먼저 십자군 전쟁에 대한 것이 자연스럽게 떠오릅니다. 종종 혐오라는 것은 단순한 개인의 생각이 아닌 외부로부터 주입된 이데올로기화된 생각을 당연한 것으로 받아들이면서부터 시작되거든요. 당시에도 은자 피에르가 예루살렘 성지 순례를 다녀온 것을 굉장히 과장해서 얘기했고요. 가짜 뉴스가 제대로 작동한 것이죠. 당시 정치가들, 종교인들이 이것을 정당화시켜주는 작업을 합니다. 데우스 로 불트(Deus lo vult), 즉 하느님께서 이것을 원하신다는 메시지가 사람들이 행동에 나서도록 촉발하는 역할을 해냄으로써 이게 막 번져나가기 시작하는데요.

이성적으로 스스로 판단하고 양심에 의해 움직이는 게 아니라 외부에서 주입하는 것을 그대로 흡수하고 증폭해서 내보내는 방식이 될 때 폭발적으로 작동하게 되고요. 슬프게도 종교라고 하면 신앙, 정념이나 감정에 대한 문제이지 이성과는 상관없다고 생각하는 경우가 있습니다. 그래서 종교가 이성적인 비판을 막아내고 억누르는 쪽으로 작용하는 데도 이것을 비판적으로 생각하지 못하게 되어 훨씬 더 위험해질 수 있습니다. 실질적으로 종교와 관련된 전쟁이 굉장히 잔혹했는데요. 십자군 전쟁뿐 아니라 개신교와 가톨릭 사이에 벌어진 30년 전쟁이 있거든요? 똑같은 성경과 모든 것을 받아들이는 그리스도인들끼리 벌인 전쟁임에도 불구하고 잔혹함이 이를 데 없어서 모든 것을 파괴한 제로그라운드를 만들어버렸던 아픔이 있죠. 그래서 가장 먼저 이성적으로 성찰하고 사건에 대해 판단할 수 있는 힘을 길러주는 것이 굉장히 중요하다고 생각합니다.

저희가 김수환추기경연구소에서 청소년 교육을 하고 있는데요. 처음에는 그랬어요. 김수환 추기경님의 좋은 얘기들을 가서 가르친다고 얘기했는데 그대로 튕겨져 나옵니다. 좋은 얘기들을 이미 너무 많이 들었던 아이들에게 이런 이야기가 수용되지 못하고 튕겨 나오는 겁니다. 그래서 완전히 방법을 바꿔서 틀을 만들어놓은 다음 그 틀에 대해 아이들이 먼저 자기 생각을 얘기할 수 있고 그 사태를 비판적으로 성찰할 수 있는 기회를 만들어줬습니다. 그랬더니 깜짝 놀랄 만한 변화로서, 우리가 바라던 답들을 스스로 이성적으로 생각해서 찾아내는 것이었습니다. 그것과 연결되는 다양한 종교적·철학적·사상적 가치들을 연결시켜줄 수 있다면 이런 시도는 매우 필요한 것이라고 생각하고요. 그래서 가장 기본은 역시 이성적으로 성찰하고 비판할 수 있는 능력을 기르는 것이고요. 가짜 뉴스 같은 것들을 무비판적으로 흡수하고 부화뇌동하는 경향을 막을 수 있게 하는 작업부터 첫걸음을 시작해야 하지 않을까 생각합니다.

Q. 깨어 있는 의식의 표현으로서의 분노

황수경 이 컨퍼런스와 강연이 나간 이후에 혐오문제에 대해 수많은 질문들을 올려주셨어요. 오늘 이 자리에서 과연 어떤 질문을 선정해서 드려야 할지 고민도 굉장히 깊었는데요. 이런 질문을 올려주신 분이 계십니다. '혐오를 조장하는 정치인을 혐오하는 것도 문제가 되나요? 그들을 혐오하는 것은 그들처럼 되지 않겠다는 다짐, 어떻게 보면 깨어 있는 건강한 시민이 가져야 되는 정당한 권리가 아닐까요?'

최인철 정말 근거 없는, 우리가 받아들이기 힘든 혐오를 조장하는 정치인에 대한 혐오가 일어나는 것을 막을 수는 없는 것 같아요. 혐오는 다 나쁘니까 혐오를 조장하는 정치인이라도 혐오하지 말라는 가르침은 머리로는 받아들일 수 있는데요, 어떻게 저런 얘기를 할 수 있나, 저런 행동을 할 수 있나 싶은 사람을 보면서 느끼는 혐오는 개인적인 마지막 자존심으로 두고 싶은 마음도 있습니다. 그런데 그게 정당한 건지는 잘 모르겠습니다.

박승찬 아까 정당한 분노와 혐오 사이를 구별했던 내용을 연결시켜서 한번 생각해볼 수 있을 것 같은데요. 최호근 교수님께서 얘기하셨지만 여러 가치, 공존하고 함께해야 되는 가치들을 적극적으로 해치는 행위에 대해서 분노할 수 있죠. 그런데 단순히 혐오하지 말아야 된다는 생각에서 이런 잘못된 행위조차 묵과할 수는 없는 것이죠.
저도 컨퍼런스를 지켜본 이후, 표현하는 데 아주 조심하게 되더라고요. 혐오언어들을 어떻게 피해야 할까 하고요. 그런데 진짜 어떤 정치인들이나 잘못된 것을 조장하는 사람들을 보면 자동적으로 반응하게 되더라고요. 저도 모르게 혐오표현들을 이미 쓰고 있었다는 생각은 들고요. 그럼에도 불구하고 정당함이라고 하는 부분이 닫혀 있지만 않다면, 공감도 마찬가지지만 계속해서 스스로 성찰하면서, 혹은 종교를 통해 받은 올바른 가치에 대한 부분들을 모두 다 포기해버릴 필요는 없다고 생각합니다. 예컨대 경쟁 사회라고 한다면 각각의 생각이나 각각의 종교들이 어떻게 하면 함께 더 잘 살 수 있을까 하는 갈등들이 있거든요. 그런 부분을 끌어내야 되는 것처럼 올바름에 대한 자신들이 가지고 있는 생각을 반드시 포기해야 된다고 생각할 필요는 없겠고요. 다만 성찰을 해야죠. 나의 순수주의가 또 다른 혐오로 변질되지 않는가 경계하면서요. 아리스토텔레스가 '항상 실천적인 부분에서는 정답이 없다'라고 했거든요. 그런 부분에서 갈등하고 성찰하는 작업은 여전히 필요하다고 생각합니다.

최호근 중요한 게 그 방법 같아요, 표출 방법.

황수경 표출 방법이요?

최호근 최인철 교수님께서 마지막 순간에 나도 그렇게 할 수밖에 없지 않나라는 곤혹스러움을 얘기하셨을 때 그 마음에 저도 100% 동의하거든요. 다만 공적 영역에서 어떻게든 어떤 얘기는 옳고, 옳지 않다고 최소한의 시시비비를 가려야 되는 일이 있어요. 개인으로서는 집에서 뭐라 얘기하든 식구들이 견디고 용납하겠죠. 그런데 공적인 자리에서 이루어지는 정치인들의 언설, 수많은 사람들에게 마음의 상처를 내거나 좌절하고 분노케 하는 것들에 대해서는 어찌해야 할까 싶은데요. 저는 그것이 동의를 구하는 과정인 것 같아요. 어쩌면 일종의 싸움 같고요. 만약 누군가 정말 나쁜 욕, 감정적인 말들을 쏟아낸다면 그걸 하는 방법은 좀 달라야 된다는 거죠. 안 그러면 양비론이라고 하죠? '저 사람이나 저 사람이나 추하긴 매일반이네' 하게 되는 것이 가장 두려운 거죠.

가끔 가다 영국 의회 토론 장면, 독일 의회 토론 장면을 보는데요. 말도 안 되는 소리를 할 때 그냥 같은 선에서 같은 용어로, 같은 레일 위를 달려가서 부딪치면 똑같은 사람이 되는 것 같아요. 그런데 어떤 때는 유머와 위트, 그리고 풍자, 또 전략적이고 절제된 독설과 같은 식으로 혐오표현에 맞설 수 있는 또 다른 전략 틀이 필요하고 그걸 훈련해야 됩니다. 이걸 모든 국민에게 요구할 수는 없겠지만 독을 뿜어내는 언사가 아니라 다르게 맞설 수 있게 되어야죠.

예를 들면 이번 컨퍼런스 댓글에 이런 비유로 글을 올려주셨어요. 현직 교사이신데, '나는 개를 굉장히 좋아하지만 평생 동안 이 두 종류의 개는 키우고 싶지 않다. 하나가 편견이고 또 하나가 선입견이다. 두 개의 공통점이 아무거나 물어뜯고 때로는 사망에 이르게 하기 때문이다'라는 거였어요.

이런 식으로 일상생활 속의 비유를 혐오의 말들이 오가는 상황 속에 툭 던지면서 분위기를 바꿔갈 수 있다면 좋겠습니다. 이런 식의 훈련이 미국식 대화 협상 교육에서 있죠. 맞서 부딪히기만 하지 않고 이렇게 올라서거나 회유하거나 비껴가거나 아니면 툭 장난치고 '아프지? 미안해' 하고 지나가는 식의 좀 여유로움이랄까요. 마음에서 그렇게 미리 준비하고 여유롭게 이기지 못하면, 신에 의지하는 걸 **빼놓고는** 악으로 선을 이길 방법이 과연 있을까 그런 생각이 드네요.

Q. 대항표현을 위한 용기와 연대

황수경 훨씬 고수의 대응이죠. 1부에서도 얘기를 나눴습니다만 온라인상의 혐오댓글을 보면 정말 극단적인 편견과 무차별적인 공격성이 굉장히 두려울 정도인데요. 그 때문인지 이런 상황에서 어떤 시선과 태도를 갖는 것이 필요한지를 묻는 질문이 공통적으로 굉장히 많았습니다. 한 대학생 분이 올려주신 질문을 보면, '혐오표현에 대항하는 대항표현의 중요성을 알게 됐습니다. 그런데 어떻게 해야 이 대항표현을 드러낼 그런 용기가 생길까요? 예를 들어서 좋아요 누르기를 넘어서서 대항적 행동으로까지 이르게 하는 방법을 알고 싶습니다.' 사실 용기가 필요한 거거든요.

이은주 아까 토크 콘서트 1부에서 온라인 커뮤니케이션의 속성 중 하나로 익명성 관련해서 말씀을 잠깐 드렸습니다. 지금 올바른 발언을 하는 게 두렵다는 것 자체가 굉장히 커뮤니케이션 환경이 건강하지 못하다는 것을 방증하는 것 같은데요. 욕설하고 혐오하고 편견을 드러내는 것에 대해 그게 아니라고 말하는 게 쉽지 않은 일이잖아요. 저는 이게 어려서부터 커뮤니케이션 환경을 안전하다고 느끼게 만들어주는 게 중요한 것 같아요. 사실 저희 아이들이 이 방송을 보지 않았으면 좋겠는데. (웃음) 집에서도 아이들이 어떤 말을 해도 괜찮은, 그 말이 잘못됐으면 그거를 고쳐주겠다고는 하지만 애초에 어떤 잘못된 생각이라도 드러내는 데 주저하지 않아도 되는 환경을 만들어주는 건 굉장히 필요할 것 같습니다. 각자 갖고 있는 생각이 옳을 수도 있고 옳지 않을 수도 있어요. 다른 사람들과 의견이 다를 때도 무시받고 조롱당하거나 따돌림당할까 염려하지 않고 그 생각을 드러낼 수 있는 안전함, 안전한 환경, 이게 굉장히 중요합니다. 나아가 그렇게 본인 의견을 드러냄으로 인해 다른 사람들의 생각이 조금씩 달라지는 경험을 하는 경우에 큰 효능감을 느낄 수 있거든요. '내가 말하는 게 중요하구나, 내가 얘기 안 했으면 뭔가 잘못된 결정을 내릴 수도 있는 건데 이런 말을 함으로써 사람들 생각이 조금이라도 달라지는구나' 하는 경험을 쌓아가는 것이죠.

아까 온라인에서의 혐오 놀이 같은 문화에 대해서도 잠깐 말씀하셨잖아요. 그런 경우도 청소년들은 또래 집단에서 받는 압력(peer pressure)에 굉장히 약하잖아요. 동료들, 친구들한테 잘 보이고 인정받고 칭찬받는 것이 가장 중요한 시기이기 때문에 개인만 바꾸려는 시도보다는 공적 교육의 일환으로 규범에 대한 확실한 인식을 심어주고, 아이들이 그 인식을 공유할 수 있게 만들어주는 게 굉장히 중요할 것 같습니다.

그렇다고 이 모든 걸 학교에서 다 해야 된다는 얘기는 전혀 아니고요. 가정에서부터 아이들이 의견을 솔직하게 얘기할 수 있는 안전한 환경을 만들어주어야죠. 그리고 제가 어떤 얘기를 하고 아이들이 다른 의견을 얘기했는데 듣고 보니 아이들 말이 더 옳았을 때가 있어요. 그런데 그 자리에서 그걸 인정하고 받아들여주는 게 쉽지만은 않죠. 어른으로서의 쓸데없는 자존심 내지는 고집 같은 것도 있고 왠지 권위를 세우지 못할 것 같다는 생각, 이렇게 인정하면 다음부터는 아이들이 내 말을 들을까 하는 그런 쓸데없을 수 있는 염려도 있고요.

그런 면에서 보면 학교에서 아이들 교육을 시킬 때 학부모에 대한 교육도 좀 병행해야 하는 게 아닌가 하는 생각이 많이 들어요. 교육이라고 하면 항상 위에서 아래로(top-down) 방식을 많이 생각하거든요. 어른들을 잘 가르쳐서 아이들한테 배우게 만들자.

그런데 역으로 가는 경우들도 제법 있어요. 아이들한테 부모님과 대화하는 법을 가르치고 연습시키고 할 때, 부모님들이 같이 참여할 수 있게 한다든지요. 부모로서는 처음 살아보는 것들이잖아요. 부모 역할은 처음이기 때문에 그 부분에 대해 학습할 수 있는 기회가 의외로 많지는 않을 거란 말이죠. 그러니까 아이들을 통해 부모님들을 교육한다는 것이 일방적인 교육이라는 의미가 아니라 함께하는 훈련 같은 걸로 커리큘럼을 생각해볼 수도 있지 않을까 생각이 들어요.

혐오표현 관련한 말씀을 들을 때 '미러링' 생각이 많이 났거든요. 여성에 대한 혐오표현들이 문제가 되면서 '눈에는 눈, 이에는 이' 방식의 미러링 현상들을 볼 수가 있었는데, 이게 대항표현으로 볼 수 있느냐, 없느냐는 그렇게 중요한 문제는 아닌 것 같아요. 그러자면 대항표현을 어떻게 정의할 것인가부터 시작해야 되는데, 넓게 봐서 혐오표현에 대항해서 이걸 무력화시키는 표현들을 얘기하면 미러링도 일종의 대항표현이 될 수 있다고 생각해요. 그 목적이나 의도만 본다면요. 하지만 과연 미러링이 대항 의도를 달성하는 데 가장 효과적이고 전략적인 방법인가에 대해서는 아니라는 생각이 더 많이 들거든요. 여성들이 그동안 받았던 차별이나 피해에 대해 공감하는 사람들조차도 거리를 두고 싶게 만드는, 극단적인 표현들은 여성에 대한 혐오를 무력화시키려는 목표 달성에 그다지 도움을 주고 있는 것 같지 않거든요. 그런 의미에서도 교수님들께서 말씀하신 내용들을 되짚어서, 우리 사회에서 아주 뚜렷하게 드러나고 있는 심각한 문제에 적용해볼 수 있을 것 같습니다.

황수경 오히려 목표에 도달하지 못하고 똑같은 사람들이라는 반감을 살 수 있다?

이은주 그렇죠. 양비론 말씀하셨는데 그것도 마찬가지예요. 그리고 오히려 중도에 있는 사람들의 공감을 더 저해하는 방식으로 드러나는 것 같아요.

황수경 그런데 너무나 중요하면서도 예민한 문제이기도 한 것이, 이번 컨퍼런스를 통해 대항표현이 얼마나 중요하고 절실한가를 느끼고 깨닫게 됐는데요. 그러면서도 잘못된 현상에 대해 분명히 이건 아니라는 목소리를 내고 싶지만 그 이후에 벌어질 일들, 신상이 노출되고 인터넷 범죄에 관련되는 이런 문제들 때문에 참 용기 내기가 쉽지 않은 것도 사실입니다. 특히 아이들도 그렇고 부모 입장에서도 아이들이 그런 대항표현을 한다고 했을 때 부모로서 그저 두고 볼 수만 있을까요?

이은주 사실 그렇기 때문에 그런 생각으로 침묵하는 다수들이 동참하고 연대할 필요가 있는 거예요. 우리가 용기 내기 어려울 때 어떤 면에서는 다른 사람들이 어떤 생각을 하고 있는지 모르기 때문에 내가 소수일 거라고 착각을 하는 경우도 없지 않거든요. 심지어 목소리를 내지 않는 건 잘못되었다고 생각하면서도 대항표현을 하는 것이 결국 '나는 깨어 있는 시민이야' 하는 자기 만족 아니겠냐는 식으로 생각하는 학생들도 있더라고요. 일단은 그렇게까지 자기 성찰을 할 수 있다는 것, 겉으로 옳아 보이는 행동의 동기까지를 성찰하고자 하는 마음에는 굉장히 칭찬을 해주고 싶고요. 그렇지만 그렇게 순수성을 너무 고집하다 보면 어떤 행동에 나서기가 어렵지요. 저는 칭찬받고 싶어서 옳은 목소리 내는 것은 얼마든지 권장하고 싶거든요. 마치 기부하는 사람들한테 '기부해서 신문에 나고 싶어서, 착한 사람이라고 인정받고 싶어서, 그래서 기부하는 거지'라고 얘기하는 것은 기부라는 좋은 행동을 독려하는 데 도움이 안 된다고 생각해요. 남한테 칭찬받고 싶어서 했든 어쨌든 행동 자체가 칭찬받을 만한 것이라면 칭찬해 주는 게 맞는 거죠.

그리고 그런 행동을 하고 나서 본인의 태도도 달라질 수 있는 여지가 분명히 있거든요. 처음에는 남들한테 칭찬받는 게 좋아서 했지만 하다 보니 스스로 우러나오는 기쁨을 느낄 수도 있어요. 그런데 그런 부분들을 지레짐작해서 대항표현을 하고 싶지만 스스로 '내가 단지 깨어 있는 시민 소리 듣고 싶어서 하는 것 아닌가?'라고까지 생각할 필요는 없을 것 같고요. 옳은 일이라고 생각하면 옳은 행동을 했기 때문에 누가 칭찬해주고 너는 깨어 있는 시민이구나 생각해 주면 그건 그냥 따라오는 선물이라고 생각하시면 됩니다. 옳다고 생각하는 것은 그냥 행동하도록 하고요. 그리고 거기에 대해 학교, 가족, 가정이라는 환경에서 그 올바른 행동에 대해 보상감을 확실히 갖게 해주어서 그런 실천과 확신이 강화되도록 이끌어 주는 게 굉장히 중요할 것 같아요.

최인철 용기와 관련해 덧붙이자면, 사실 굉장히 어렵죠. 천성적으로 용기 있는 사람들이 있는 것 같아요. 우리의 고민은 용기를 내고 싶은데 용기가 안 나는 사람들이 문제잖아요? 많은 분들이 잘 알고 계실 굉장히 유명한 심리학 실험 하나가 있는데, 그 실험에서 잘 알려지지 않은 게 있습니다. 선분 하나를 보여주고 이것과 같은 것을 골라보라고 하면서 각기 다른 3개의 선분을 보여줘요. 분명 길이가 같은 2번이 눈에 잘 보이거든요. 그런데 사실은 2번이 정답인데, 실험에 함께 참여한 다른 모든 사람들이 1번이라고 답하면 대부분의 사람이 그냥 1번으로 따라가버려요. 다수에 맞설 용기도 없고 굳이 이렇게 해야 되나 이렇게 되는 거죠. 그런데 실험을 변형해서 실험에 참가한 한 명을 지정해가지고 정답인 2번을 얘기하라고 역할을 줘요. 그러니까 동지가 1명 생기는 거잖아요. 그러면 정답을 얘기할 확률이 거의 원래 상태로 돌아가요. 그러니까 우리에게 진짜 필요한 용기의 근원은 천성적으로 마음이 강한 것도 있는데, 이은주 교수님 말씀과 비슷하게, 나랑 뜻을 같이하는 한 사람만 있으면 용기를 내는 것 같아요. 부모님이든, 선생님이든, 내 주변의 친구이든, 내가 지금 얘기하는 것을 분명히 믿어주는 한 사람만 있으면 사람들은 굉장히 용기를 낸다는 그런 결과입니다. 그러므로 평범하고 소심한 우리와 같은 사람들에게 그 한 사람을 어떻게 만들어줄 것이냐 하는 숙제가 있고요. 결국 기성세대, 부모, 교사, 친구인 우리 모두가 해야 될 역할이겠고요. 용기를 가지라는 말을 할 수도 있지만, 용기를 내게 하는 한 사람이 되어주는 것도 중요하겠다는 생각을 합니다.

황수경 그 한 사람이 돼야 하는데.

이은주 그렇죠. 서로에게 용기를 주는 사람이 돼야 되는데, 스스로 용기를 냄으로써 다른 사람들한테 용기를 주게도 되는 것이죠.

황수경 강하게 와닿았어요. 혐오가 전혀 없는 사회는 이제 없을 것 같다. 그러니까 혐오가 완전히 사라지기는 어려울 것 같다고 아까 교수님께서도 말씀하셨습니다만 '혐오가 상대적으로 적은 사회는 있을 것 같습니다. 그런 사회나 혹은 국가의 특징이 있나요?' 하고 한 분이 질문을 올려주셨어요.

최인철 여러 가지 지수들이 나오잖아요? 국가별로 성평등 지수 등이 나오듯이요. 사회마다 분명 혐오하는 정도의 차이는 있는 것 같아요. 그리고 행동 연구에서 보면 혐오하지 않는, 포용적인 사회에 살수록 개인들의 행복이 높아집니다. 또 행복한 나라로 이민을 가면 행복도가 더 올라가요. 그것도 이민자에 대한 포용도가 높은 나라일수록 효과가 강하게 나타나요. 그러니 분명한 것은 혐오의 정도에서 사회 혹은 국가 간의 차이가 있는 건 분명하다, 그런 사회에 살수록 사람들이 행복한 것도 분명하다는 것이고요. 그럼 대체 어떤 나라가 혐오의 경향이 약하고 어떤 나라가 강한가? 쉽게 생각할 수 있는 것은 집단이 얼마만큼 중요하냐의 정도에 있겠습니다. 집단이 지나치게 강한 사회는 전체적으로는 강력한 위계질서가 생기게 되고 집단 간의 차별이 생기게 되므로 혐오가 좀 더 강하게 나오지 않을까 추측해봅니다.

황수경 여러 가지 지수로 봤을 때 우리나라는 혐오 관련 표현이 어떤가요?

최인철 안타깝게도 좋지 않은 편에 속하죠. 굉장히 집단이 강한 그런 사회입니다.

Q. 혐오를 막아설 법과 제도

황수경 혐오를 금지하고 막기 위해서 차별금지법이 발의되고 논의되는 단계인데요. 이렇게 법적으로, 제도적으로 장치가 필요할까요? 어떻게 생각하세요?

박승찬 얼핏 생각하면 정신적인 것, 가치 같은 것만 중요하다고 생각하기 쉬운데요. 예를 들어 볼게요. 마녀사냥이라는 것이 굉장히 널리 퍼졌던 시기는 역사적으로 굉장히 많이 연구가 돼 있는데, 언제 사라졌는지는 놀라울 정도로 분명하게 나타나지 않습니다. 이에 대한 댓글 중 흥미로웠던 것이 마치 이성이 굉장히 발달하면서 마녀사냥이 끝났을 것이라고 생각한 내용도 있었는데요. 사실은 마을에서 암묵적으로 횡행하던 마녀사냥을 방지하는 사법적인 제도가 나왔습니다. 마녀재판을 금하고 테러 수준으로 이루어지는 차별을 막아내기 시작한 다음부터 방지가 되었습니다. 중앙집권이 부정적인 면도 있는데 이 사례는 국가가 긍정적으로 작용한 것이라고 볼 수 있겠죠.

그렇기 때문에 교육적 · 도덕적인 가치뿐만 아니라 최소한 동의할 수 있는 것들을 명쾌하게 규정한 법들이 필요합니다. 요즘 차별금지법이라든지 온라인상에서의 폭력과 같은 것들을 정확하게 법으로 규정함으로써 실질적 · 효용적으로 실행해서 이것이 잘못됐다는 것을 알려줄 수 있죠. 실질적으로도 고소가 들어간 다음에 잘못된 행위를 사과하는 케이스들이 있지 않습니까. 법의 강제성 때문에 억지로 한다고 해도 적어도 자신의 잘못된 행위를 알게 해 주는 이런 작업이 매우 필요하다고 생각하고요. 공감에 의해서 법적인 조치들을 만들어내고 교육에 활용하는 방안도 아주 좋은 수단이라고 생각합니다.

황수경 그러니까 마녀사냥을 중단시킨 것도 사법제도라는 것이죠?

박승찬 사법제도가 마련되면서부터 서서히 줄어들기 시작했고요. 법이 있다고 다 지켜지는 것은 아니지만 어떤 방향성으로 나아가야 될지를 규정해 주는 성격이 있고요. 하지만 법에 대한 강조가 우리의 도덕적인 부분을 약화시키는 쪽으로 작동하지 않도록 하는 안전장치 등도 반드시 필요할 것 같습니다.

이은주 법이 중요한 것이, 법은 꼭 지켜야 한다는 의미도 있지만 법에서 위법이라고 규정하지 않으면 해도 되는 것으로 생각하는 그런 측면이 있어서입니다. '난 법대로 했어', '법대로 합시다' 같은 표현들이 그런 생각을 반영한다는 생각이 드는데요. 따라서 우리가 동의하는 가치, 정말 지켜야 하는 원칙이라면 법으로 만들어주는 것이, 법에 정해져 있지 않기에 용인되는 행위라는 잘못된 해석을 차단할 수 있는 효과는 있을 것 같습니다.

황수경 법이 빨리 제정돼야겠네요.

최인철 같은 생각인데요. 도덕의 발전 혹은 도덕의식의 함양에 비추어 볼 때 법은 좀 늦는 것 같거든요. 법은 항상 도덕보다 뒤늦게 오기 때문에 지금 우리 사회의 혐오, 차별에 대해 우리가 가진 깨달음의 수준에 비하면 법이 굉장히 뒤떨어져 있다는 생각이 듭니다. 특정 법에 대해 얘기하려는 건 아니지만, 법이 도덕 위에 있을 수 있느냐는 또 다른 문제인 것 같긴 해요. 그러나 높아진 도덕의식에 법이 동참해서 도와줄 필요가 분명히 있다고 봅니다.

Q. 용서에 관한 생각

황수경 이런 글을 올려주신 분이 계세요. '가끔은 사람들이 너무 쉽게 용서를 말한다는 생각이 듭니다. 실질적인 차별이나 상처를 받아서 삶이 피폐해진 혐오 피해자들에게 가해자를 용서하라고 얘기하는 것 자체가 또 하나의 폭력이라는 생각이 드는데요. 참혹한 학살 현장에서 살아남은 유대인들은 나치, 넓게는 독일인을 어떻게 용서했나요?' 용서란 참 쉽지 않은 일이잖아요.

최호근 쉽게 말하기가 어렵지만 공부한 대로 먼저 말씀드리면, 용서에는 전제 조건이 있죠. 무슨 일이 어떻게 해서 어떤 배경에서 벌어졌는지, 그걸 처음부터 끝까지 어느 정도 밝혀야 되죠. 그것 없이 그냥 서둘러서 이렇게 봉합해버리면 안 되고요.

그다음으로 가해자가 희생을 당한 사람, 만약 희생자가 죽었다면 유가족한테 그걸 고백하고 용서를 구하는 게 가장 바람직하고 이상적이에요. 그런데 현실에서 그런 경우는 굉장히 드물고요.

이 문제는 유대인의 경우가 아닌 참혹했던 한국 현대사에서 말씀드리겠습니다. 제주 4.3사건부터 최근까지 비일비재했죠. 첫 번째 경우, 개인 대 개인, 또는 작은 마을이나 직장에서 대면 관계에 있을 때 사실 용서가 굉장히 어려워요. 왜냐하면 창피하기도 하고 자녀들이 알까 두렵기도 하고, 처벌이나 보복이 두렵기도 하고 수많은 이유 때문에 쉽게 고백하지 못하죠. 홀로코스트의 경우도 대개 노인이 돼서, 거기는 기독교 문화가 있기 때문에 마지막 신 앞에 용서를 구할 때 사람한테 가서 먼저 얘기하라고 성경에 그렇게 돼 있거든요. 그러니까 가서 그 앞에서 공적으로 고백을 하고 다시 가서 용서해 달라고 하죠.

그런데 우리 문화는 그렇진 않고요. 그래서 희생자, 피해자 쪽이 고백만 하면, 또는 고백이 아니어도 그냥 미래의 고백을 기대하면서 포괄적으로 그렇게 하겠다고 얘기를 해요. 그런데 이게 우스운 일이 아닌 것이 마을 공동체에서는 아주 중요해요. 예를 들어 제주도 제주시 애월읍 하귀리의 경우 4.3사건 때 2800명 주민 가운데 320명이 죽었거든요. 토벌대가 죽인 경우가 있고 무장대가 죽인 경우도 있지만 가장 안타까운 게, 토벌대가 마을 사람들을 시켜서 죽이게도 했습니다. 그걸 대리 학살이라고 하는데, 이러면 공동체가 와해돼요. 서로 분노하고 밀고하죠. 바깥에서 독극물 주사를 주입한 셈이죠.

어찌 됐건 죽은 사람 입장에서 보면 이웃집 사람의 오른손 검지, 그러니까 어디 숨었는지 대라고 위협할 때 그 사람은 자기 가족을 살리기 위해서 뒤쪽 헛간을 가리켰거든요. 그걸 숨어 있던 죽은 사람의 아이가 보았고요. 평생 그 저주 받은 이웃집 사람의 손가락을 잊지 못하니까 이 경우 과연 용서가 가능한가 했지요.

수십 년이 흘러 2003년에 하귀리에서 정말 고통스럽게 몇 년간 노력해서 합의를 봤습니다. 과거를 이야기하지 말자. 왜냐하면 우리가 처음부터 범죄자여서 죽였던 것이 아니라 바깥의 물이 들어왔고 우리를 떠밀었고, 살기 위해서는 쏴야 했고 신고해야 됐고. 이러다 보니 보복의 사이클이 돌아갔다. 이걸 누구 책임을 물으랴 하면서 그때부터 희망의 침묵 선언을 한 거죠. 서로 묻지 말자. 그리고 한자리에 비석은 따로따로 해서 우리가 함께 같은 날 제사를 지내자. 그렇게 설립된 곳이 영모원입니다. 영원히 돌아가신 마을 주민들을 추모한다는 의미죠. 2020년 4.3 희생자 추념일에 대통령이 방문했던 곳이죠.

어렵지만 이런 경우가 전라도 구림마을, 제주 하귀, 그리고 2개 마을이 더 있어요. 이게 소중한 이유는 한 마을에서 농사를 같이 지어야 돼요. 논두렁을 같이 놓고 농사짓죠. 그러니까 절박한 거예요. 이렇게 미워하는 사람하고 토지 측량도 같이 못 해요. 얼굴을 어떻게 보겠습니까. 그러니 절박함 때문에 떠밀렸고 마을의 신뢰받는 지도자 세 분이 3년간 사람들을 설득하고 한 사람이 돈을 많이 내면 안 된다며 똑같은 금액을 모으고 하는 식의 아주 어려운 노력이 있었죠. 어려워요. 그러니까 이것을 쉽게 기대할 수가 없죠.

그런데 국가 단위는 사실은 옅은 화해, 쉬운 화해, 심지어 가짜 화해라고 하죠. 왜냐하면 대면 공동체가 아니에요. 그리고 자기 세금이 거기 들어갔는지 안 들어갔는지도 모르죠. 그러다 보니 (독일의 경우) 아까 말씀드렸던 이스라엘 같은 상대적으로 강한 적을 건드렸단 말이죠. 그러면 아데나우 정부가 서독에서 했던 일은 배상·보상을 해야 돼요. 그리고 가해자에 대한 최소한의 법적 처벌을 해야 돼요. 인적 청산을 해야 되고요. 기업과 교육의 책임을 수행해야죠. 그런데 이것은 국민 전체로 보면 내가 고백하는 것도 아니고 내 호주머니에서 직접 배상금을 건네서 해야 되는 그런 상황도 아니다 보니까 그냥 총리가 이스라엘 갔을 때 1년에 한 번 '정말 미안하다, 잊지 않겠다' 얘기하면 되는 거라서 쉬워요. 물론 이 쉬운 일을 안 하는 나라도 있긴 있어요.

그런데 곤혹스러운 건, 용서를 구해야 용서해줄 수 있다고 하는 것은 백지 위에 새로 그림 그리면 가능한데, 보통 희생자 유가족은 부모를 잃고 가난해요. 정신적 충격을 받았고 제대로 성장한 적이 없어요. 완전히 기울어진 운동장이 아니라 가파른 운동장에 서 있죠. 그렇다면 결국은 참고 내 부모가 이렇게 돌아가셨고 나의 인생은 망가졌다는 것에 대한 적대감, 분노로 내 속이 지옥이 돼요. 내가 악마가 돼서 그 사람을 돌로 쳐 죽이는 꿈을 자꾸 꾼다고 해요. 내가 살기 위해서, 아이한테 트라우마를 전승하지 않기 위해서 간곡하게 기다렸고 기도했고 제발 그 힘을 달라고 외친 거죠. 그냥 그렇게 나는 미워하지 않겠다. 혹은 미워하지 않도록 노력하겠다고. '미리 감사합니다(Thank you in advance)'하는 말처럼 용서도 뒷일을 기대하면서 하는 거죠. 그 순간 이 가족은, 본인의 결박, 지옥 같은 마음, 살인자의 분노, 여기서 벗어날 길이 열리는 거죠. 불공평한데, 현실이 불공평한데, 대면 관계에서는 나는 정말 악마가 되지 말자, 살인자가 되지 말자, 그리고 어떻게 해서든 올라서자고 하는 거예요.

이스라엘 히브리대학 철학과 예후다 엘카나(Yehuda Elkana) 교수가 1987년도에 『하아레츠』라는 이스라엘 신문에 썼어요.

제발 이스라엘인들이여, 유대인들이여, 우리는 잊자. 우리가 어느덧 나치의 심성을 갖고 팔레스타인 사람들에게 이렇게 하고 있지 않은가? 우리가 가장 닮지 않고자 하는, 그 나치와 닮은 행동을 보이는데, 이렇게 되면 이것이야말로 나치가 제일 바라던 거 아닌가? 우리가 유일하게 간직할 수 있었던 게 도덕적인 정당성이었는데 그걸 잃어버린 우리는 뭔가, 우리는 잊자. 그리고 그 대신 가해자 측과 제3자들이 과거의 비극을 기억하도록 요청하자고 하는 유명한 사설을 썼어요. 저는 그게 굉장히 소중해서 마음속에 간직하고 있는데, 어제 온라인 컨퍼런스 하면서 또 흔들렸어요. 왜냐하면 시간이 지난 일은 돼요. 다음 대에는 돼요. 제주 4.3사건은 72년 지났죠? 그런데 남영동에서 고문당했던 분들, 보안사에서 고문당했던 분들, 이분들이 트라우마 치료를 받으면서 고백한대요. 저들이 좋은 집에 살고 있고 씩 웃으면서 한마디도 사과하지 않고 국가를 위한 일이었다고 할 때 우리는 용서할 수 있는 최소한의 여지가 없다. 어떡하냐. 우리 보고 왜 자꾸 떠미냐고 개인이 고백하면 의사 선생님도 더 말을 못 한다는 거죠. 그 곤혹스러움은 있지만 살기 위해서, 인간다움을 유지해야만 결국은 살아도 사는 거니까, 이 정도 얘기할 수밖에 없네요.

황수경 심리학자 최인철 교수님께서는 용서에 대해서 그 얘기를 꺼내는 것조차도...

최인철 지금 최 교수님이 정말 공감할 수 있는 얘기를 다 해주신 것 같아요. 저희도 행복해지기 위한 덕목들을 가르치는데, 가장 가르치기 어렵기에 가장 마지막에 얘기하는 게 용서거든요. 용서는 흔히들 신의 영역이라고 얘기를 하죠. 부처님 말씀처럼, 용서하지 못하고 있으면 그 뜨거운 석탄을 내 손에 쥐고 있는 것과 똑같다, 복수를 위해 그것을 던지려고 쥐고 있는 동안에 결국 내가 아파지는 거니까 원론적으로는 그렇게 얘기를 하게 되죠. 하지만 그렇더라도 피해를 당한 사람들은 그래도 나는 꼭 한 대를 때려주고 용서하겠다는 마음이 있거든요.
그래서 용서를 너무 빨리, 너무 무례하게 강요한다든지, 이게 맞다고 도덕적 정당성을 부여해서 그렇게 하지 못하는 사람을 비난하는 것은 정말 폭력적인 일이라고 생각하기 때문에 그 부분에 대해서는 조금 조심해야 되지 않을까, 참 어려운 주제라는 얘기를 드릴 수밖에 없을 것 같아요.

전진성 간단한 얘기인데요. 지금 말씀하신 것에 전적으로 공감하고요. 사실 개인과 개인의 관계에서는 망각하는 게 좋죠. 그러니까 용서(forgiving)가 망각(forgetting)이 되는 게 개인의 삶을 위해서, 산 자들을 위해서는 좋은데 그게 집단과 집단의 관계가 됐을 때 과연 누가 누구 대신 사과하고 용서를 베풀 것이냐의 문제가 있죠. 만약 피해자는 원치 않는데 정부가 나서서 대신 용서해 주고 가해자 측은 '이제 됐지? 이제 더 이상 얘기하지 마라' 하는 식으로 돼버린다면 계속 책임의 문제가 남아요. 특히 가해자, 피해자가 다 돌아가신 경우에 그 후손들이 책임을 누가 어떻게 질 것이냐 하는 것도 참 어려운 문제죠. 유대계 프랑스 철학자 블라디미르 장켈레비치(Vladimir Jankélévitch)가 이런 말을 했어요. '용서는 죽음의 수용소에서 죽어버렸다. 결코 용서할 생각 없다.' 그런데 이게 어쩌면 솔직한 것 같아요. 아니, 자기가 뭔데 죽은 사람들 대신 용서를 해줘요? 그러니까 이 문제는 개인과 개인 관계에서 분명히 용서해야 편하다고 생각하는데, 그 책임의 문제는 계속 남는 것 같고요. 뭐가 정답이라고 얘기할 수가 없는 것 같아요.

Q. 혐오에 맞서 찾아가는 희망

황수경 쉽지 않고 또 얘기를 꺼내기도 조심스러운 문제인 것 같아요. 인류가 끝없이 반복해서 잘못하고 있는 문제가 바로 혐오일 것 같은데, 좀 나아져야 하잖아요? 어떻게 하면 혐오를 줄여갈 수 있을지, 그리고 예를 들어 혐오표현이나 폭력 행사에 대해서 어떻게 우리가 대항을 할 수 있을지 교수님들께 한 말씀 청하고 싶습니다.

최호근 홀로코스트의 경우로 다시 잠깐 돌아갈게요. 이스라엘 정부가 1953년 국립 홀로코스트 추모 시설인 야드 바셈을 만들고 1957년부터 문을 열고 제일 처음 한 사업이 열방의 의인들을 선정해서 감사의 메달을 드리는 거였거든요. 이 조건은 유대인이 아니면서 아무 대가 없이 위험에 처해 있던 유대인을 구하거나 숨겨주거나 먹을 것을 주었던 그런 경우들이에요. 그래서 두 사람이 그 의로운 행위를 증언하면 상을 주었죠.

그런데 이게 왜 중요한가. 아까 최인철 교수님께서 얘기해 주실 때 간 큰 사람, 의의 인물은 타고나는 것 같다는 생각이 들었어요. 첫째로 '저는 간이 작은데 어떡하죠?'라고 학생들이 물어보면, 저는 선생으로서 '나도 작아'라고 하죠. 희망을 얘기해요. 큰 위험에 처해서 누군가를 구해준 사례를 차마 얘기하지 못하고.

두 번째 사례는, 한 폴란드 의사가 자신의 병원 병실에 유대인이 밤에 숨어서 들어와 있었던 걸 알게 되었어요. 실정법상 그러면 숨겨준 게 돼요. 사형이에요. 그러니까 어떡해요? 이를 고발해야 할지 말지 선택해야 되는데, 의사로서의 직업 윤리를 생각해서 어쩔 수 없어요. 이중의 그물에 사로잡혀서 이들을 어떻게든 치료해 주고 탈출시켜야 돼죠. 세 번째 경우가 저한테 희망을 줘요. 〈주키퍼스 와이프(Zookeeper's Wife)〉라는 영화인데요. 폴란드 바르샤바의 동물원 원장의 부인이 있었는데, 그 부인이 사고를 치죠. 동물원에 유대인을 숨겨줍니다. 잡히면 죽는 행위죠. 그 얘기를 남편한테 며칠 후에 해요. 남편은 방법이 없어요, 부부니까. 이혼해도 안 돼요. 그러니까 어떡하죠? 엮여 들어간 상황이에요. 살기 위해서는 아내를 도와야 됩니다. 운명처럼 들이닥친 그 일을 회피할 방법이 없어 그것에 반응했고 결국 몇백 명을 구하게 됐어요. 그리고 어떤 마을에서는 몇십 명 주민들이 서로 가톨릭 신부님을 중심으로 뭉쳐서 유대인들을 구하고 책임을 나눠서 지는 역할 분담을 했던 사례가 나오죠. 여러 경우들이 있으니까 우리가 어떤 직업이나 처지일까 생각해서 작은 위험과 손해는 나눠서 지겠다고 하는 교육을 받고 탐구, 학습하면서 내면화해서 희생자와 나를 일치시켜보고 또 가해자나 구조자와도 일치시켜본다면 좋겠습니다. 이러면 온라인상에서도 혐오표현을 쉽게 하기가 어려워요. 왜냐하면 다른 사람의 입장에 서 보는 시뮬레이션을 몇 번 해봤기 때문입니다. 그래서 저는 교육 외에는 길이 없다고 보고요.

용기 있게 희생한 어떤 인물에 대해 일방적으로 설명하면서 이렇게 할 수 있어야 한다고 강요하는 건 자칫 학생들에게 또 다른 폭력 같아요. 가르치는 나도 해낼 수 없는 수준을 요구하는 셈이니까요. 나라면 어땠을까를 한번 고민해보는 것을 추천합니다.

황수경 다른 분들은 어떻게 보시나요?

이은주 결국은 공감 교육이 굉장히 중요하다는 말씀을 하신 것 같아요. 그 사람의 입장이 되어보는 것, 피해자, 혐오와 공격의 대상이 됐던 사람들의 시각으로 한번 되짚어보는 것들이 굉장히 중요하다는 말씀에 십분 공감하고요. 그러기 위해 교육이 굉장히 필요하다는 마음에도 공감합니다.

그런데 여기서 저는 테크놀로지 쪽을 공부하는 사람이다 보니까 굉장히 현실적인, 실천적인 방안에 대해 덧붙일까 합니다. 예를 들어 가상현실 기술(virtual reality technology)이 많이 개발되면서 가장 유용하고 공익적인 방향으로 쓰일 수 있는 영역 중의 하나가 바로 공감 교육입니다. 다른 사람의 입장이 돼서 살아보는 것, 내가 해봐서 아는데 하는 게 상당히 강력하잖아요. 정말 해보면 알게 되거든요? 그런데 대부분의 경우에는 그 경험이 쉽지 않아요. 유대인이 돼보자 혹은 4.3당시의 제주도민이 돼보자 할 수도 없고, 남성한테 여성이 돼서 현실을 겪어보라고 하기도 어려운 거고요. 그렇지만 가상현실에서는 그런 정체성의 변환이 실제 현실에서보다는 용이하게 경험 가능한 형태로 주어지거든요. 요즘 학생들은 그런 게임 같은 걸 많이 하면서 익숙해져 있고요.

그래서 가상현실을 공감하는 기계(empathy machine)라고 표현하기도 하거든요. 그러니 예컨대 환경 문제가 굉장히 심각하고, 이것이 얼마나 많은 피해를 가져오는지 아느냐 하는 데 있어서도 학생들로 하여금 실제로 경험을 해보게 하는 거예요. 물고기가 되어서 물이 오염이 됐을 때 얼마나 숨쉬기가 힘든지 같은 느낌, 아니면 나무 하나를 키우는 데 얼마나 공이 많이 들어가는지 경험해보거나 심지어는 산호초가 돼서 지구 온난화 때문에 물의 수온이 올라가면 뚝뚝 떨어져나가는 경험을 해보거나 하는 방식이죠.

다른 사람으로, 다른 집단의 일원으로 살아보게 하는 데도 얼마든지 적용이 가능하니 기술적인 수준에서 그런 교육에 대한 것도 창의력을 발휘해서 생각해봄 직한 것 같아요. 교과서적이고 뻔한, 옳은 얘기만 주입시키는 것은 의도는 좋을지 모르나 전략적으로 효과적인 방법은 아닐 수 있으니 역사, 윤리 교육의 일환으로라도 기술적인 아이디어들을 적극 개발하는 논의가 있어야겠지요. 이런 목표에 대한 공감이나 합의는 이미 있는 것 같으니 어떻게 할 것인가에 대한 구체적이고 깊은 논의가 필요하지 않나 생각합니다.

박승찬 교육에서 굉장히 중요한 것, 고통스러운 역사를 회상하고 기억하는 이유는 그때에 머무르거나 하기 위한 것이 아니라 미래에 대한 희망을 가지기 위해서입니다. 한건수 교수님께서 얘기하셨던 후투족과 투치족 사이의 사례, 화해가 거의 불가능하리라 생각된 상황 속에서도 미래를 위해 실질적으로 용서한 케이스가 하나 존재하죠. 독일에서 대조 사회(Kontrastgesellschaft)라고 하는데 극복 못 하고 끊임없이 고통받는 그런 관계가 아니라 하나라도 성공한, 그런 용서의 사례를 얘기해줄 수 있고, 우리도 할 수 있다는 용기를 줄 수 있다면 큰 의미가 될 것입니다.

한 가지 중요한 것은 아까 강조하셨는데, 절대로 피해자들 바깥에서 고통의 의미라든지 용서의 시기를 규정해줄 수 없다고 생각합니다. 이 고통은 끝까지 가는 것이기 때문에요. 어떤 종교의 은총에서라든지 기적적인 용서와 회복이 일어나기를 기대하면서, 함께 고통을 나누면서 2차 가해하지 않고 기다려주고 버텨주는 교육이 필요합니다. 특별한 걸 하는 게 아니고요. 가장 고통받는 사람한테 가서 신의 벌이다, 아니면 의인을 올바로 교육시키기 위해서라는 식으로 고통의 의미를 함부로 해석하지 말아야 합니다. 그 옆에 서서 따뜻하게 지켜주거나 댓글로 용기를 한마디 줘서 떨어지는 이들을 받쳐줄 수 있다면 아마도 그 작은 체험들을 나누면서 이들도 용기 낼 수 있으리라 믿습니다. 영웅이 아닌 작은 사람들이 시작할 수 있는 이런 걸음이 모여 큰 걸음으로 나아가게 만드는 교육들을 함께 나눌 수 있었으면 좋겠네요.

최인철 마지막에 컨퍼런스에서 제가 처음 했던 강연으로 다시 돌아가는 느낌이 있어서 반갑기도 하고 또 한편 아쉬운 면도 있는데요. 제 관점에서는 지금까지 충분히 다 공감대를 이뤘고요. 이제 어떻게 할 건가 하는 솔루션의 문제에서 공감이 굉장히 중요한 주제이고 공감 교육이 필요한데, 공감에만 맡겨놓게 되면 결국 문제 해결이 쉽지 않다는 게 원래부터 가지고 있던 문제의식이거든요. '상대가 겪는 아픔에 대해 충분히 공감하면 네가 하고 있는 잘못된 그 행동을 할 수가 없다', 맞는 얘기인데 그것만이 유일한 해결책이라고 생각하는 순간부터, 교육에만 의존하게 되면 정말 솔루션이 어려워지는 것 같아요.

그래서 때로는 공감을 충분히 하도록 해야 된다는 것 자체가 오히려 문제 해결을 지연시키는 효과가 있다는 생각이 한편으로는 있어서, 지금부터는 이제 우리 행동을 바꾸는 작업이잖아요. 그러면 혐오와 관련되지 않고 우리가 나쁘다고 생각하는 행동을 바꾸기 위해서 지금껏 동원했던 많은 지적과 테크닉을 다 고려해봐야 된다고 생각해요. 그렇지 않고 혐오는 공감을 통해 해결할 수 있다고 그것만 내세우게 되면 다른 많은 행동들을 해결하기 위해 축적해놓은 기술들을 사용하지 않는 그런 안타까움이 있기 때문에요.

그런 관점에서 보자면 일상적인 갈등 때문에 분노했다가 그게 혐오로 바뀌는 그런 케이스가 아니고, 우리가 진짜 문제 삼고 있는, 다른 집단에 속한 사람을 이유 없이 그 집단 소속원이라는 이유만으로 혐오하는 것은 강력하게 처벌받아야 하는 범죄라는 사실, 이게 얼마나 중요한 범죄인지를 인식시키는 작업이 굉장히 필요할 것 같습니다. 법을 통한 것이든 교육을 통한 것이든 그런 작업 없이, 혐오 대상이 겪는 고통을 공감해야 한다고만 강조하면 그것이 비록 맞는 얘기고 당연히 해야 되고 병행해야 되는 일이지만 그것만으로 만족을 할 수는 없다는 얘기를 하고 싶습니다. 다시 처음으로 돌아가는 것 같아서.

이은주 말씀하신 대로 사실은 그 두 가지가 별개가 아니고 어떤 의미에서는 공감할 때, 그러니까 공감이라는 게 다른 게 아니라 그런 피해 당사자의 입장이 되어봤을 때 내가 한 일이 얼마나 끔찍한 일인가, 이게 얼마나 잘못된 일인가에 대한 인식으로도 이어질 수 있다고 보는 거거든요.

그러니까 양자택일(either-or)의 문제라기보다는 이 행위가 정말 잘못됐다는 것을 단호하게 규정하는 것이 포함되고요. 법 제정도 그런 의미에서 공적인 선언이라고 말씀드린 거였거든요. 이게 잘못된 것임을 알려주는, 가장 확실하게 경험시키는 가상의(virtual) 방식으로 공감 교육을 논할 수 있다는 생각을 해요. 그러니까 공감 교육이 이거랑 떨어져 있는 게 아니라, 단순히 착한 사람이 되자, 선량한 사람이 되자가 아니라 사실은 범죄에 단호한 태도를 가질 수 있는, 얼마나 나쁜 짓인가를 내가 알아야 한다는 의미에서도 공감을 논할 수 있다고 봅니다.

전진성 오늘 두 가지 논의가 있는 것 같은데요. 한 가지는 구체적인 사회의 혐오현상에 대해서 어떻게든 해결책을 찾아보려는 것, 또 하나는 그것보다 좀 더 큰 주제로서 사과, 용서, 화해, 책임, 이런 문제를 우리가 어떻게 볼 것인가 하는 논의라고 봅니다. 두 논의가 서로 연결되기도 하고 약간 차이도 있는데 역사학자인 저는 후자에 초점을 맞춰서 주로 얘기를 했습니다.

다시 용서의 문제를 잠깐 얘기하자면, 용서를 통해 어느 정도 망각으로 가는 것, 그게 사실 필요해요. 그렇지 않으면 너무 힘들잖아요? 그런데 구체적인 사회에서 구체적으로 개인이 거기에 관계된 일에서는 분명히 그런데, 장기적으로 크게 보면 사실 우리가 과거의 아픔에 대해 더 이상 불편함을 느끼지 않는 상태라는 것은 그렇게 좋은 상태는 아닌 것 같아요. 거창한 얘기지만, 인류 문명의 기초는 사실 그 아픔을, 불편함을 유지하는 것에서 나온 거거든요. 그리스도교도 그렇죠? 예수님을 십자가에 못 박혀서 돌아가시게 한 그것을 우리가 끊임없이 불편해하면서, 계속 아파하면서 그것을 기억하는 것이 서양 문명의 원천이 됐잖아요. 그런 것처럼 불편함을 유지한다는 것은 한편으로, 그러니까 개인 심리에서는 별로 좋은 상태가 아닐 수 있지만 문명적 차원에서는 그것을 문명으로 만들게 하는 어떤 기초가 되죠.

하나의 예를 들면, 참 꺼내기 뭐한 아픈 얘기죠, 세월호 사건. 단원고의 경우에 기억교실이 있잖아요? 학교 입장에서는 그것을 빨리 다른 좋은 데로 옮기기를 원했어요. 새로운 학생이 와야 되고, 구체적인 교육이 이루어져야 돼서 다른 곳으로 옮겨졌는데, 어쩔 수 없다는 생각이 드는 한편, 다른 한편으로는 왜 안 불편하려고 하는가. 불편해야 되는 거 아닌가. 영원히 불편할 수 없을지는 몰라도 상당한 기간은 불편해야 되는 것이 아닌가 했습니다.

결국 책임의 문제와 연결되고, 구체적인 솔루션을 찾는 것도, 법적인 조치를 구한다거나 하는 것도 필요합니다. 그러나 또 다른 한편으로는 좀 더 넓은 차원에서 우리가 그것을 끊임없이 기억하고 고민하는 것, 이런 것들이 같이 어떻게 어우러질 수 있는가 그런 생각을 해봤습니다.

황수경 참혹한 혐오의 역사를 만든 것이 우리 인류였다면 이 문제를 끊임없이 성찰하고 극복해나가는 것도 결국 우리의 몫이라는 걸 잊지 않아야 하겠습니다. 오랜 시간 함께하면서 성찰의 기회를 만들어준 교수님들께 진심으로 감사드립니다. 고맙습니다.